アルベルトゥス・マグヌスの人間知性論

アルベルトゥス・マグヌスの人間知性論

——知性単一説をめぐって——

小林　剛著

知泉書館

目　次

アルベルトゥス・マグヌスの人間知性論

――知性単一説をめぐって――

序

「人格」という言葉の語源は、ラテン語の persona である。この語はもともと「仮面」や「役割」などを意味していた。しかし四世紀にキリスト教において、父と子と聖霊という神の三つの位格が問題となったとき、これを表すギリシア語 hypostasis のラテン語訳としてこの語が採用された。以来 persona は「位格」の意味を持つようになった。この「位格」を六世紀にボエティウスが「理性的自然本性を有する個的実体 (substantia individua naturae rationalis)」と定義したことによって、[1] 神だけでなく、理性を有するとされる天使たちや人間個々人までもが persona と呼ばれ得るようになった。こうして人間一人一人の位格、すなわち人格という概念が登場することになったのである。しかし persona はもともと神の位格を表す語であったので、人格が議論の中心になることはなかった。

しかし状況は十三世紀に一変する。周知の通り古代ギリシアでは様々な学問が誕生し、発展した。そしてそれはローマ帝国へと受け継がれた。しかしその継承は主として古代ギリシア語を通してのことであり、ローマ帝国において古代ギリシア由来の学問がそのままラテン語に訳されることはほとんどなかった。それゆえローマ帝国が東西に分裂した後、ラテン語が主たる共通語であった西ローマ帝国では、古代ギリシア語の知識が廃れていくと、それにつれて古代ギリシアに由来する学問も段々と廃れていった。西ローマ帝国がゲルマン民族の大移動でまもなく滅び、その北方跡地に西欧世界が出現するが、そこに受け継がれた古代ギリシア由来の学問は、主としてキリスト教を通して伝わったものであり、その内容は極めて限定的であった。

その一方で、古代ギリシア語を主たる共通語としていた東ローマ帝国には古代ギリシア由来の学問がよく保存された。そしてそれが、七世紀に登場したイスラーム世界に大々的に受け継がれ、アラビア語を通して普及し、発展していった。そこで学問研究の中心となったのはアリストテレス哲学である。それが十二世紀後半にスペインを通して西欧に（つまりアラビア語からラテン語に）移入されたのである。ムスリム哲学者たちが書いた文献を参考にしながらアリストテレス哲学を研究するというのが、西欧に初めて登場した、宗教から完全に独立した体系的な学問研究であった。

十三世紀に入り、西欧におけるアリストテレス哲学研究は本格化した。そこでアリストテレス哲学の註解書として最も良く読まれたのは、十二世紀にスペインで生まれたムスリム哲学者アヴェロエス（イブン・ルシュド）の著作であった。しかしここで大きな問題が生じる。アリストテレス『霊魂論』は当時アリストテレス哲学の入門書として最も良く読まれていた。この著作の第三巻では知性論が論じられている。この箇所を註解しながらアヴェロエスが、いわゆる知性単一説を主張したのである。知性単一説とは、単純化して言えば、知性は一人一人の人間には存在せず、全人類にたった一つしかないとする主張である。これは当時の中世キリスト教社会ならずとも、現代社会ならおしなべて受け入れ難い主張であろう。もし一人一人に知性がないとしたら、人間は基本的に他の動物と変わらないということになってしまう。そうすると、動物を殺すということと人間を殺すということとの間に本質的な違いはないことになってしまい、人間に固有な尊厳が失われてしまいかねない。また、知性は全人類に一つしかないのだとしたら、或る人が取った行動は、その人が自分で考えて取った行動ではなく、全人類に一つしかない知性がさせた行動であることになろうから、その人の行動の責任をその人に問えないことになってしまう。これは人間社会の存立にかかわる大問題である。実際アヴェロエス以後イスラーム世界では、アリストテレス哲学を註解し研究していくという学問方法は失われ、古代ギリシア由来の学問は主としてイスラーム宗教思想の中に吸収されていく。それに対して西欧では、アルベルトゥス・マグヌスやその弟子トマス・アクィナスが、アリストテレス哲学を註解し研究するという方法の中で知性単一説を論駁することによって、古代ギリシア由来の学問伝統がアリストテレス哲学研究という形で生き残った。(2) この場面で初めて人格概念は本格的に哲学議論の主たるテーマの一つとなったのである。

しかしJ・A・テルカンプは「なぜアルベルトゥス・マグヌスはアヴェロエスの可能知性論を批判するのか」と題する論考の中で、アルベルトゥスはアヴェロエスの知性単一説を論駁できていないのではないかと疑義を呈する。(3) 彼は本書が第二章三で、アルベルトゥスがアヴェロエスの知性単一説を論駁している箇所として挙げているテキスト〔引用十五〕とほぼ同内容の他の箇所のテキストを次のように引用して、その議論の根拠を「薄弱（shaky）」と評する。

引用一

というのも、知性はそれ自体に即せば〔物体から〕離れているが、表象力や感覚力がそうであるように、自体的に身体〔物体〕に与っているものに、同じ実体に在りながら与っているということによって〔身体・物体と〕結び付いているということに我々はすでに同意した。そしてそれゆえ知性は或る特定の何か〔個〕な

のである。ただし知性は、それが自己自身を知性認識するときでなければ、諸々の知性認識対象に属する何かではない。(4)

ここでアルベルトゥスは明確に、知性は個であると主張している。そしてその根拠として、表象力や感覚力といった「自体的に身体に与っているもの」に知性が与り、それによって人間の身体と結び付いているということを挙げている。テルカンプはこのテキストを引用した直後、次のように自己の見解を表明する。

引用二

とても困ったことに、アルベルトゥスは、知性が或る特定の何か〔個〕であるという考えを首尾一貫して否定しているのに、この特定のテキストでは知性に個別性を喜んで帰している。それよりはるかに困ったことに、彼がそうするのは、物体的諸力と結び付くという観念に訴えてのことなのである。これは上手い手のように見えるかもしれないが、可能知性が物体的諸力を通して物体と結び付くことはないというアルベルトゥスの主張と矛盾するだけでなく、彼が言わんとしたことを言えてもいない。彼が言わんとしたこととはすなわち、可能知性が個別的で区別できる知識に到達するということ、そしてはるかに重要なことであるが、その知識が個々人の不死性を保証するということである。この議論はこのままでは、良く見積もっても不完全であるように見える。なぜなら可能知性が或る特定の何か〔個〕になる理由を説明していないからである。(5)

まずテルカンプは、アルベルトゥスが、知性が或る特定の何か〔個〕であるということを首尾一貫否定しているのに、引用一ではそれを肯定してしまっていることを「困ったこと」としている。次にテルカンプは、アルベルトゥスがその肯定を、知性が物体的諸力と結び付くということに訴えて主張していることを「はるかに困ったこと」としている。なぜならテルカンプによれば、可能知性は物体的諸力を通して物体と結び付くことはないとアルベルトゥスは主張しているからである。そして、知性が物体的諸力と結び付くと主張しても、それは知性が或る特定の何か〔個〕になる理由を説明しないからである。

確かにアルベルトゥスは上記引用一のテキスト、あるいは本書第二章三引用十五のテキストで、知性が個であることの根拠として、知性が表象力や感覚力を通して身体と結び付いているということを挙げている。しかしこの結び付き方は、物体と結び付く通常の仕方とは異なる。詳しくは本書第二章で論じるので、ここでは手短に述べるにとどめよう。感覚力、特に表象力は表象像を生み出す。そして可能知性はこの表象像によって限定される。すなわち、表象像によって生み出された諸々の知性認識内容によって限定される。このようにして可能知性は限定されるものとして、自らを限定するものを生み出して限定する表象力、感覚力と関係し、それらを通して人間の身体という物体と関係する。このような関係は、物体との通常の結び付きがそうであるように、結び付く両者の間に受動・変化、すなわち生成消滅を生み出すということが一切ない。つまりそこでは何ものも消滅しない。アルベルトゥスによれば知性と人間の身体とはこの仕方でのみ結び付くのであり、それゆえに知性は個となるのであって、それ以外の仕方で個となるのではない。上記の引用一、本書第二章三引用十五でアルベルトゥスが知性に個別性を帰すのはこのようにしてなのであり、テルカンプが考えるように、アルベルトゥスが知性と物体との物体的結び付きを否定する他の発言と矛盾するものではない。アルベルトゥスによる上記のような人間の知性認識の説明のことを本書では「限定理論」と呼ぶことにする。

またテルカンプは、彼にとって矛盾に見えた発言をアルベルトゥスがしている背景として、アルベルトゥスが、人間の身体と魂との関係について、競合し矛盾する二つの説明を用いているということが在ると主張する。その説明とは、一つは、魂を物体の形相、完成態と見るアリストテレス的魂観であり、もう一つは、魂を物体から離れたものと見る新プラトン主義的魂観である。(6) しかしながら、アルベルトゥスにおいてこの二つの魂観は矛盾するものではない。これについて詳しくは本書第四章で論じるので、ここでは手短に述べるにとどめよう。アルベルトゥスが考える人間の魂は基本的にアリストテレス的なものである。つまり、人間の魂は人間の身体という物体の形相、完成態と見なされている。そしてこの魂は、同じくアリストテレス的宇宙論において天球を動かすとされている知性体、後世「天の魂」と呼ばれるようになる魂と類似したものと見なされている。ところがこの両者の類似性は、今度は新プラトン主義的流出論によって説明される。それゆえ両者の魂は、物体から離れたものでありながら、同時に物体の（人間の魂の場合は人間の身体の、天の魂の場合は天体の）形相、完成態でもあると考えられているのである。したがって両魂観はアルベルトゥスにおいて決して矛盾するものとは考えられていない。このような発想はアヴェロエスにはまったくないと思われる。(7)

ただし我々はテルカンプの次のような主張には賛成する。すなわち彼は上記の論考の中で、「アルベルトゥスがアヴェロエスを明確に批判する場合よりも、支持する場合の方がはるかに多い(8)」と、さらに「知性の自然本性の特徴付けそのものについては、アルベルトゥスはアヴェロエスに賛成している(9)」と主張する。詳しくは本書第一章と第三章で論じるが、アルベルトゥスは、彼に独自なものであると思われる「限定理論」をアヴェロエスのものと考えている。テルカンプが上記の二つ目の主張の根拠として挙げている箇所はまさにアルベルトゥスが彼の「限定理論」をアヴェロエスに帰している箇所（本書第三章四引用十二）そのものなのである。

本書の内容はおおよそ次の通りである。第一章では、アルベルトゥスが彼の『人間論』[10]において、能動知性論を通して「限定理論」を示唆し、それをアヴェロエスに帰しているのを見る。またそれと同時に、この理論を根拠としてアヴェロエスの思弁知性単一説を論駁しようと試みているのを確認する。第二章では、アルベルトゥス『霊魂論』[11]において展開されている可能知性論のうちに「限定理論」の詳細を見る。そしてそれを前提としてアルベルトゥスがアヴェロエスの可能知性単一説を論駁しているのを確認する。第三章では、同書においてアルベルトゥスがアヴェロエスの哲学史観に則って彼なりの哲学史を展開しつつ、彼に独自な「限定理論」をアヴェロエスに帰しているのを見る。第四章では、アルベルトゥス『知性の単一性について』[12]などにおいて、アリストテレス的に考えられている人間の魂と天の魂の類似性が新プラトン主義的流出論によって説明されているのを見る。補足では「限定理論」の根拠となる諸テキストを再度確認する。

第一章　能動知性論

――『人間論』に即して――

一　能動知性とはどのようなものか

アリストレスは『霊魂論』第三巻第五章で二つの知性を考える。一つは「すべてのものになる知性(1)」、もう一つは「すべてのものを生み出す知性(2)」である。前者が後に「質料知性」「可能知性」などと呼ばれるようになっていく知性である。後者が後に「能動知性」と呼ばれるようになっていく知性である。我々が通常「知性」という言葉を耳にしたとき連想するのは前者の「すべてのものになる知性」の方であろう。すなわち、感覚能力のように認識対象の種類（色や音や感触など）やその認識可能範囲にかぎりがある認識能力ではなく、在りとあらゆるものをその認識の射程に収めるような認識能力として知性を連想するであろう。それでは、もう一方の「すべてのものを生み出す」ような知性である能動知性とは一体どのような知性なのであろうか。何か神的な知性なのであろうか。そもそもなぜそのような知性を考えなければならないのであろうか。

措定の必要性

アルベルトゥスによれば、能動知性を考えなければならない理由は、表象像だけでは可能知性に知性認識を起こすことができないからである。

引用一

しかし知性において表象像は、十分に動かすことも、普遍的に動かすこともしない。それは、各々の表象像が限定された個だからである。だから、知性において普遍的に作用・能動するものを措定するのが必然である。他の異論に対しては次のように言わなければならない。表象力は個しか受容せず、このため、先に現実態に即して生み出されている感覚によって十分に動かされ得る。しかし可能知性は普遍を受容するので、個に即してしか現実態にならない表象力によっては、十分に動かされない。(3)

この箇所によれば、可能知性は普遍を受容する。たとえば可能知性が「人間」を認識すれば、その認識内容は時間空間を超えてすべての個人にまったく同じように当てはまる。その一方で表象像は個であり、表象力は個である表象像しか受容しない。たとえば人間に係わる表象像は、一部の個人にしか当てはまらないし、或る瞬間或る特定の個人の脳の中にしか存在しない。他の瞬間、あるいは他の個人の脳の中に在る表象像は、それとは別の表象像である。だから表象像、表象力は、それだけでは可能知性に知性認識を起こすことはできない。そこで能動知性が必要になってくる。それでは具体的にどのようにして能動知性は表象像と係わり、可能知性に知性認識を起こすのであろうか。アルベルトゥスによれば能動知性は、個である表象像を普遍化することによって知性認識を起こす。

引用二

> さらに、普遍は個においては可能態に在り、現実態にはない。だから、もし個が普遍へと引き出されなければならないならば、そのことは或る作用・能動者によって生じるのが必然であり、〔中略〕さらに、視覚においては光輝が作用・能動者であり、可能態において感覚可能な色を現実に感覚可能なものにするということが在る。ところで、能動知性は視覚における光輝のようなものであること、哲学者〔アリストテレス〕が言っている通りである[4]。だから普遍的に作用・能動する知性が知性的魂のうちに必然的に措定されるであろう。解決。我々は、普遍的に作用・能動する知性が魂のうちに在るということに同意する[5]。

この箇所によれば、個は可能態において普遍である。つまり普遍になり得るものである。そして個が現実態において普遍となるためには、個々の物に付着している「色」を空間中に解き放ち、様々な場所で実際に目に見える色にする光輝のような作用者が必要である。ところで上述の通り表象像は個である。だからそれは可能態に在る普遍である。それゆえそれが可能知性に受容されるためには、それを光輝のように普遍化する作用者が必要である。それが能動知性である。

以上のようにアルベルトゥスは能動知性を、可能知性が普遍を受容して知性認識をするために、個である表象像を普遍化する作用者として措定する必要があると考えている。この考えは、知性認識は表象像から出発するということをすでに前提としている。これは「知性的魂に対して表象像は、〔感覚的魂に対する〕感覚内容と同様のものとして在る」(6)というアリストテレスの発言に由来し、序論で述べたアヴェロエス『アリストテレス「霊魂論」大註解』の人間知性論をそのまま継承した考えである。(7)

能力態・形象ではない

では、以上のようなものとされた能動知性は具体的にどのようにして表象像を普遍化すると考えられているのであろうか。アルベルトゥスによれば能動知性はまず、いかなる能力態・形象でもない。分かり易い言い方で言い換えれば、能動知性それ自体が知性認識対象(intelligibilia)なわけではない。もし能動知性それ自体が知性認識対象であると考えるとしたら、それは言わば、物に付着している「色」を様々な場所で実際に目に見える色にするものであるはずの光輝それ自体が、見る対象である色そのものだと考えるような場合であろう。このように考えることが不可能である理由としてアルベルトゥスは、まずアリストテレスの用語上の理由、次に実質的な理由を挙げる。

引用三

反対異論。或る類において普遍的に生み出す〔作用・能動する〕ものはすべて、その類のもののうちの何かにおいて生み出される〔作用・能動される〕ものではないだろう。〔能動〕知性は、諸々の知性認識対象の類において普遍的に生み出す〔作用・能動する〕ものである。だからその類のもののうちの何かにおいて生み出される〔作用・能動される〕ものではないだろう。ところで、知性認識され得るどの能力態、どの形象も、可能知性において受け取られ、生み出される〔作用・能動される〕ものである。それゆえ能動知性は知性認識可能な能力態でも何らかの形象でもない。ところで、知性認識可能などの能力態・形象も可能知性において受け取られ、生み出されるということは、哲学者〔アリストテレス〕の『霊魂論』第三巻での言葉から理解される。この箇所で彼は、魂は可能的にすべての知性認識対象であり、知性認識する前は現実にはそのどれでもないと語っているのである。(8)

さらに、もし能動知性が能力態であるとしたらその場合、それは諸々の単純〔概念〕の能力態か、複合〔概念〕の能力態か、両方の能力態かのいずれかであろう。もし第一の場合であるならば、アリストテレスが言う通り、能動知性は常に現実態において存在するので、(9) すべての単純〔概念〕が魂のうちに常に現実態において存在しなければならないことになってしまい、この場合それらのいずれも諸感覚から受け取られることはないことになってしまうであろう。これは誤りである。〔中略〕一方もしこの能力態が諸々の複合〔概念〕の能力態であると語られるならば、それゆえそれは諸原理の能力態か、諸原理から帰結するもの〔諸結論〕の能力態かのどちらかであろう。もしこのことが後の仕方で語られるならばその場合、すべては我々に現実態において知られ、我々は何も学ばないということが帰結してしまうだろう。これは誤りである。他方もし最初の仕方で語られるならばその場合、能動知性は諸原理の能力態であろう。そしてこの場合諸原理のうちに在る諸概念の生成について問われるだろう。なぜなら、我々は諸原理を、諸概念を認識するということにおいて認識し、諸概念の認識を通して諸原理は、経験を通して知られるとアリストテレスは語っているからである。〔中略〕解決。次のように言わなければならない。最後の諸議論において十分に証明された通り、能動知性は能力態ではない(10)〔段落分けは引用者による〕。

この箇所の前段が、アリストテレスの用語上の理由を説明している箇所である。この箇所によれば、アリストテレスの用語上、能動知性は生み出す・作用する・能動するものである。それに対して、知性認識される対象である能力態・形象は、可能知性に受け取られ、そこに生み出されるものである。だから、生み出すものが生み出されるものであるはずはないので、能動知性はいかなる能力態・形象でもない。一方後段が実質的理由を述べている箇所である。この箇所によれば、もし能動知性が何らかの能力態・形象であるとしたら、「すべてのものを生み出す知性」である能動知性は常に現実態に在るので、我々はすべてのことを常に現実態において知っているということになってしまい、感覚が不要になってしまう。

純一性を与えるもの

では能動知性は、以上のように能力態・形象でないとすれば、一体どのようなものなのであろうか。どのようにして表象像を普遍化するのであろうか。アルベルトゥスによれば能動知性とは、自らの純一性（simplicitas）をすべての知性認識対象に与える作用者である。

引用四

他の異論に対しては次のように言わなければならない。作用・能動者には二通り在る。すなわち〔一つは〕普遍的作用・能動者である。これは種において限定されていない。そして〔もう一つは〕個別的作用・能動者である。これは限定された種を有している。このことは諸々の自然本性においてもそうである通りである。たとえば人間の生成において、太陽は限定されていない普遍的作用・能動者として動かし、人間、つまり種子における人間の能力も動かすが、これは種において限定されている。ところで、質料〔素材〕に導入された種は、限定された作用・能動者と〔種において〕一義的ではあるが、普遍的作用・能動者とは〔種において〕一義的ではない。

可能知性においても同様である。すなわち、能動知性は可能知性を普遍的作用・能動者として動かし、すべての知性認識対象に関して一つの仕方で作用・能動する。それに対して表象像は、個別的能動者として動かす。だから、可能知性に導入された形相は、能動知性とは一義的ではないが、表象像の自然本性とは一義的であり、このため人間の〔思弁〕知性は人間の表象像から引き出されるものである。〔中略〕しかし能動知性は〔諸概念どうしの〕関係によっては〔諸命題の能力態を〕生み出さず、証明も推論もしない。いやむしろ、後で明らかにされるであろう通り、その純一性によって〔諸命題の能力態を生み出し（作用・能動し）〕、その純一性をすべての知性認識対象に与える(11)〔段落分けは引用者〕。

前段では、アリストテレス的な宇宙論に従って、すべての種の生物を生み出す原因とされる太陽が普遍的作用者、個々の種の生物を生み出す原因とされる種子の能力が個別的作用者とされている。後段ではこのたとえを知性にも応用して、能動知性が普遍的作用者、表象像が個別的作用者とされている。すなわち、能動知性は知性認識対象の種にかかわらず、すべての知性認識対象に一様に自身の純一性を与える。それに対して表象像は、或る特定の種の知性認識対象の原因となる(12)。だから諸々の知性認識対象は、能動知性から与えられる時間空間を超えた純一性によってまったく同じ在り方、一つの現実態を有し、表象像によって、知性認識される物との関係で種的相異性を有するということになる(13)。そしてこのような前提の中で、まず、証明・推論の出発点となる諸原理

〔命題〕の概念と概念の自然本性とが感覚から生じる。そして次に、それら概念どうしの関係から証明・推論がなされ、そこから様々な結論〔命題〕が生じていく。(14)

離存知性体ではない

アルベルトゥスは、能動知性を能力態・形象、つまり知性認識対象と考える立場の他に、離存知性体であると考える立場についてはどのように考えるのであろうか。というのも、この立場がアルベルトゥス以前のアリストテレス主義の歴史の中では支配的なものだったからである。(15) 実際アルベルトゥスは、能動知性を能力態・形象と考える立場の他に次のような立場が存在すると語っている。

引用五

ところで他の人々は、能動知性とは第十番目の離存的能動知性体のことであると言った。そして諸知性体は、欲求されるものが欲求する者や欲求を動かすのと同じように動かされずして動かすので、地上世界の能動知性体は、人間の魂に属する可能知性を、欲求されるものが欲求を動かすようにして動かすと言った。それはすなわち、天の魂が能動知性体と一致するために天を動かすのとちょうど同じように、人間の可能知性も第十番目の能動知性体と一致するために人間を動かすということである。そしてこのような仕方で諸々の善性が能動知性体から可能知性へと流出するのである。(16)

ここで語られている立場は、序論で述べた、アヴェロエスより以前に支配的であったファーラービーやアヴィセンナらの立場であると思われる。アリストテレス宇宙論によれば、宇宙の中心に地球があり、そのまわりに透明な天球が幾層にも取り巻いている。そこには星が貼り付いており、或る一定の方向に或る一定の速度で回転することによって、月の天球以下の地上世界に絶大な影響を及ぼしている。天球には自らを回転させる魂があり、さらにはその魂を動かす知性体が存在している。知性体は天球や天球の魂と直接には接触せず（「離存的」「動かされず」）、天球の魂が知性体を知性認識し、それと一致したいと欲求することによって天球を動かす。

ファーラービーやアヴィセンナらは、この構図を月下の地上世界にも応用する。すなわち、宇宙には九つの天球が存在し、その一球一球に一つずつ上記のような離存的能動知性体が存在する。それと同じように、月下世界にも能動知性体が一つ存在している。それは宇宙の中では十番目に位置する知性体であり、これが能動知性である。この能動知性からまず様々な「善性」が流出する。そして能動知性は、天の魂に当たるものである諸元素の形相や様々な生物の魂と直接には接触せず、これらのものが能動知性と一致したいと欲求することによってその質料を動かす。同様に能動知性は人間の可能知性とも直接には接触せず、可能知性が能動知性を知性認識し、それと一致したいと欲求することによって人間の身体を動かす。

このような立場に対してアルベルトゥスは、「アヴェロエスが『『霊魂論』註解』で明白に述べている通り、人間の能動知性は人間の魂と結び付いており、純一ではあるが諸々の知性認識対象は有しておらず、諸々の知性認識対象は可能知性において諸々の表象像から生み出す〔作用・能動する〕と我々は言う」(17)と述べて、アヴェロエスに依拠しつつ上述の彼自身の立場を繰り返す。そしてこのような立場を彼が取る理由も上述のものと同様である。すなわち、もし能動知性が上述のような離存的能動知性体であるとしたら、そのような知性体は諸形相を常に有しているはずであるので、可能知性は諸感覚に助けられることがなくなってしまう。また、引用三後段で述べられた通り、能動知性は常に現実態に在り、それゆえ常に作用しているので、可能知性は常に自らのうちに諸形相を有していることになり、常に知っているということになってしまう(18)。

「限定理論」の先駆け

今述べた通りアルベルトゥスは、能動知性は離存知性体であるとする立場に反対するとき、自分の立場をアヴェロエスに帰す。そしてアルベルトゥスはこの問題に関してアヴェロエスの考えをさらに次のように解釈する。

引用六

他の異論に対しては次のように言わなければならない。能動知性はその実体によって作用・能動するのであって、自身のうちに有している知性認識対象のうちの何らかの形象によって作用・能動するのではない。反論されていることに対しては以下のように言わなければならない。能動知性の働きの相異性は、能動知性から来るものではなく、表象像から来る。これはアヴェロエスが『「霊魂論」第三巻註解』で言っていることである。すなわち「すべての思弁知性が我々のうちに可能態において存在しているとき、その場合能動知性も我々と可能態において結び付いているということは明らかである。なぜなら能動知性は思弁知性によらなければ我々と結び付かないからである。そして思弁知性が我々のうちに現実態において存在しているとき、その場合能動知性は我々と現実態において結び付く」(19)。というのも、能動知性の働きは表象像に従って限定され、そして、そのようにして限定された働き〔思弁知性〕が可能知性を動かし、可能知性を現実態へと引き出す。それはちょうど、光輝の働きが〔物に付着している〕諸々の色に従って限定され、そのようにして限定された働き〔様々な場所で実際に目に見える色〕が視覚を現実態へと引き出すのと同様である。そして以上のことによって、能動知性は諸形相に満たされた離存実体ではないということは明らかである。[20]

引用四では、諸々の知性認識対象に自らの純一性を与える能動知性の働きと、種的相異性を与える表象像の働きとの関係は必ずしも明らかではなかった。ここでアルベルトゥスはこの両者の関係を、限定されるものとするものとの関係で捉えている。すなわち、すべての色を潜在的に含んでいる光輝が、物に付着している「色」によって限定されることによって、或る特定の色として様々な場所で実際に目に見えるようになる。それとちょうど同じように、自らの純一性を与える能動知性の働きは、表象像に限定されることによって現実に様々な知性認識対象（この箇所でのアヴェロエスの用語で言えば思弁知性）となる。これは『人間論』から十年後に書かれるアルベルトゥスの『霊魂論』において詳細に展開されることになる「限定理論」の先駆けと見てよいだろう。

以上のようにアルベルトゥスによれば能動知性は、それ自体が知性認識対象なのでもなければ、知性認識対象を直接与える離存知性体でもなく、自らの超時間空間的な純一性をすべての知性認識対象に与えるという仕方で、個である表象像を普遍化する。その一方で表象像は、能動知性の純一性を限定することによって、種的に相異する諸々の知性認識対象を生み出す。そしてアルベルトゥスはこの見解をアヴェロエスに帰す。

二　能動知性をめぐる三つの疑問

一ではアルベルトゥスが能動知性を、自らの純一性をすべての知性認識対象に与える作用者であると考えているということが明らかとなった。二では、このように理解された能動知性をめぐって提出される三つの疑問について検討する。

魂の一部か

一つ目は、能動知性は離存知性体たらざるを得ないのではないかという疑問である。アルベルトゥスは自身に対する異論として次のような議論を想定する。

引用七

さらに、どんなものも、数的に同じもの〔一個のもの〕が同時に現実態に在りかつ可能態に在るということはない。〔中略〕ところで理性的魂は数的に同じ何かである。だから、理性的魂が同時に現実態に在りかつ可能態に在るということはないだろう。ところで、能動者は常に現実態に在り、可能者は可能態に在る。だから、同時に能動者でありかつ可能態において在るものであるということはないだろう。それゆえ、哲学者〔アリストテレス〕が言う通り、魂は可能態においてすべて〔可能知性〕であるので、能動者〔能動知性〕ではないだろう。したがって能動知性も理性的魂の部分ではない〔離存知性体〕だろう。(21)

同じものが同じ観点で現実態に在り（現実に〜である）かつ可能態に在る（〜になり得る）ということはあり得ないというテーゼは、アリストテレス哲学の非常に基本的な命題の一つである。一方、理性的魂が一個のものであるというのは、理性的魂とは人間の魂のことであるが、それは必ず人間の身体によって時間的空間的に個別化されているという意味である。ところで、能動・作用者は、能動・作用者であるかぎりでは現実態に在るものである。というのも、何ものも現実態に在るかぎりでなければ作用しない、可能態に在るだけでは作用できないからである。一方可能者はその名の通り可能態に在るものである。だから、同じものが能動者であると同時に可能者であることは不可能である。それゆえ、能動知性は能動者であり、可能知性は可能者である以上、同じものが同時に能動知性であると同時に可能知性であるということはあり得ない。したがって、もし理性的魂が可能知性であるならば、理性的魂が能動知性であるということはあり得ない。だから能動知性は理性的魂の一部ではなく、理性的魂から離れて存在している知性だろう。これが引用七の主張である。

これに対してアルベルトゥスは次のように答える。同じ観点に即してでなければ、同じものが同時に現実態に在りかつ可能態に在るということはあり得る。だから、同じものが同時に能動者でありかつ可能者であることは可能である。[22] アルベルトゥスがここで言いたいことはおそらく次のことであろう。すなわち、可能知性とは「すべてのものになる知性」のことであり、すべての知性認識対象に対して可能態に在る。それに対して能動知性は、それがすべての知性認識対象に与える自らの純一性においてのみ現実態に在る。だから、可能知性が可能態に在る観点と能動知性が現実態に在る観点とは異なる。それゆえ双方とも同じ理性的魂の部分であり得る。

自己認識するか

二つ目は、能動知性は一体どのようにして自己認識するのかという疑問である。この疑問はアリストテレス『霊魂論』第三巻第四章の次の言葉に由来するものと思われる。「知性自体も諸々の知性認識対象と同様知性認識対象である。なぜなら非質料的なものの場合には、知性認識するものとされているものとは同一だからである」[23]。

つまり、能動知性は、自らの純一性をすべての知性認識対象に与えるかぎりでは、或る意味で知性認識対象であるが、非質料的なもの・知性であるかぎりでは、それ自体が知性認識するものでもあり、知性認識対象を与えられるものでもあるはずなのではないかという疑問である。

これに対してアルベルトゥスはまず次のように述べて、能動知性が可能知性から離れてそれだけで自己認識するということを否定する。

引用八

他の異論に対しては次のように言わなければならない。能動知性は可能知性から離れてそれ自体によっては何も知性認識しない。実際能動知性は可能態においてでなければ〔可能知性から〕離れてはおらず、現実には〔可能知性と〕結び付いている。そしてこのため、能動知性が能動的に知性認識する〔＝知性認識を起こす〕或る〔一つの〕もの〔純一性〕が〔同時に〕諸々の知性認識対象なのであり、それらにおいて能動知性は、それら〔諸々の知性認識対象〕の現実態としての自己を〔能動的に〕知性認識する〔＝自己の知性認識を起こす〕のである。それは、もし光輝が自分自身を見ることができるとしたら、諸々の色においてそれらの現実態としての自らを見るであろうことと同様である。しかし、能動知性が自分自身について反省するという仕方で自己を知性認識するかしないかということについては、多くの人が異なる仕方で規定している。だが我々には〔能動知性が自分自身について反省するという仕方で自己を知性認識することは〕ないように思われる。なぜなら我々は何らかの完全な知性を可能知性に、あるいは能動知性に自体的には割り当てず、両方の知性に割り当てるからである。しかし我々は、知性的魂が自己を知性認識するということには十

分に同意する。(24)

この箇所によれば能動知性は、「自己を能動的に知性認識する」、すなわち自己の知性認識を可能知性に起こすだけであって、「自分自身について反省するという仕方で自己認識する」、すなわち、自分自身を受動することによって自己認識するということはない。それはちょうど、光輝が目に見えるものを生じさせることを「見る」と呼ぶとすれば、光輝もものを「見る」と言えるかもしれないが、普通の意味では光輝がものを見るなどとは言わないのと同様である。では具体的に、能動知性がする能動的な自己認識、すなわち、自己を可能知性に知性認識させる活動とは一体どのようなものなのであろうか。アルベルトゥスによればそれは「可能知性の現実態」である自己を可能知性に常に与え続ける活動のことである。

引用九

〔能動知性は〕常に自己を知性認識するかと問われていることに対しては、能動知性は固有ではない仕方で自己を知性認識する〔＝自己の知性認識を起こす〕と我々が言うその仕方でなら、能動知性は〔常に〕自己を知性認識すると我々は言う。なぜならこれは、可能知性の現実態としての自己を〔能動的に〕知性認識する〔＝自己の知性認識を起こす〕ということだからである。というのも、能動知性は常に現実態において存在しているので、自己の知性認識活動が自己の存在だからである。そしてこのことが、可能知性の現実態であるということであるのだが、しかしこの現実態は、或る意味でではなければ可能知性を完成しない。それはたとえば、もし光輝が色なしにそれ自体だけで目の中に在るとしたらその場合、目は諸々の色の現実態によって動かされはしているが、しかし或る限定された色の種へと区別された変化はないだろうということと同様である。同じように、能動知性の光輝だけが可能知性のうちに在るとき、その場合可能知性は、知性認識対象の或る種に従って区別されていない現実態において在り、能動知性はこのような現実態としての自らを常に知性認識する〔＝自己の知性認識を起こす〕。そして能動知性はこの運動に即してすべての知性認識対象の現実態であるので、この運動は諸々の知性認識対象の運動を排除しない。それは光輝の運動も、目における色の運動の現実態なので、それを排除しないのと同様である。(25)

この箇所によれば、能動知性が「可能知性の現実態」として可能知性に常に与え続けるとされている自己は、或る種の知性認識対象へと限定・区別されないまま、すべての知性認識対象の現実態であるものである。これは上述の純一性のことであろう。つまりアルベルトゥスによれば能動知性とは、可能知性に常に与え続けられる純一性のことなのである。

死後の知性認識は？

三つ目は、可能知性は身体の死後どのようにして知性認識するのかという疑問である。というのも、もしアルベルトゥスが考える通り、能動知性と表象像とによって可能知性に知性認識が生じるならば、身体の死後表象像は生み出され得ないので、身体の死後も存続するとされる可能知性はその時どのようにして知性認識するのかが問題となる。もし身体の死後可能知性は知性認識できないとしたら、知性認識能力である可能知性が身体の死後も存続する意味が無くなってしまうのではないかと考えられているのであろう。

アルベルトゥスによれば可能知性は身体の死後、能動知性の他に、諸々の離存知性体のうちに在る諸形相、すなわち全秩序の諸形相（formae ordinis universi）によって知性認識する。この諸形相は理性的魂と共に創造され、この認識の仕方を可能知性は第一知性体から受け取るとされる[26]。ここで語られている全秩序の諸形相とは一体何のことなのであろうか。アルベルトゥスによればこれはおそらく、神から直接与えられる諸形相のことであろう。

引用十

もしこのような諸形相〔全秩序の諸形相〕が魂のうちに在るなら、他の諸形相を抽象する必要はないと反論されるならば、次のように言わなければならない。この諸形相は、抽象される諸形相と一義的ではない。というのも、この諸形相は〔或る一つの〕事物に関係し、諸事物の理念ではない。なぜならこの諸形相は普遍と個に同じ仕方で関係するからである。一方、抽象される諸形相は、諸事物の普遍的理念であり、このため諸学知も、それがそこに由来するところの諸事物のゆえに一義的ではない[27]。

この箇所は難解である。この箇所で全秩序の諸形相は、全秩序の諸形相であるにもかかわらず、或る一つの事物だけに関係し、しかもその事物は普遍でもあり個でもあると言われている。全秩序の諸形相が係わり、普遍でも個でもある一つの事物とはおそらく、キリスト教的な天地万物の創造神のことであろう。そしてこの諸形相は、諸物体から抽象される理念ではないとされている。だからこの諸形相はキリスト教的な神から直接与えられる諸形相のことであると推測される。

しかしここで一つ疑問が生じる。もし理性的魂が上記のような諸形相と共に創造されるとしたら、理性的魂はそのような諸形相を初めから有しているわけであるから、なぜ身体が死ぬ前からそのような諸形相によって知性認識しないのであろうか。アルベルトゥスは次のように答える。

引用十一

ところで〔理性的〕魂は今は〔この世では〕この諸形相〔全秩序の諸形相〕によっては働かない。なぜなら身体との関係でより強い運動〔表象像によって生じる知性認識の働き〕が、より弱いものである他の運動〔全秩序の諸形相によって生じる知性認識の働き〕を排除するからである(28)。

可能知性は身体の死後どのように知性認識するかという問題に関する以上のようなアルベルトゥスの説明は、人間知性に関するアルベルトゥスの哲学的議論全体の中ではかなり違和感を感じさせる説明であると言わざるを得ない。というのも、まず第一に、全秩序の諸形相という概念は、他の箇所では見当たらない。そして第二にアルベルトゥスは、他の箇所ではキリスト教的な神を認識論の中に持ち込むことはほとんどないからである。実際アルベルトゥスはこの問題に関する立場を、十年後に書くことになる『霊魂論』では変更しているように思われる。すなわち可能知性は、身体の死後表象像がなくなっても、また全秩序の諸形相のようなものがなくても、自らの意志によって能動知性の知性性（純一性に当たるもの）を限定して知性認識することができると考えるようになるのである(29)。

三　思弁知性単一説論駁

一、二では、能動知性は可能知性の現実態である純一性であり、それが表象像や意志によって限定されて様々な知性認識が生じるとアルベルトゥスは考えているということが明らかとなった。三ではアルベルトゥスがこの能動知性論を彼の知性単一説論駁においてどのように利用しているかを検討する。

引用一のところで述べた通り可能知性が受容する普遍（アヴェロエス的な用語で言えば思弁知性、特にその形象[30]）には、個とは異なり、質料に付随して物を時間空間的に個別化するものがない。だから、アヴェロエスとアヴェロエスに影響を受けた人々によれば普遍は、種類的に相異することはあっても、数的に相異することはない。つまり、普遍は可能知性において数的に言えば一つしかない（思弁知性単一説[31]）。

これに対してアルベルトゥスは、普遍を受容する可能知性がすべての人間において一つではなく、個々人に一つずつ在るので、それに受容される普遍も一つではないと回答する。

引用十二

反対異論。理性的魂はすべての人間において同一ではない。このことは上で十分に証明された。だから知性も同一ではない。なぜなら知性は魂の部分だからである。それゆえ、知性のうちに在るものも、すべての人において同一ではない。［中略］したがって、基体が同一ではないので、形象は同一ではないであろう。解決。最後の諸議論が証明している通り、知性はすべての魂において同じではないと言わなければならない[32]。

引用七のところでも述べた通り、理性的魂は個々人の身体によって時間的空間的に個別化されている。だから当然、その一部である知性も個別化されている。それゆえ、「知性のうちに在るもの」すなわち思弁知性の形象・普遍がそのうちに在り、普遍の基体であるところの「知性」である可能知性も個別化されている。したがって、可能知性に受容されている思弁知性の形象・普遍も個別化されている。これがこの箇所の骨子である。

ただしアルベルトゥスによれば、可能知性に受容された普遍は、確かに理性的魂、あるいは可能知性の付帯性としては個別化・多数化しているが、諸々の個に共通する事物の理念・実体・何性としてはあくまでも同一である。(33) ではどうして普遍は、理性的魂の一部として個別化されている可能知性に受容されているのに、それ自体は個とはならず普遍のままであることが可能なのであろうか。アルベルトゥスによればそれは、能動知性が、知性認識対象である普遍に、純一存在・不可滅存在を与えるからである。

引用十三

解決。第一異論に対しては次のように言わなければならない。知性は諸形象に関して、場所と一致する点と、基体と一致する点とを有している。すなわち、諸々の知性認識対象に純一存在と、幾分か不可滅存在をもたらすということによって場所と一致する点を有している。〔中略〕さらに〔第二異論に対して〕、諸々の知性認識対象の多様性が、その変化・運動なしに知性に生じるということによって、場所との類似性を有していること、第二異論で証明されている通りである。しかし、可能態に在り、自身では作用できず、知性認識対象によって現実態にされるということによって、基体・質料と類似性を有している。(34)

この箇所によれば、確かに理性的魂は、可能知性であるかぎりでは、可能態に在り、知性認識対象という他のものによらなければ現実化しない。この点では、形相によらなければ現実化しない質料と似ている。しかし、形相に何らの現実態も与えない質料とは異なり、理性的魂は、能動知性であるかぎりでは、知性認識対象に対して純一存在・不可滅存在を与える。これは今まで純一性と呼んできたものである。つまり、時間空間性を超えた純一性・純一存在がここでは、生成消滅し得ない永遠な存在とも呼ばれているのである。だから、種類的には多様な知性認識対象である普遍も、可能知性においては、時間空間的に変化・運動し個別化することなく、そのままで存在することができるのである。

以上のようにアルベルトゥスによれば、能動知性が、知性認識対象である普遍に超時間空間的な純一存在・不可滅存在を与えるので、たとえそれが、人間の身体によって個別化されている可能知性に受容されても、個別化せず普遍のままにとどまることができるのである。

だが、このようなアルベルトゥスの思弁知性単一説論駁には重大な問題が残されているように思われる。この議論は可能知性が理性的魂の一部として人間の身体によって個別化されるということが当然の前提とされている。しかし、超時間空間的な純一存在・不可滅存在である能動知性を現実態として有し、普遍を普遍として受容するようなものである可能知性が、そのようなもののままで、物体である人間の身体によって個別化されるなどということは、一体どのようにして可能なのであろうか。この点が議論されてしかるべきであるように思われるのだが、『人間論』にはそのような議論は見当たらないように思われる。この点は、十年後に書かれるアルベルトゥスの『霊魂論』における可能知性単一説論駁を待たなければならない。

四　まとめ

アルベルトゥスの『人間論』によれば能動知性は、それ自体が知性認識対象なのでもなければ、知性認識対象を直接与える離存知性体なのでもない。能動知性は超時間空間的な純一性であり、能動知性はこのような自己を可能知性の現実態として可能知性に常に与え続ける。その一方でこの純一性を個である表象像が限定することによって、種的に相異する諸々の知性認識対象・普遍が可能知性のうちに生じる。アルベルトゥスはこのような自らの立場をアヴェロエスに帰す。そしてこのような仕方で能動知性は個である表象像を普遍化し、自らの純一存在・不可滅存在をすべての知性認識対象・普遍に与えるので、たとえ可能知性が理性的魂の一部として人間の身体によって時間空間的に個別化されていても、それに受容されている普遍は個別化せず普遍のままにとどまる。

しかし、能動知性という超時間空間的純一性を個である表象像が限定するとは一体どういうことなのか、また、なぜ可能知性は理性的魂の一部として人間の身体によって個別化され得るのかといった問題については、彼の『霊魂論』における詳細な説明を待たなければならない。

第二章　可能知性論
――『霊魂論』に即して――

一　二つの受動、二つの可能態

アルベルトゥスはアリストテレス『霊魂論』第三巻第四章冒頭を自身の『霊魂論』第三巻第二論考第一、二章で註解した後、第三章において、この箇所でアリストテレスが語ったことから浮かび上がる諸疑問を整理している(1)。まずアリストテレス『霊魂論』第三巻第四章冒頭部分を見てみることにしよう。

引用一

①そこで、もし知性認識することが、感覚認識することと同じようなことであるならば、〔知性認識することとは〕知性認識対象からの何らかの受動であるか、それと同類の別の何かであるだろう。

②すると〔知性は〕、受動し得ないが、形相を受容し得、形相と可能態において同類のものであるが、形相そのものではなく、感覚が感覚対象に対するのとちょうど同じように、知性も知性認識対象に対するのでな

ければならない。

③そうすると〔知性は〕、すべてを知性認識するので、アナクサゴラスが言うように、支配するために、すなわち知るために、混ざっていないのでなければならない。なぜなら〔知性が或る特定のものとして〕現れると、それが、それと異質なものを妨げ排除するからである。したがって知性には、可能であるというこの自然本性以外には何の自然本性もない。

④だから、魂の中で知性と呼ばれる部分（私が知性と言うのは、魂がそれによって考え理解するところの知性のことである）は、知性認識する前は、現実態において存在するもののどれでもない。

⑤それゆえ、知性が物体・身体と混ざっているというのも不合理である。というのも、〔もしそうだとすれば〕冷であれ熱であれ、或る特定の性質になるはずであるし、感覚能力と同じように何らかの器官が在るはずだからである。しかし今のところ〔そのような器官は〕一つも存在しない[2]〔段落分けと段落番号は引用者による〕。

可能知性の永遠性

アルベルトゥスは、この箇所から浮かび上がる諸々の疑問は三つの問題に還元されるとしている[3]。その中の一つは次のような問題である。引用一の第二段落では、「〔知性は〕、受動し得ないが、形相を受容し得」とされている。一方第四段落では、「〔知性は〕知性認識する前は、現実態において存在するもののどれでもない」と言われている[4]。そしてアルベルトゥスによればテオフラストスとテミスティオスは、ここから次のような疑問を抱く。もし知性が何も受動し得ないのであるならば、知性はもともと在る通りにしかないはずであるから、知性において何か新しい知性認識内容が生じるということはないのではないか。知性は知り得ることを初めから何もかも知っているのでなければならないのではないか。だから、「知性認識する前は、現実態において存在するもののどれでもない」というように、知性において可能態が現実態に時間的に先行する、つまり、知性は何かを知性認識し得るけれども、しかし今はまだ現実には何も知性認識していないなどというようなことはあり得ないのではないか。アルベルトゥスは次のように述べる。

引用二
そこで、第一のこと〔物体と混ざっていない、受動し得ないという可能知性の二つの特徴〕から浮かぶ疑問を理解することにしよう。もし可能知性は〔物体と〕混ざっておらず、受動し得ず、変化し得ないならばその場合、存在するもののうちの何かが生じるということは決してなく、変化し得ないものが永遠であるような仕方で永遠であるように思われる。だから、何らかの知性認識対象が生じることはなく、それゆえ可能知性のうちに思弁知性〔思索・思弁される形相〕も生じない。さらに、そこではまったく何も生じないところのものは、現実態に先行する可能態ではない。ところで、可能知性はそのようにまったく変化し得ないものである。したがって、可能知性ではまったく何も生じず、〔未来においても〕何も生じないだろう。だから思弁知性もまったく生じないのである。さてさらに、能動知性は可能知性よりもより変化し得ないし、それゆえ能動知性も可能知性も、両知性とも、必然的で変化し得ない存在者がそうであるような仕方で永遠である。ところで、能動者が必然的であり、能動者になるようなものではなく、常に能動者である場合にはいつでも、受動者も必然的であり変化し得ない。その場合、能動者によって受動者において生じるものも常に存在し、変化し得ない。だから、可能知性と呼ばれるものにおいて能動知性によって生じるものである思弁知性は常に存在し、生じ得るものの終極ではあるが、生成と時間に即せば可能態がそれに先行しているところのものであるような産出によって生じることは決してないように思われる。この言葉〔「混ざっていない」「受動し得ない」という言葉〕に関する以上の疑問はテオフラストスとテミスティオスが引き出している(5)。

この問題にはアリストテレス自身がすでに気付いていたように思われる。というのも、アリストテレスは引用一の第一段落で、「知性認識することが、感覚認識することと同じようなことであるならば、〔知性認識することは〕知性認識対象からの何らかの受動であるか、それと同類の別の何かであるだろう」と述べている。そしてその後の彼の議論から言っても、また、彼の『霊魂論』全体の構成からしても、彼が、知性認識することは感覚認識することと或る意味で同様なことだということを前提にして議論を進めているのは明らかであろう。しかし彼は、同じ第三巻第四章で、「しかし人は次のように問うかもしれない。もし、アナクサゴラスが言うように、知性が純一であり、受動し得ず、何ものとも共通なものを何も有していないならば、知性認識するということが何らかの受動である場合、知性は一体どのようにして知性認識するのであろうか(6)」と述べているのである。つまり、知性が「受動し得ない」と言うことと、「何らかの受動であるか、それと同類の別の何かである」と言うこととの間に、或る種の緊張・矛盾が在るのではないかと感じているのである。しかし同時に、具体的な解決策は何ら提出されていないように思われる。

ところで引用二では、アリストテレス『霊魂論』第三巻第四章で議論されている知性が「可能知性」と呼ばれている。この知性は哲学史上様々な名称で呼ばれてきたが、アルベルトゥスはこの知性のことをほぼ一貫して

「可能知性」と呼んでいる。なので本書でも以下この名称を使うことにする。そしてさらに引用二では、「可能知性」という名称と共に「能動知性」という名の知性も登場している。これらの名称は、第一章冒頭でも述べた通り、これもまた哲学史上非常に有名なアリストテレス『霊魂論』第三巻第五章の次のテキストに由来する名称である。

引用三

すべてのものになる知性と、光のような何らかの状態として、すべてのものを生み出す知性とが在る。というのも、光も或る仕方で、可能態に在る色を現実態に在る色にするからである。そしてこの知性は、本質的に現実態でありながら、離れており、受動し得ず、混ざっていない[7]。

ここで「すべてのものを生み出す知性」と言われている知性が、後に能動知性と呼ばれるようになっていく。一方「すべてのものになる知性」と言われている知性は哲学史上、第三巻第四章冒頭で議論されている可能知性と同一視されてきた。これらの用語を引用二の後半に当てはめれば次のようになるであろう。すべてのものを生み出す知性（能動知性）は、すべてのものになる知性（可能知性）をすべてのものにする知性である。ところで、すべてのものになる知性がすべてのものになるのに際して、まったく変化なしにそうなるのであれば、ましてや、そのような事態を生じさせる知性（能動知性）の側には何の変化もないだろう。だとすれば、能動知性が可能知性に生じさせるもの（思弁知性）にも何の変化もないだろう。つまり、可能知性によって思索・思弁される形相が新たに生じることもないだろうというのである。

さて以上のように、アリストテレスは、可能知性は「受動し得ない」と言いながら、その一方で可能知性には「知性認識する前」が在ると言う。しかし、可能知性は、受動・変化し得ないのであるから、何かを新たに知性認識するということもないだろう。それゆえ、可能知性において可能態が現実態に時間的に先行するということもあり得ないように見えるのである。だが一方でこの疑問は容易に解決し得るものであるようにも見える。というのも、アリストテレスは彼の『霊魂論』第二巻第五章で、次のように受動を二つに区別しているからである。

引用四

受動するということもまた単一ではなく、受動するとは一方では、対立するものによって消滅するということであり、他方では、可能態に在るものが、現実態に在るものによって救われるということである。(8)

ここでアリストテレスは受動を、対立するものによる消滅としての受動と、現実態による可能態の救済としての受動の二つに分けている。前者は「消滅」と言われ、消滅が強調されてはいるが、これは当然アリストテレスの自然学理論一般からすれば、消滅のみのことではなく、生成消滅、すなわち変化のことであろう。つまり、生成と消滅が必ず表裏一体となっているような受動のことであろう。しかし後者は難解である。ここで「救われること」「救済」と訳したギリシア語の σωτηρία（sōtēria）は、確かに「保存」などとも訳せる。しかしここではただ単に「保存」などと訳すのではなく、あえて「救う」と訳したのは、文脈によるということの他、現代を代表するアリストテレス『霊魂論』解釈者の一人であるヒックスがこの語を「現在の状態を可能態から現実態へと高めること（enhancing）」と解釈していること、(9) さらにアルベルトゥス自身がこの語を「強めること

(confirmare)」と解釈していることによる。(10)

だからもし、可能知性は「受動し得ない」と語られているときの受動が前者の意味の受動であるならば、後者の意味の受動においては可能知性が可能態から現実態に時間的に先行し、後で形相を受容し、結果何か新しいことを知性認識してもよいことになるだろう。実際引用四の直後では、後者の受動こそが知性認識に当たるとされているのである。

しかしアリストテレスは、前者の受動、すなわち生成消滅については彼の自然学著作の様々な箇所で詳しく語っているが、後者の受動については、どのテキストにおいても明確には語っていない。だからこの一つ目の問題を解決する際の焦点は、必ず消滅を伴うような受動ではなく、可能態が現実態によって救われる・強められることであるような受動＝受容（引用一の第二段落参照）とは一体どのようなものであり得るかということになる。

可能知性と第一質料

さてもう一つの問題は次のようなものである。引用一の第三段落で、可能知性には「可能であるというこの自然本性以外には何の自然本性もない」と語られ、第四段落で、可能知性は「現実態において存在するもののどれでもない」と語られている。これに対して、アルベルトゥスによればテオフラストスは次のように反論する。それでは可能知性は、質料〔素材〕が有する可能態一般、つまり、すべての物体の質料である第一質料と同じものになってしまうのではないか。アルベルトゥスは次のように述べる。

引用五

以上述べられたことにおいてさらに疑問がある。すなわち、もし可能知性が、たとえば準備された〔つまり削られ、平らにされ、磨かれた〕書板が図画から離れているように、可能態が現実態から離れるようにして離れていると語られるならばその場合、可能知性は諸々の知性認識対象に対して、質料が諸形相に対するような類比関係しか有さないように思われる。ところで、何かに対する受動的可能態と受容的可能態の特質・類比関係が一つであるところのものは同じものである。だからこの場合、第一質料と可能知性との間には何の違いも無いように思われる。そしてこれがアリストテレスの立場に対するテオフラストスの反論である。(11)

ここで登場する書板の例は、アリストテレスが彼の『霊魂論』第三巻第四章で、可能知性の可能態の例として挙げているものである。(12)この箇所についてのアルベルトゥスの註解を見ると、引用五の内容をよりよく理解することができる。特に「受動的可能態」「受容的可能態」という用語の意味がよく分かる。

引用六

〈だから我々は以前にも、知性は〉諸々の知性認識対象の端的に受動的な可能態に在るのではなく、〈或る意味で可能態に在ると言ったのである〉。つまり〔知性は〕受容的可能態にしかなく、固有な意味では受動的可能態にはない。すなわち〔知性は〕可能的に〈諸々の知性認識対象であり、それらを現実に〉知性認識する後ででなければ、〈知性認識する前は〉諸々の知性認識対象のまったく〈どれでもない〉。どのようにして〔知性は受容的可能態にしかないの〕か、つまり、『自然学』第一巻の終わりで語られたことを思い出さなければならない。この箇所で語られたことから次のことが理解される。受動的可能態には二通り在る。一方は、その可能態性から、単なる受容の基体であり、原因でしかない。他方は、その可能態性から、受容と変化の原因であり、基体である。たとえば、対立するものの一方である質料が有する可能態は、受容と変化の基体であり原因である。つまり、二つのもの〔形相〕にとっては変化の基体であり、一つのもの〔形相〕にとっては受容の基体でしかない。というのも、質料には〔他と〕対立するものが内在しているので、対立するものは変化によって廃棄されなければならない。〔中略〕しかし、対立するものも受容可能な始まりも内在しない可能態が運動の基体では〈あり〉得ず、単なる受容の基体であるだろう。すべての点で似ているわけではないが、このことの例となるのは、削られ、平らにされ、磨かれた〈書板〉である。〈ここには、現実態に〉即した〈文字も〉、文字に対立するものも、運動によって現実態へと引き出される、現実態と可能態の中間状態による文字の始まりもない。〔このような書板は〕ただ、文字を受容するのに十分準備されているだけであり、それゆえ文字を運動なしに受容し、書板からは何も廃棄されず、ここでは何か不完全なものが現実態へと〔運動によって〕移行することもなく、〔書板は〕どんな文字でも運動なしに、獲得された現実態として受容する。この現実態に対して〔書板は〕ただ受容し得るということでなければ可能態にはない。(13)

引用六によれば受動的可能態には二通り在る。一つは受容と変化の基体、もう一つは単なる受容の基体である。物体の質料が有する可能態は受容と変化の基体である。というのも、引用一の第五段落と第三段落でも語られている通り、物体には必ず「或る特定の性質」があり、それには必ず対立するものがあって、それが「異質なものを妨げ排除する」。それゆえそのような異質なものの形相を受容した場合、もともと有していたそれとは対立する性質の形相は排除・廃棄されなければならない。これが生成消滅であり、変化である。だから、物体の質料が有する可能態は変化の基体なのである。しかしそれは対立する二つの形相に対してのことであって、質料が有する可能態は、一つ一つの形相に対しては、ただそれを受容するだけである。つまり、或る形相への可能態がその形相によって現実化されるだけである。だから受容の基体でもある。

一方可能知性は単なる受容の基体である。なぜなら可能知性には、引用一の第三段落で言われている通り、「可能であるというこの自然本性以外には何の自然本性もない」ので、対立するものを有する形相・現実態も当然ない。だから可能知性は単なる受容だけの基体なのであって、対立するものどうしが生成したり消滅したりする変化の基体ではないのである。

ところで引用六の冒頭では、可能知性は「受容的可能態にしかなく、固有な意味では受動的可能態にはない」と言われている。これはどのように解釈したら良いだろうか。引用六ではそれほど明確には規定されていない。しかし、受容的可能態を受容の基体、固有な意味での受動的可能態を変化の基体と解釈すると、引用五の意味が明確になる。引用五では、可能知性も第一質料も「何かに対する受動的可能態と受容的可能態の特質・類比関係が一つであるところのもの」と言われている。ここでの「受動的可能態」を上で述べられた「固有な意味での受動的可能態」と取れば、ここで言われているものは、変化の基体でもあり受容の基体でもあるもの、つまり、物体の質料が有する可能態だということになる。この引用五のいささか難しそうな表現は、可能知性と質料が有する可能態、すなわち第一質料とは同じものだという主張を繰り返しているに過ぎないということになる。そして引用五の立場（アリストテレスに反論するテオフラストスの立場とされているもの）では、引用六に出てくるような、変化の基体にならない単なる受容の基体は認められていないということになる。

もしこの解釈が正しければ、二つ目の問題の焦点は、引用四で語られているような、対立するものによる生成消滅・変化という意味での受動の基体・可能態しか認めないのか、そのような受動ではなく、ただ単に可能態が現実態によって現実化するだけの受動＝受容の基体・可能態をも認めるかということになる。つまり、一つ目の問題も二つ目の問題も、問題の本質は変わらないということになる。

二　可能知性の「限定理論」

一では次のような二つの問題が提出された。すなわち、アリストテレスは、可能知性は「受動し得ない」と言いながら、そこには「知性認識する前」が在ると言う。しかし、もし受動・変化し得ないのならば、何かを新たに知性認識するというようなこともないのではないか。またアリストテレスは、可能知性には可能態しかないと言うが、それでは可能知性は第一質料と変わらないのではないか。この二つの問題の本質は、生成消滅という受動およびそれに対する基体・可能態以外に、可能態が現実化するだけの受動＝受容およびそれに対する基体・可能態をも認めることができるかというところにあるのを見た。二では、そのような受動＝受容、その基体・可能態を認めることが、可能知性の「限定理論」によって可能であるということを示す。

アルベルトゥスによれば、もし可能知性が第一質料と同じだと言われるのが、純粋可能態だということを意味するとしたら、可能知性は自然本性において何ものでもないことになってしまう。しかし可能知性は物体ではなく知性であると積極的に規定されている。だから可能知性は知性の自然本性を有しているはずである。実際第一質料も、その存在に即して言えば、純粋可能態としてそれだけで存在しているわけではなく、必ず或る特定の自然本性を持った物体において、それとして存在しているとされているのである(14)。

では、引用一の第三、四段落で見たように、「〔知性には〕、可能であるというこの自然本性以外には何の自然本性もない」「知性認識する前は、現実態においては存在するもののどれでもない」と語るアリストテレスの言葉はどのように理解されるべきであろうか。アルベルトゥスによればそれは、可能知性は、すべての形相・現実態に対して可能態にしかないという意味ではなく、生成消滅するすべての物体の形相・現実態に対してのみまったく可能態にしかないと読むべきである(15)。

では、物体の形相は現実態においてはまったく有しておらず、知性の自然本性しか有していない可能知性が、一体どのようにしてすべての物体の形相に対して可能態に在り、すべての物体形相を受容し得るのであろうか。

認識の触覚モデル

アルベルトゥスは、可能知性と知性認識対象である物体の形相との関係を考える際、まず第一に触覚器官と触覚対象の関係をモデルとして用いる。そして両者を中間と極端の関係として捉える(16)。すなわち、冷であれ熱であれ、乾であれ湿であれ、触覚対象は触覚器官を中間として、それに対して常に極端の関係に在る。そうでなければ、つまり、触覚対象が触覚器官とまったく同じ様に或る種の中間状態であるならばまったく触覚されないであろう。逆に触覚器官がその中間状態を失い、触覚対象と同じようにたとえば極端に冷たく、あるいは乾燥し、あるいは湿ってしまったら、触覚対象を冷たいとか熱いとか乾いているとか湿っているとか感じることはできないであろうし、そもそも中間が存在しないのであるから極端も存在し得ず、したがって触覚対象も存在しないということになるだろう。

そして中間は、中間であるかぎりでは決して極端ではない。だから触覚器官はどの触覚対象でもないし、どの触覚対象も有していない。それゆえ、どんな触覚対象を受け取っても、触覚器官が触覚器官である、つまり中間状態を保つかぎり何も失わない。なぜなら、触覚器官が或る触覚対象を受け取っても、それと対立する触覚対象が触覚器官のうちに存在することはあり得ないことになるので、生成消滅・変化が起こるというようなこともないからである。

引用七

何かを受容することができるものは、受容する諸々のものと類において一致する形相を有することはできるけれども、受容するのが自然本性的なもの〔形相〕を種において有することはない。たとえば、我々は上で触覚器官について次のように述べた。触覚器官は諸々の触覚対象の中間を自らのうちに有しているけれども、しかし自らを越えている触覚対象を受容する。中間は極端と種において異なり類において一致するからである。それと同じように可能知性も、可能知性によって知性認識される諸々のものの形相はどれも有さないが、それによって可能知性が非物体的自然本性の類における存在者に限定されているところの形相が、可能知性によって知性認識される諸内容と類において一致し、それらすべてと種において異なるということによって、可能知性が、非物体的自然本性の類において世界の諸存在者の一つにそれによってなるところの何らかの形相を有することは不都合ではないこと、後に我々が明らかにするであろう通りである(17)。

たとえば熱さにも冷たさにも湿り気にも乾きにも個々別々のものが存在する。つまり、様々な場所と時間に個々別々な熱、冷、湿、乾が在る。しかしそれらはいずれも熱ならば熱、冷ならば冷、湿ならば湿、乾ならば乾という種に属すると言うことができる。ところで、引用七の前で述べた通り、触覚器官はどの触覚対象でもなく、どの触覚対象も有さない。その意味で触覚器官は熱くもなければ冷たくもなく、湿ってもいなければ乾いてもいない。だから触覚器官は触覚対象のどの種にも属さず、どの触覚対象とも種において異なる。しかし何もかも異なるというわけではない。なぜなら、触覚器官には温度も湿度も在るからである。ただそれらが中間状態を保っていて、極端に偏っていないというだけのことである。だから、温度を有するものの類に属するという点では熱や冷と一致し、湿度を有するものの類に属するという点では湿や乾と一致する。引用七によればこのようなものこそがまさに何かを受容することができるものなのである。それゆえ可能知性も、その知性認識対象である物体の形相と種においては異なるけれども、非物体的自然本性、つまり知性的自然本性の類に属するという点では一致していなければならないということになる。

しかし、触覚器官が触覚対象に対して、極端に対する中間の関係に在るとか、種においては異なるが類においては一致するということは理解できるとしても、可能知性がその知性認識対象である物体の形相に対して、極端に対する中間の関係に在るとか、種においては異なるが類においては一致するということは、具体的にはどのような事態を指しているのであろうか。アルベルトゥスはまず、触覚器官の中間性は、どの触覚対象も有していないが、有していないがゆえにすべての触覚対象になることができる、すべての触覚対象を可能的に有していると語る(18)。だから同様に、知性認識対象である物体の形相の中間性である可能知性も、それらのどの形相も有していないからこそ、逆にそれらすべての形相になることができる、すべての形相を可能的に有していると語る。そしてアルベルトゥスはこのような中間と極端との関係を、限定されるものとするものという関係でさらに詳しく説明する。

引用八

上で我々が明らかにした通り、知性はすべて、知性認識されるものの中間性であるような形相である。それは触覚の中間が、諸々の触覚対象の中間であるのと同様である。だから、触覚対象が現実態に即して触覚を動かす時、触覚対象と触覚力の質は一つになるが、それ以外に触覚は、触覚感覚されている事物の質によって限定され区別される。それと同様に知性の知性性も、知性認識される事物の知性性と一つになるが、それ以外に魂の知性性は、知性認識される事物の知性性によって限定され区別される。それゆえ我々は上で次のように述べたのである。知性と知性認識されるものとは一つであるが、それは基体と付帯性としてではなく、形相と質料としてでもなく、限定するものと限定されるものとして、同じ形相を或る仕方で有しているものとして一つなのである。このような形相はすべて、極端な形相に束縛され、極端な形相の現実態を受容するとき中間にある。中間とは極端に係わる何かだからである。(19)

触覚器官が触覚対象に触れるとき、触覚器官の或る場所は或る瞬間ほんの少しその中間性を失い、若干熱くなったり冷たくなったり、湿ったり乾いたりするだろう。そのかぎりでは、触覚器官の中間状態を保とうとする触覚力は、触覚対象の働きによって触覚対象の質と一つになる。しかし触覚器官のその他の部分やその他の時間においては、触覚力は以前と同じ様に触覚器官の中間状態を保つ。だから、触覚力は触覚対象の働きによって、触覚器官の中間状態を若干失う部分と、そうではなく、中間状態を保っている全体とに区別され、前者の部分が後者を限定する。それとちょうど同じ様に可能知性も、知性認識対象である物体の形相の働きによって、その形相と一つになるが、その「部分」(可能知性は知性であって物体ではないので、この「部分」というのは時間的空間的部分であるはずはないが〉と、そうではなく、依然として可能知性のままである全体とに区別され、前者の「部分」が後者を限定する。

ところでアルベルトゥスは以上のような中間と極端の関係が、触覚のみならずすべての感覚と感覚対象の関係に当てはまると考える。引用一の第二段落後半部分で「感覚が感覚対象に対するのとちょうど同じように、知性も知性認識対象に対するのでなければならない」と語られている箇所を註解してアルベルトゥスは次のように述べる。

引用九

しかし、可能〈知性〉と呼ばれる知性的部分は、〈感覚が諸々の感覚対象に対するのと同じ様に諸々の知性認識対象に対する〉。このことが可能知性に起こるのは、可能知性が可能的であるということによってである。なぜなら感覚は、或る程度すべての感覚対象を受容するために、諸々の感覚対象の中間として調和的に存在し、形相的中間性、形相的釣り合いとして諸々の感覚対象に対しているからである。そしてそれゆえ我々は次のことを明らかにするであろう。可能知性と呼ばれる知性はすべての知性認識対象の中間性であり、そのことによってすべての知性認識対象を受容する。[20]

そしてさらにアルベルトゥスはこのように考えられる理由を共通感覚に帰す。共通感覚とはアルベルトゥスによれば、すべての外部感覚対象、すなわち色、音、匂い、味、感触すべてが共有している基体、つまり物体一般の大きさを対象とする感覚のことである。[21] また同時に共通感覚能力はすべての外部感覚能力の源であり、さらに、すべての感覚認識を統合する能力でもある[22]。そのような共通感覚が、引用九で語られた事態の理由とされている。しかもそれは、共通感覚がすべての感覚対象に対して、限定されるものが限定するものとして関係しているということによってであるとされる。

引用十

だが、器官なしに考察され、諸々の感覚対象と関係付けられた感覚力そのものに限っては、諸々の感覚対象と関係付けられた感覚と、諸々の知性認識対象と関係付けられた知性との間には類似性がある。その理由は以下の通りである。我々は上で次のように述べた。第一の主要な感覚能力である形相、これは共通感覚のことなのであるが、これは諸々の感覚対象に対して、限定されるものとして関係している。これと同じように可能知性の知性性も、可能知性の形相的知性性がそれらに従って限定されるところのものとしての諸々の普遍と関係している[23]。

この箇所の冒頭で「器官なしに考察され、諸々の感覚対象と関係付けられた感覚力そのものに限っては」と但し書きされているのは次のような理由による。感覚対象があまりに強烈であったり、感覚対象の感覚器官に対する働きかけがあまりに長期にわたると、そのことによって感覚器官に何らかの生成消滅が起こることを我々は経験で知っている。このような生成消滅によって、感覚器官に備わっている感覚力にも何らかの変化が起こることはあり得るだろう。場合によっては消滅してしまうかもしれない。しかし一般に感覚力が変化を被るのは感覚器官を有しているかぎりのことであって、感覚力それ自体は、物体のうちに在る力ではあるが物体そのものではないので、それを感覚器官なしに考察すれば、変化を被るということは考えられない[24]。このような感覚力は感覚対象によって、変化を被ることなく限定され得ると考えることができる。だから可能知性は言わば（こんなことはあり得ないが）器官を有さない感覚力のようなものであると言うことができるであろう。

認識の光学モデル

さてアルベルトゥスは、ここで述べられた「限定理論」を可能知性に最も具体的に当てはめるとき、今度は視覚をモデルとして用いる。ただしここで注意しなければならないのは、可能知性と知性認識対象との関係に対比されているのは、視覚器官や視覚能力と視覚対象である色とではなく、色が存在する場所である空気などの透明なものと色との関係だということである。だからこのモデルは厳密には、視覚モデルと言うよりもむしろ光学モデルと言うべきであろう。

引用十一

可能知性において思索・思弁される形相である思弁知性は、二通りの仕方で可能態に在る。［中略］一方他の仕方で〔思弁知性が〕可能態に在るのは可能知性との関係に即してである。可能知性において普遍は、現実態において直知されているが、そこでは知性認識可能性の現実態・形相のもとにしかない。そして可能知性はこの知性認識可能性を、能動者である永遠の知性の光輝から有している。それはちょうど、諸々の色がそれによって視覚を動かすところの形相的存在を物体的光輝から有しているのと同様である。そしてこの知性の光輝のもとで普遍が可能知性と一つとなる時、それは、諸々の感覚可能な形相において生じるように、器官と一つになるようにして一つになるのではない。そうではなく、限定するものが限定されるものと一つになるようにして一つになる。というのも、可能知性と共自然本性的な能力態は知性性そのものであり、これによって可能知性は可能知性と呼ばれ、知性的自然本性なのであるが、この知性性は、知性認識対象であるかぎりでの諸々の知性認識対象と同じ自然本性を有している。しかし可能知性の知性性は、漠然として限定されていないが、その一方、可能態が現実態によって限定されるように、限定されていないものが限定されているものによって完成されるようにして限定されるのである[25]。

アルベルトゥスの視覚論によれば、主に太陽の光輝が、空間に満ちた空気の中に広がって明るさを生む。その明るさは、色の付いた物体の表面に当たると、その物体に限定されて或る特定の色になる。この色は空気中に広がる全体の明るさと一つになるが、どんな色にもなり得る明るさを部分的に限定するものとして明るさのなかに存在する。ちょうどこれと同じように、引用十一によれば、能動知性の光輝が可能知性によって自然本性的に直知される。これが、知性認識可能性・知性性の形相のもとにしかない普遍である。これがさらに何かによって限定されると、可能知性によって思索・思弁される形相である思弁知性という普遍になる。この普遍は可能知性と一つになるが、どんな思弁知性にでもなり得る可能知性の知性認識可能性・知性性全体を部分的に限定するものとして可能知性のうちに存在する（ここでも「部分」とはもちろん、時間的空間的意味ではあり得ない）。

ここで語られている、「知性性の形相のもとにしかない普遍」とは一体何のことであろうか。アルベルトゥスはこれを「論証の第一諸公理」と呼んでいると思われる。論証の第一公理と言うと、「全体は部分より大きい」とか「同じものに等しいものは互いに等しい」などという命題が例としてよく挙げられる。しかしこれらすべてがここで論証の第一公理と呼ばれているわけではないと思われる。というのも、概念（terminus）は感覚から知られ、論証の第一公理の知を付帯的に生み出すと言われているからである。[26] つまりたとえば「全体は部分より大きい」という命題であれば、この命題全体が可能知性によって自然本性的に直知されているのではなく、「全体」や「部分」や「大きい」といった概念の知は感覚に由来する。だから、ここで語られている論証の第一公理とは、上記のような諸命題のうち概念抜きの部分、たとえば同一律（～は～である）矛盾律（～は非～ではない）排中律（すべては～か非～かどちらかである）というようなことが考えられているように思われる。実際このような論理学的原理は、自然本性的に知られているとしても、実際に自覚されるのは上記のような命題においてであろう。アルベルトゥスも可能知性のうちに在る諸原理について「我々はこれらを、諸々の概念を認識するかぎりで自然本性的に知る」と語っているのである。[27] ただしアルベルトゥスはこの問題についてこれ以上のことは、彼の『霊魂論』の中では詳しく述べていない。

ところで、引用十一直後の説明において、色の付いた物に相当するものとして可能知性の知性性を限定し、色に相当する思弁知性を生じさせるものがまだ明らかになっていない。これは当然、この説明の中で、可能知性の知性性全体を部分的に限定すると語られた思弁知性とは別のものでなければならない。というのも、アルベルトゥスによれば色は、限定された光輝であるかぎりでは光輝を限定しない。それと同じように思弁知性も知性であるかぎりでは可能知性の知性性を限定しはしない。色が光輝を限定するのは色がそれの色であるところの物体の組成によってである。それとちょうど同じように思弁知性も、それがそれの思弁知性であるところの物体との関係に即してでなければ可能知性の知性性を限定しない。[28] そしてそのように可能知性の知性性を物体との関係で限定するものは具体的に言えば表象像のことであろう。[29] 表象像は、ちょうど感覚対象が感覚力、特に共通感覚能力を限定するのとちょうど同じ様に、可能知性の知性性を限定するのである[30]。

表象像は、能動知性や能動知性の光輝や可能知性や可能知性の知性性とは、種だけでなく類も異なる。表象像が物体的自然本性を有するのに対して、その他のものはすべて非物体的・知性的自然本性を有するからである。そうであるのにもかかわらず表象像は上記の他のものを限定することができると考えられているようである。なぜそのようなことが可能であると見なされているのであろうか。それは恐らく、アルベルトゥスの自然学によれば、色の付いている物が、天体や、天体の固有性である光・光輝や、それによって現実化される空気などの「透明なもの」や、その現実態である「明るさ」と、種だけでなく類も異なっている（アリストテレス・アルベルトゥスの自然学によれば地上の物体と天上の物体とは類が異なる）のにもかかわらず、限定するものであってよいと考えられているからであろう。このようにして、上で述べたような疑問、すなわち「物体の形相は現実態においてはまったく有しておらず、知性の自然本性しか有していない可能知性が、一体どのようにしてすべての物体の形相に対して可能態に在り、すべての物体形相を受容し得るのであろうか」という疑問は解決されると思われるのである。

以上のような可能知性の可能態と、第一質料の可能態との一番の相異点は、第一質料が受け取る形相は当然第一質料よりも形相的であるのに対して、可能知性の場合は、可能知性が対象として受け取る形相よりも可能知性の方が形相的だという点である[31]。というのも、アルベルトゥスによれば、可能知性が対象として受け取る形相に形相を与えるものも、可能知性に形相を与えるものも、どちらも能動知性である。しかし可能知性が対象として受け取る形相は、それ自体に即して言えば、もともと可能知性に在る形相を限定するものでしかない。だから、ちょうど色の付いた物が、それだけでは、空気中の明るさを動かして、そこに色を生み出すことはできず、光輝に照らされなければならないのと同じように、可能知性が対象として受け取る形相も、それ自体では形相として現実態にはなく、可能知性がもともと受け取っている知性性の形相によって現実化されなければ、可能知性を動かすことはできない[32]。つまり、第一質料は、どの点から見ても可能態にしかない、つまり純粋可能態であるが、可能知性は、或る観点から見れば現実態であり、或る観点からみれば可能態なのである。

三　可能知性単一説論駁

二では次のことが明らかとなった。アルベルトゥスによれば可能知性は、知性認識対象である物体の形相を、限定するものに対する限定されるものとして知性認識する。それは具体的に言えば、可能知性の知性性を表象像が限定することによって思弁知性が生じるということである。三では、このような可能知性の「限定理論」を踏まえ、可能知性を巡る三つ目の問題を検討してみたい。

可能知性の四つの特徴

しかし、三つ目の問題の検討に入る前にまず、可能知性をめぐる三つの問題と、アルベルトゥスが可能知性に帰す四つの特徴[33]との相互関係について簡単に見ておくことにしよう。アルベルトゥスは本章冒頭で述べた通り、アリストテレス『霊魂論』第三巻第四章冒頭から浮かび上がる諸疑問を、彼の『霊魂論』第三巻第二論考第三章で整理している。その際彼は可能知性の特徴を次のように四つにまとめている。

引用十二
四つのうちの一つは、可能知性は（1）混ざっていないということであり、それはつまり、何らかの物体と混ざっていないということである。二つ目は、可能知性は（2）離れているということである。三つ目は、（3）①受動し得ないということである。ただし②諸々の知性認識対象を受容することはできる。四つ目は、（4）或る特定の何かではないということである[34]［アラビア数字の番号は引用者による］。

これらの特徴はほとんどすべて、引用一の文言と関係付けられている。

（1）の「混ざっていない」は、とりあえずは引用一第三段落の「混ざっていない」から取られているであろう。しかしこの特徴はすぐに「それはつまり、何らかの物体と混ざっていないということ」と言い換えられるので、引用一第五段落の「物体・身体と混ざっているというのも不合理」と関連させて考えられているであろう[35]。

（2）の「離れている」には二つの意味がある。一つは①種別化・個別化するものから離れている、すなわち、種別化・個別化するものがないという意味である。もう一つは②現実態から離れている、つまり、何かを有する前に可能的にその何かであるという意味である[36]。②は引用一第三段落の「〔知性には〕、可能であるというこの自然本性以外には何の自然本性もない」第四段落の「知性認識する前は、現実態においては存在するもののどれでもない」から取られているであろう。

（3）の①「受動し得ない」は当然、引用一第二段落の「〔知性は〕、受動し得ないが」から取られているであろう。（3）②の「諸々の知性認識対象を受容することはできる」は、とりあえずは引用一第二段落の「形相を受容し得」から取られているのであろうが、この特徴は別な箇所では「すべての知性認識対象を受容することができる」と言い換えられているので、[37] 引用一第三段落の「〔知性は〕、すべてを知性認識するので」とも関連付けて考えられているであろう。

（4）の「或る特定の何かではない」は、引用一第二段落の「形相そのものではなく」が、「或る「これ」〔或る特定の何か〕ではなく」とも訳せるので、ここから取られたものかもしれない。あるいは引用一第五段落の「或る特定の性質」から取られたのかもしれない。しかしいずれにせよこの特徴は、アルベルトゥスのこの箇所の註解ではほとんど役割を果たさない[38]。

本章で最初に取り扱った問題は、引用一第二段落の「〔知性は〕、受動し得ない」という表現と、同段落の「形相を受容し得」や第四段落の「知性認識する前は、現実態においては存在するもののどれでもない」という表現との整合性の問題であった。今述べた可能知性の四つの特徴で言えば（3）①と（3）②や（2）②との整合性の問題であると言える。一方二つ目に取り扱った問題は、可能態しか有さない可能知性と第一質料の相異性の問題であった。この問題についてはどうであろうか。はっきりとは書かれていないが、第一質料は上述の通り、かならず物体と混ざって実在し、そこにおいて必ず生成消滅の基体となるので、今述べた四つの特徴で言えば（2）②と（1）や（3）①との整合性の問題であったと言うことができる。

これらに対して（2）の「離れている」という言葉、特に（2）①の「種別化・個別化するものがない」という話は引用一のどこにも見当たらない。アリストテレス『霊魂論』第三巻四章の本当に最初の箇所429a11に「離れている（χωριστοῦ）」という単語は登場するが、これはアルベルトゥスがここで問題にしている「離れている」という言葉とは意味が異なる。少し先の429b5にも「離れている（χωριστός）」という単語が在るが、これは、知性が身体から離れているという話なので内容的には近いが、種別化・個別化という話は出ていない。

同じく第三巻第五章で、能動知性について「離れており、受動し得ず、混ざっていない」という話をアリストテレスがしている箇所（引用三）を註解してアルベルトゥスは、能動知性に対して可能知性は、受動し得ないという点については少し違うが、離れているという点と混ざっていないということではまったく同じだという話をしている。[39]だから、能動知性と可能知性の知性としての類似性を強調するためにこの「離れている」という特徴を加えたとも言えるかもしれないが、しかしここでも種別化・個別化という話は出てきていない。

これから検討する可能知性単一説の問題は、（２）①②の特徴と一般経験・一般常識との整合性が問題となる。だから恐らく、可能知性を巡って当時最も問題であり、哲学史上においても最も重要な問題の一つであったと思われるこの問題が従来、本章で取り扱っている議論の文脈で取り上げられてきたことから、アルベルトゥスもこの文脈の中でこの問題を取り上げるために、可能知性の特徴の中にあえて（２）、特にその①を加えたのではないかと思われる。

では、アルベルトゥスによればなぜ、種別化・個別化するものがないという特徴は可能知性の特徴でなければならないのであろうか。それは一言で言えば、可能知性がする認識は知性認識であり、それは普遍認識でなければならないからである。そのことがこの特徴の理由となるのは、普遍を認識するためには、普遍が種別化・個別化されていないのと同じように、それを受容する可能知性も種別化・個別化されていないのでなければならないからである。知性認識は普遍認識でなければならないということは、上記の特徴で言えば（３）②の「すべての知性認識対象を受容することができる」という特徴から導き出されると考えてよいだろう。もっと正確に言えば、引用一第三段落の「〔知性は〕、すべてを知性認識するので」から導き出されると言うべきであろう。

というのも、端的にすべてのものを知性認識するためには、それらを個別化されているものとして受容するのでは不可能であろう。なぜなら、その「すべて」には当然すべての物体が含まれるであろうが、もしそれらが個別化しているものとして受容されるとしたら、宇宙の全空間全時間にわたる物体を受容しなければならないことになってしまう。それは不可能であろう。それに、もし仮にそれらをすべて受容できたとしても、引用一第三、五段落にある通り、それらは互いに排除し合ってしまい、生成消滅・変化してしまうであろう。

またもし、すべてを受容する可能知性自体が種別化・個別化されているとしたら、そのような可能知性に受容されたものも種別化・個別化してしまい、それは他のものと異なるものとなってしまって、結局それらは「すべて」ではなくなってしまうだろう。[40] もし可能知性が質料と同じように、形相を個的存在、「今・ここ」に在る存在に従って分割して受け取るならば、可能知性はその形相を知性認識するのではなく、むしろその形相を有する物になってしまうことだろう。なぜならその場合形相を受け取るものは、形相を他の種から種別化し、さらに他の個から個別化することによって現実態における存在を有するので、つまり、そのように種別化・個別化された形相として存在するようになるので、そのものがそのものであるかぎりでは、他の形相を同じ様に有することはできず（もしそうだとすれば、他のものになってしまうから）、諸形相を区別・比較することができないだろうからである。[41]

可能知性の「個別化」

さてアルベルトゥスは以上のような可能知性の特徴から可能知性単一説が提出される可能性を示唆する。

引用十三

それで以上が可能知性に帰される四つのことである。ここから、〔今〕居る、〔過去に〕居た、〔未来に〕居るであろうすべての人間において可能知性は数的に一つであるということが帰結するように見える。その理由は以下の通りである。前に述べた仕方〔第一の仕方〕で離れているものは、自らのうちに、それによって「あれ」や「これ」になるところの何かを有していない。なぜなら離れているものは個別化されていないし、質料と個別化する諸々のものとから取り出されているものは離れているものだからである。だから可能知性も、可能知性であるということに即せばそのような仕方で離れているであろうし、それゆえ、知性を有しているいると語られるものすべてにおいて一つであるだろう。さてさらに、自らの自然本性において共通的なものは、自らに付け加えられた固有な何かによるのでなければ固有なものにはならない。しかし端的に離れているものには固有なものは何も付け加わっていない。だから、端的に取り出されているものは決して固有なものにはならない。ところで可能知性は、可能知性であるということに即せば、端的に取り出されている何かである。それゆえ決して固有なものにはならない。したがって可能知性はすべての人に共通して一つであり、それ自体では誰にとっても固有ではないであろう(42)。

すなわち、可能知性の（２）①の特徴から、可能知性には個別化するものがないのであるから、可能知性は個人個人において個別化されておらず、全人類（過去や未来の人類も含む）にとって一つしかないという考えが帰結せざるを得ないように見える。また、可能知性は個別化されるのではなく、共通な知性的自然本性を有する可能知性に、何かが加わることによって個人個人に固有な可能知性になる、というようなこともないように見える。なぜなら、可能知性の（２）②の特徴からして、可能知性には、知性的自然本性以外には可能態しかなく、現実には何ものでもないからである。というのも、可能知性は上述の通り、触覚器官が、極端である触覚対象を受け取っても、中間状態のままであり続けなければ触覚できないのと同じように、可能知性も、たとえ形相を対象として受け取っても、そこから現実態を受け取ってそれになるのではなく、その形相と自らを区別しつつ、あくまでも可能態にとどまり続けなければならないと考えられているからである。(43)

しかしアルベルトゥス自身の考えによれば、このような可能知性単一説は妄想に近い。

引用十四

しかしこれは妄想に似たことであるように思われる。その理由は以下の通りである。すべてのものにおいて一つであるものは、すべてのものにおいて一つの完成態を有する。ところで学知は可能知性の完成態である。だから、可能知性が学知をその人において受け取るところのどの人においても、そのすべての人において可能知性は学知を有するであろう。それゆえ、私が何らかの学知を獲得すると、すべての人が同じ学知を有し獲得するであろうということも帰結する。このことは経験によって誤りであるということが証明される。なぜなら、哲学は多くの人が有したが、そのことによって他の人が同じ哲学を知るということはなかったからである。(44)

アルベルトゥスによれば、もし全人類にとって可能知性が一つであるとすれば、学知・学問を有しているという可能知性の完成態も全人類にとって一つであるだろう。だから、誰かの努力によって、つまり誰かの表象像の働きを通して可能知性が学知・哲学を獲得すれば、それは当然全人類が学知・哲学を獲得するということを意味することになろう。しかしそのような事態は我々の一般経験・一般常識に反する。というのも、かつて或る人々が学知・哲学を得たことがあるということが認定される。しかしだからといってそれによって全人類がその学知・哲学を獲得し、そのことによって、実際に学知・哲学を得た人以外の人が学知・哲学を得たことは一度も無かったように思われるからである。

さてこの問題は一体どのようにして解決され得るであろうか。アルベルトゥスによれば、確かに可能知性それ自体は身体という物体とは結び付かない。しかし可能知性は、身体という物体と結び付きこれに与る感覚能力に与る（communicare）。だから可能知性は、そのような感覚能力が属していることによって身体という物体と結び付き、個別化している魂に属している。つまり、感覚能力と共に、一なる魂の部分となっている。それゆえ可能知性は、身体という物体によって言わば間接的に「個別化」していると考えることができる。(45)

引用十五

しかし、以上のように我々は、知性は離れていると言うけれども、魂は、身体の完成態であるかぎりでは、魂に自然本性的なものであるその他の諸能力によって〔身体と〕結び付いている。だから知性も、それ自体に即せば離れているけれども、しかし〔身体と〕結び付いているものに属する能力である。なぜなら、或る諸能力に即して身体と結び付いている魂に属する能力だからである。ところで、〔身体と〕結び付いているものに属するが、〔身体と〕結び付いているものであるということに即して属するのではないこのようなものはすべて、身体に与らないけれども、身体に与るものに与る。我々が上で言ったのもこのことである。すなわち、知性は身体に与りはしないが、身体に与る能力、すなわち表象力、想像力、感覚力に与る。だから真理に即せば魂は数的に一つであり、数的に一つになる。なぜなら、魂は自然的諸能力によって身体に与っているからである。しかし魂はその本質と、より完全な能力においては身体に与っていないので、身体から隔絶した諸能力を有する。(46)

アルベルトゥスによれば、人間の魂には栄養摂取能力、感覚能力、知性能力が備わっている。このうち栄養摂取能力と感覚能力は身体という物体と結び付き、これに与らなければそれ固有の働きをすることができないのは言うまでもない。だからこのことによってこれらの能力は、身体という物体によって時間的空間的に個別化されている。つまり、或る時或る所に個々に存在するものとなっている。個々人によって異なるものとなっている。これに対して知性能力は、身体という物体と結び付いたり、与ったりしなくても自らの働きをなすことができると見なされている。だからこのかぎりでは知性能力は身体という物体によって個別化されはしない。しかし、知性能力のうち可能知性は、本章二で見た通り、感覚能力が生み出す表象像なしに、自らの働きである知性認識をすることはない。だからその意味で知性能力は、身体という物体と直接結び付き、これに与っているわけではないが、身体という物体と結び付きこれに与っている感覚能力と結び付き、これに与っている。それゆえ知性能力は、感覚能力をその一部として有する魂の一部でなければならない。したがって、上記のように魂が個別化されることによって知性的能力も言わば間接的に「個別化」されるというわけである。

そもそも個別化されているということは一体どういうことであろうか。それは、他のものと同じ側面もあるかもしれないが、異なる側面が必ず在るがゆえに、他のものから分割されているということであると言ってよかろう。可能知性は、それだけ取り出して考えてみれば、他の人のものと異なるところはまったくなく、「今・ここ」

にしか存在しないものでもないから、まったく個別化されない。しかしそういう可能知性を含む魂全体が、感覚能力や栄養摂取能力を通して他の人とちがう側面を持っており、「今・ここ」にしか存在しない。なぜならこの両能力は、身体と混ざり、器官を有することによって個別化され、それによって他の人と異なるものになるからである。このことによって、可能知性も含めた魂全体が個別化していると言え、またこのことによって可能知性は間接的に「個別化」されていると言えるのである。実際アルベルトゥスは、魂が実体的に一であるということが諸問題の解決のカギであると述べている(47)。また、アリストテレスが彼の『霊魂論』第三巻第四章の本当に最初の部分で「知性は魂の部分である」と言っていることを傍証として挙げ、その考えを受け入れているアヴィセンナの解釈を支持している(48)。

本章三の前半で述べた通り、最初の二つの問題は、アリストテレスが可能知性について語っていること内部の整合性の問題として捉えられていたのに対し、三つ目の問題では、アリストテレスが可能知性について語ったことと、「哲学は多くの人が有したが、そのことによって他の人が同じ哲学を有することはなかった」という一般経験・一般常識との整合性が問題であった。しかしそれでもなおこれら三つの問題が同じ註解箇所で織り合わされるように論じられていることの意義は、最初の二つの問題の解決が、三つ目の問題の解決の抜き差しならない前提になっているということであるように思われる。というのも、三つ目の問題において可能知性単一説を論駁する論拠は、可能知性が知性認識する際に必ず感覚能力に与らなければならず、それゆえ、感覚能力がその一部である魂と分かちがたく一であるというところにあった。そのことが主張できたのは、最初の二つの問題の解決としての「限定理論」が提示されていたからこそなのである。

四　表象像から意志へ

三では、アルベルトゥスによれば可能知性は、それ自体では身体に与らないが、身体に与る感覚能力に与るので、感覚能力とともに一なる魂の部分であり、魂全体が身体によって個別化されることによって間接的に「個別化」されるということを見た。四では、表象像とともに思弁知性を生じさせるものと考えられている意志について考察する。

獲得知性・神的知性

先述の通り可能知性は、感覚能力に与って知性認識をし、最終的には学知・学問を獲得して完成する（引用十四参照）。ところがアルベルトゥスによれば可能知性は、このようにして学知・学問を獲得し、獲得知性・神的知性と呼ばれる段階に至ると、今度は感覚能力を一切必要としなくなる(49)。しかもそれは、能動知性へと振り向くだけで学知・学問を有した後の状態であるとされ、また、可能知性が獲得知性と呼ばれるようになった後は、死後の可能知性と同じように、感覚を用いる可能知性の知性認識とは同名異義的な知性認識をするとされる(50)。これは一体どのような事態なのであろうか。

この問題を解決するためにまず、ここで言われている獲得知性とは一体いかなる知性であるのかということを見ておくことにしよう。アルベルトゥスによれば、能動知性は可能知性と同じように一なる魂の部分であり、能力である。しかし能動知性は、確かに魂の部分、能力としては常に魂と一体的に結び付いているけれども、しかしだからといって、同じ一なる魂の部分である可能知性と常に現実に結び付いているわけではないとされる。[51] すなわち、引用十一で述べた通り、確かに可能知性は、知性性という形相のもとにしかない普遍を、表象像がそれを限定することによって生じる様々な思弁知性という普遍を知性認識する前から、能動知性によって与えられ自然本性的にこれを直知している。しかしそれだけでは可能知性は、その知性性を与えている能動知性と現実に結び付いているとは見なされない。この知性性を表象像が限定することで様々な思弁知性が知性認識され、このようなことによって可能知性は段々と能動知性に似たものとなる。そして遂に可能知性がすべての知性認識対象を受容すると、可能知性は能動知性と現実に結び付くとされる。それは、能動知性が単なる作用者として可能知性と結び付くだけではなく、質料に対する形相としても能動知性が可能知性に受容され、それと結び付くということを意味するとされる。このような状態の可能知性が獲得知性・神的知性と呼ばれているのである。[52]

アルベルトゥスは、実際に複数の哲学者たちが、すべての知性認識対象を知性認識して獲得知性・神的知性になったと考えている。[53] だからアルベルトゥスによれば知性認識対象とは、表象像のように無限のヴァリエーションが在り得るようなものではなく、一人の人が一生のうちにすべて認識できるような、或る限られた内容を持っているものと考えられているようである。

意志と思弁知性

しかし、可能知性がすべての知性認識対象を受容するなどということは一体どのようにして可能なのであろうか。というのも、上述の通り、可能知性の知性認識対象はすべての物体であり、物体は感覚能力が生み出す表象像が可能知性の知性性を限定することによって初めて可能知性に知性認識される。しかし表象像はいつでも可能知性に現れているわけではなく、また、すべての表象像が一度に可能知性に現れるなどということも不可能であろう。それなのになぜ可能知性はすべての知性認識対象を受容することができるのであろうか。しかも可能知性は上述の通り、すべての知性認識対象を受容し、獲得知性・神的知性と呼ばれるようになると、感覚能力を一切必要とせず、ただ能動知性へと振り向いただけで学知・学問を有するとされる。このようなことは一体どのようにして可能なのであろうか。

アルベルトゥスによれば或る思弁知性は表象像によらず意志によって生じる。このような思弁知性は、可能知性が自然本性的に最初から有している知性性を論証の第一公理として、それを基に様々な概念を感覚から認識し、命題を構成し、そこから論証を構成して、結論である学知・学問を導き出すことによって、結論の原因を示す媒概念（論証の前提に含まれているが結論には現れない概念）を発見、学習する中で、意志によって生じるとされていると思われる。(54) アルベルトゥスによれば可能知性は、自分自身だけによってどれだけ論証をし、どれだけ学知・学問を獲得するかによって、より高貴に、あるいはより少なく高貴に能動知性と結び付く。(55) このような段階の違いが人間の死後においては可能知性の「個別化」の原理となるのだろう。しかしアルベルトゥスは彼の『霊魂論』では、人間の死後の魂については特に何も語っていない。

なぜこのような意志というものが知性能力のうちに在ると考えてよいのであろうか。アルベルトゥスによれば、感覚能力においてさえ、我々は意志すればどんな表象像でも自由に想像することができる。だからましてや、感覚能力よりもより自由なものである知性能力において、我々が意志すれば自由に様々な思弁知性を生じさせることができ、逆に、表象像から或る思弁知性が生じたとしても、意志によって自由にそれを無視することができると考えられているのである。(56) なぜ知性能力は感覚能力よりも自由なのか。それは、知性能力は感覚能力以上に質料から離れているからである。上述の通り質料は、受け取った形相から現実態に即した存在を受け取り、その形相として存在し、その形相と対立する他の形相は一切受け取ることができない。だからその働きにおいても、受け取った形相に縛られる。それに対して可能知性は、対象として形相を受け取る前からすでに、能動知性から知性性を受け取って可能知性として現実に存在している。だから、対象として受け取った形相から現実態に即した存在を受け取ってそれとして存在する必要はない。それゆえ可能知性は、様々な形相を対象として受け取り、それらと自らとを区別することができる。したがってその働きにおいても、対象として受け取った形相に縛られず、逆に、受け取った形相に対して自由に働きかけることができるのである[57][58]。

しかしだからと言って、表象像によって生み出される思弁知性がまったく不要というわけではもちろんない。というのも、アルベルトゥスによれば、可能知性に作用してこれを現実化するのは能動知性である。そして上述の通り可能知性は、自らが自然本性的に有する知性性を直知しているだけでは、能動知性と現実に結び付いているとは見なされない。この知性性を表象像が限定することによって様々な思弁知性が知性認識されることを通して、可能知性は段々と能動知性に似たものとなる。つまり能動知性も、表象像から生み出される思弁知性も、両方とも、知性性しか有さない可能知性に対して形相が質料に対するような関係に在る。能動知性は端的な形相として、思弁知性はその能動知性から現実態と力を受容する、端的な形相の道具として可能知性に対して関係している[59]。だからたとえ可能知性が、自身で自然本性的に有している知性性と意志だけで思弁知性を生み出し、そこから何らかの概念、命題、証明などを自由に構成するようなことがあるとしても、それだけでは、可能知性の知性認識対象である物体については何も分からず、能動知性によって完全に現実化されることはない、つまり、獲得知性・神的知性になることはないであろう。

ではそもそもなぜ、能動知性は可能知性と同じ一なる魂の部分、能力であるのに、可能知性と常に現実に結び付いていないのであろうか。それは恐らく次のような理由によるであろう。すなわち、上述の通り可能知性は、知性的自然本性を有しているがゆえに、対象として受け取った諸形相と自らとを区別することができ、その働きにおいても、受け取った形相に縛られず、受け取った形相に対して自由に働きかけることができる。だから、たとえ能動知性と同じ一なる魂の部分であっても、能動知性の知性認識内容を意志によって求めないかぎり、能動知性を真の意味で自らの形相として質料が受容するように受容し、能動知性と現実に結び付く、或る意味で能動知性になることにはならないのであろう。

五　まとめ

アリストテレスは、可能知性は「受動し得ない」と言いながら、そこには「知性認識する前」が在ると言う。しかし、受動し得ないのならば、何かを新たに知性認識するということもないように見える。またアリストテレスは、可能知性には可能態しかないと言うが、それでは可能知性は第一質料と変らないものになってしまうように見える。この二つの問題は可能知性が、第一質料と同じように生成消滅という受動に対する基体・可能態ではまったくないけれども、可能態が現実化するだけの受動＝受容に対する基体・可能態ではあると認めることができれば解決する。アルベルトゥスによれば可能知性とはまさにそのような基体・可能態である。なぜなら可能知性は、知性認識対象である物体の形相に対して、生成消滅を起こす対立するものどうしのように関係するのではなく、限定されるものが限定するものに対するように関係するからである。具体的に言えば、触覚器官を触覚対象が、光輝を色の付いた物が限定するのとちょうど同じように、可能知性が能動知性から与えられた知性性を、感覚能力が生み出す表象像が限定し、それによって思弁知性が生じるということによって可能知性は物体の形相を知性認識するのである。このように可能知性はその働きにおいて、それ自体では身体に与らないけれども、身体に与っている感覚能力に与る。だから可能知性は感覚能力と共に一なる魂の部分でなければならない。そしてこの魂が身体によって個別化されていることを通して可能知性は間接的に個々人の身体に「個別化」される。それゆえ可能知性単一説は誤りである。ただし思弁知性は、表象像による以外に意志によっても生じる。知性能力は自分自身だけですべての知性認識対象を受容した時、能動知性を自らの形相として受容し完成する。以上のようにアルベルトゥスは彼の『霊魂論』においては主に可能知性の「限定理論」によって、可能知性単一説を初め可能知性を巡る様々な問題を解決したのである。

第三章　知性論史解釈

――『霊魂論』に即して――

以上の通りアルベルトゥスは彼の『霊魂論』第三巻第二、三論考において、アリストテレス『霊魂論』第三巻第四章以降で述べられている知性論を註解しながら、彼独自の知性論を展開している。しかしそれと同時にアルベルトゥスは、彼と同じようにこの箇所を註解した哲学史上有名な注釈家たちを幾人か取り上げ、主にアヴェロエスの哲学史観に依拠しながら、彼なりの哲学史をも構成している。取り上げられる注釈家たちは、ローマ帝国で活躍したアフロディシアスのアレクサンドロス、テミスティオス、イスラーム世界で活躍したファーラービー、アヴィセンナ、アヴェンパケ、アヴェロエスなどである。アルベルトゥスが少ない情報源の中で、彼以前のアリストテレス主義者たち（アルベルトゥスの言い方では「ペリパトス派」）の知性論史をどのように描いているかを知ることは、彼の知性論を知るためのみならず、西洋におけるアリストテレス主義、特にその知性論の受容の仕方を知る上できわめて重要であると思われる。なぜなら周知の通りアルベルトゥスは西洋で最初期の、そして最も重要なアリストテレス主義者の一人だからである。本章では一～五で彼の可能知性論解釈を、六～九で至福論解釈を見てみることにする(1)。

一　アフロディシアスのアレクサンドロスの可能知性論

アルベルトゥスによればアフロディシアスのアレクサンドロスは可能知性を、人間の身体という物体が持つ形相の一種であると考える。より詳しく言えば、人間の身体を形成する四元素の働きを原因として生じる或る種の力であるとする。ここで言う「力」とは具体的に言えば、諸々の知性認識対象を受容するための準備状態のことである。だからアレクサンドロスが考える可能知性は、それ自体で自存する実体ではなく、人間の身体に付帯する付帯性である。それゆえ、人間の身体が生成消滅すると共に生成消滅する。

どうして形相、力、すなわち現実態であるものが、同時に受容のための準備状態、つまり可能態でもあり得るのであろうか。アルベルトゥスが解釈するところによれば、熱・冷・湿・乾など互いに対立し合う性質を持つ四元素どうしが究極的に均等に混ざり、それら諸性質の過剰が一切ない中間状態、つまり、熱くも冷たくもない、湿っても乾いてもいない、どんな性質でもない状態に達すると、可能態においてはすべての知性認識対象であるが、現実態においてはそのどれでもない形相が生じ、これが可能知性であるとアレクサンドロスは考えているからである。(2)

しかしもしアルベルトゥスの解釈が正しいとすれば一つ疑問が生じる。第二章引用一第五段落で見た通り、アリストテレスは彼の『霊魂論』第三巻第四章で「知性が物体〔身体〕と混ざっているというのも不合理である」(3)とはっきり語っている。なのになぜアレクサンドロスはあえて可能知性を身体という物体の形相だと考えたのであろうか。アルベルトゥスはその理由を、アヴェロエスに倣い、アリストテレスが『霊魂論』第二巻第一章で魂のことを「器官を有する自然物の第一現実態」[4]と定義しているからであると推測する。[5]つまり魂が物体の現実態であるならば、可能知性は魂の一部であるので、可能知性も当然物体の現実態でなければならないとアレクサンドロスは考えたのであろうとアルベルトゥスは推測しているのである。

では実際にアレクサンドロス本人はアルベルトゥスが解釈するような考えを持っているのであろうか。確かにアレクサンドロスは彼に帰される『知性論』の中で（ただしこの著作の真作性はまだ確定していない）、可能知性は諸元素の混合から生じる或る種の器官、力であると語っている。[6]

引用一

こうして混合物から火が、あるいはそれに類するものがこの混合から生じ、その結果、この混合物のうちに在る〔で働く〕知性〔能動知性〕（〔能動知性は〕物体全体のなかに在り〔で働き〕、混合物も物体であるから）に対する器官も生じ得る場合はいつでも、この器官は可能知性と呼ばれる。可能知性とはすなわち、上記のような諸物体の混合の上に生じ、現実態に在る知性〔能動知性〕を受容するのに適した何らかの力のことである。[7]

アルベルトゥスはほぼ間違いなくこのテキストのギリシア語原典は読んでいない。しかしこのテキストのアラビア語訳のラテン語訳は当時存在していたので、[8]これを読んだ可能性はある。だがそれよりもむしろアルベルトゥスは、この引用一のアラビア語訳のラテン語訳と思われるテキストが登場するアヴェロエスの『アリストテレス「霊魂論」大註解』（以下『大註解』と略す）の箇所を読んで[9]アレクサンドロスの考えを理解したのであろう。

またこの箇所の直前でアヴェロエスもアレクサンドロスのことを「〔アレクサンドロスは〕知性について語った論考においても、アリストテレスの見解に従い、質料知性〔可能知性〕は混合から生じた力であると語った」[10]「〔アレクサンデルが語る質料知性は〕混合・複合から自体的に物体〔身体〕のうちに生じる準備状態である」[11]と紹介している。

以上のように解釈されたアレクサンドロスの可能知性論に対してアルベルトゥスは、アリストテレスやアヴェロエスが言ったことを含め様々な根拠から反論を加えている。しかしその中で最も中心的なものは、もし可能知性が物体の形相であるとしたら、可能知性は普遍を受容できなくなってしまうという、アヴェロエスに依拠した反論である。アルベルトゥスは次のように言う。

引用二

アレクサンドロスが言ったことを論証的に破棄するのは次のことである。すなわち、物体のうちに物体の形相として在るものに受け取られているものはすべて、個体であり個別化されているものである。それは感覚的魂の諸力において在るすべてのことによって証明される通りである。だからもし可能知性がこのような形相であるとしたら、可能知性に受け取られるものは個体になってしまい、それゆえ〔可能〕知性も普遍を受容できなくなってしまう。[12]

二　テオフラストス・テミスティオスの可能知性論

アルベルトゥスによればテオフラストスとテミスティオスは可能知性を、生成消滅する物体的なものではなく、永遠なものと考える。彼らがこのように考える理由は次の通りである。すなわち、可能知性に作用して可能知性を現実化する原因である能動知性は永遠なものであるから、それに作用されて現実化する可能知性も永遠に現実化しているはずである。それゆえ彼らは可能知性が、現実化される以前に可能的なものとして存在しているということを否定する。(13) テオフラストスとテミスティオスがこのように考えた動機をアルベルトゥスは次のように推測する。すなわち、もし可能知性が現実には何ものでもなく、ただ可能的にすべてのものであるに過ぎないとしたら、それは第一質料とまったく異ならない。だとすると第一質料も認識をするという大変不合理なことになってしまう。(14) だからテオフラストスとテミスティオスは、現実化される前の可能知性が存在することを否定したのである。

では実際にテオフラストス、テミスティオス本人たちはこのような考えを持っているのであろうか。確かにテミスティオスは彼の『アリストテレス「霊魂論」註解』の中で、テオフラストスの見解を紹介するという形で自らの考えを述べている。その中で彼は、知性認識は物体にではなく能動知性に由来するので、能動知性と同様可能知性もまったく生成消滅し得ないと主張していると思われる。

引用三

しかし、可能知性と現実態に在る知性〔能動知性〕とに関するテオフラストスの見解も出しておくことはより良いことである。〔中略〕ところで〔可能知性は〕一体どのようにして知性認識されるものになるのであろうか。知性認識されるものからの受動とは何なのであろうか。なぜなら、もし〔可能知性が〕感覚のように現実態になるならば、そう〔知性認識されるものになる、知性認識されるものから受動するの〕でなければならないからである。しかし非物体〔可能知性〕に対する物体からの受動とは一体何なのであろうか。どのような変化なのであろうか。受動の原理は物体に由来するのか、それとも非物体〔能動知性〕に由来するのか。というのも、一方では、受動するということによって、物体に由来するようにも思われる（なぜなら、受動状態に在るものの何も、自身からは〔受動し〕ないから）。しかし他方では、〔能動知性が〕すべてのものの原理であるということによって、知性認識は非物体〔可能知性〕で起こり、感覚認識のようにではなく、非物体〔能動知性〕に由来する〔ように思われる〕のである。だがもし〔可能〕知性が質料の自然本性を有し、何ものでもないが可能的にすべてのものであるならば恐らくそれも不合理であるように思われるだろう。(15)

引用四

以上すべてのことから、次のように私たちが推測するのが軽率でないということは明らかである。すなわち一方で、受動知性、消滅し得る知性は、それら〔可能知性と能動知性〕とは別の何かである。これを〔アリストテレスとテオフラストスは〕共通〔知性〕とか、物体と離れていない〔知性〕と名付け、そしてテオフラストスは、これとの混合のために忘却や欺きが生じると述べている。他方で、可能態に在るもの〔可能知性〕と現実態に在るもの〔能動知性〕が複合しているようなもの〔知性〕はまた別のもの〔知性〕である。これを〔アリストテレスとテオフラストスは〕次のように措定している。すなわち物体から離れており、滅び得ず、生成し得ず、これらの知性〔可能知性と能動知性〕は或る意味では二つの自然本性であるが、或る意味では一つ〔の自然本性〕である。なぜなら質料と形相からの〔複合している〕ものは一つだからである。[16]

引用三でテミスティオスは、「〔可能知性が〕感覚のように現実態になる」ということを「非物体〔可能知性〕に対する物体からの受動」と言い換え、それを「知性認識は非物体〔可能知性〕で起こり、感覚認識のようにではなく、非物体〔能動知性〕に由来する」ということと対置している。そして最後に「もし〔可能〕知性が質料の自然本性を有し、何ものでもないが可能的にすべてのものであるならば恐らくそれも不合理である」と述べることによって、前者を否定し後者を肯定しているように読める。なぜなら物体から受動するということがまさに質料の自然本性だからである。また引用四でテミスティオスは、引用三の内容に基づいて、能動知性も可能知性も、能動知性と可能知性が複合して一つとなった知性も、物体から離れていて生成消滅し得ない、つまり永遠であると主張している。

アルベルトゥスは引用三、四のテキストから直接影響を受けたのであろうか。もちろんアルベルトゥスが引用三、四のギリシア語原典を直接読んだということはほぼ考えられない。また、このテキストのラテン語訳をメルベケのギヨームが完成させたのは、アルベルトゥスが『霊魂論』を書いてから十余年後の一二六七年であると推測されている。[17]引用三、四のテキストの内容についてはむしろ、ここでアルベルトゥスが問題にしているテオフラストスとテミスティオスの考えを紹介している箇所が『大註解』にあり、[18]アルベルトゥスはそこから影響を受けたのであろう。

しかしながらその一方で、アルベルトゥスによればテオフラストスとテミスティオスは、永遠なものである能動知性と可能知性が複合している知性において起こる永遠の知性認識とは別に、我々の魂のうちにもう一つ独特な知性認識が起こると考えている。それはどのような知性認識であろうか。それは諸々の知性認識対象を受容することではなく、可能知性において在る能動知性の光輝が、或る時一人一人の諸々の表象像の近くに存在し、それらに対して知性性を与えることによって、そこから諸々の知性認識対象を抽象することである(19)。アルベルトゥスはこのような事態を次のようなたとえで表現している。「次のこと〔があるとすればそれ〕は類似した事態であることだろう。もし、諸々の色に形相的存在を与える光輝が視覚から出ているとすれば、これも「見ること」〔認識すること〕と理解されているのである。つまりここでは、色〔対象〕を受け取ることではなく、色〔対象〕を生み出すことが見ることになるだろう(20)」。このような考えをテオフラストス、テミスティオス本人たちは持っているのであろうか。テオフラストスについては定かではないが、テミスティオスについては彼の『アリストテレス「霊魂論」註解』の中に次のような記述が在る。

引用五

そして光輝は、可能態に在る視覚と、可能態に在る色とにやって来て、一方で、現実態に在る視覚を生み出し、他方で、現実態に在る色を生み出す。それと同じように、現実態に在るこの知性〔能動知性〕も、可能知性を導いて、それを現実態に在る知性にするだけでなく、その現実態に在る知性によって、可能態において知性認識される諸々のもの〔表象像〕を現実態において知性認識されるものにする。だから、知性認識される諸々のものは質料的形相であり、個々の感覚対象から集められ、共通して知性認識されるものである(21)。

すなわちテミスティオスによれば、能動知性は可能知性を現実態に在る知性に導く他に、現実化された可能知性によって、可能態において知性認識されるものである表象像を現実態において知性認識されるものにする。この内容に関わると思われる箇所が『大註解』にも出てくるので[22]、アルベルトゥスはそこから影響を受けていたのであろう。

以上のように解釈されたテオフラストスとテミスティオスの可能知性論に対してアルベルトゥスはアヴェロエスに倣って次のように反論する。

引用六

しかし今やアリストテレスは明らかに、感覚能力が感覚対象と関係しているのとちょうど同じように知性能力は知性認識対象と関係していると言っているので、我々が述べた通りこの見解はアリストテレスの言葉とは一致しないように思われる[23]。

ここで引用されている「感覚能力が感覚対象と関係しているのとちょうど同じように知性能力は知性認識対象と関係している」という言葉は、第二章引用一の第二段落に在った通りアリストテレス『霊魂論』第三巻第四章冒頭の言葉であるが、ここに出てくる「知性認識対象」という言葉をアルベルトゥスは、ここでは文脈上表象像と解釈しているように思われる。このことは次のアヴェンパケの可能知性論に対する反論を述べている引用九からも明らかである。つまりここでアルベルトゥスは、テオフラストスやテミスティオスの考えとは異なり、感覚対象が感覚能力を現実化するのとちょうど同じように表象像が可能知性を現実化するというのがアリストテレスの考えであり、その考えが正しいと主張していると思われるのである(24)。

三　アヴェンパケの可能知性論

アルベルトゥスによればアヴェンパケは、知性はすべての人間において数的に一つしかないと主張する（知性単一説(25)）。彼がそう主張する理由は、可能知性も能動知性も物体から離れており、物体と混ざっておらず、質料を有していないからである(26)。つまり、人間の知性はいかなる個別化の原理も持っていないので、人間という種において個別化されず、その意味で唯一であるほかないからである。この理由付けは、次の四に登場するアヴェロエスによる知性単一説の理由付けに直接由来するものであろうと思われる。アヴェロエスはアヴェンパケの影響を受けて知性単一説を主張しているとアルベルトゥスは理解しているように思われるので、アヴェンパケが知性単一説を主張する理由もアヴェロエスのものと同様であるとアルベルトゥスは推測したのであろう。

そしてさらにアルベルトゥスによればアヴェンパケは、上記のような可能知性とは別に、表象像のことも可能知性と呼ぶ。なぜ表象像を可能知性と呼ぶことができるのかというと、それは表象像も可能的に知性であり（思弁知性、つまり思索・思弁される形相になり得る）、能動知性による抽象によって現実に知性になるものだからである(27)。ではなぜアヴェンパケは唯一の知性の他に表象像というもう一つの可能知性を措定する必要があったのであろうか。それはもしすべての人間に唯一の知性しかないとすると、「一人が学知を受容すると、各々の人間が同じ学知を有するということが帰結しなければならないことになってしまう(28)」からであるとアルベルトゥスは推測する。これは第二章引用十四で見た、可能知性単一説に対するアルベルトゥス自身の反論の根拠の一つと同じである。ではさらになぜアヴェンパケはわざわざ表象像を可能知性と考えなければならなかったのであろうか。それは、もし知性認識対象を受容する基体であるような可能知性を一人一人の人間のうちに考えてしまうと、一人一人の人間は物体なので、可能知性が個別化してしまい、それに受容された知性認識対象も個別化してしまって、普遍を認識することができなくなってしまうからであるとアルベルトゥスは推測する。[29] これらの理由付けもすべてアヴェロエスに由来するものであると思われる。[30]

アルベルトゥスはほぼ間違いなくアヴェンパケのテキストを読んでいない。ラテン語訳も恐らく存在しない。アルベルトゥスのアヴェンパケ理解は恐らくその全体が『大註解』に由来するものであろう。この中でアヴェロエスは、まず知性単一説については次のように述べている。「〔アヴェンパケが〕一つであると論証した知性は、必然的に思弁知性の形相であるかぎりでの能動知性である」。[31] また可能知性と表象像の関係については次のように述べている。

引用七

アブバケル〔アヴェンパケ〕は彼の学説を明らかにしたものの中で、質料知性〔可能知性〕とは、想像力のうちにある諸々の意味内容〔表象像〕が現実態において知性認識されているものであるために準備されているということに即した〔かぎりでの〕想像力のことであり、この力以外に、諸々の知性認識されているものの基体となる他の力ではないと主張しているように思われる。[32]

引用八

どんな仕方であれ知性の動者であるところの知性の基体〔諸々の真なる像である形相〔表象像〕〕が、アヴェンパケが受容者〔可能知性〕と考えたところのものである。なぜならアヴェンパケは、これこそが或る時は可能態において知性認識されているものであり、或る時は現実態において知性認識されているものであるということを見出したからである。そしてこれは、受容者である基体が有する状態であり、〔アヴェンパケは〕それを換位した〔或る時は可能態において知性認識されるものであり、或る時は現実態において知性認識されるものは、受容者である基体であると考えた〕のである。(33)

以上から、アヴェンパケは能動知性が単一であるということ、可能知性とは表象像のことであるということを主張しているとアヴェロエスが報告しているということが分かる。アルベルトゥスはこれらのアヴェロエスのテキストから影響を受けて自身のアヴェンパケ理解を形成したのであろう〔両者の見解には若干の相違があるが〕。以上のように解釈されたアヴェンパケの可能知性論に対してアルベルトゥスはアヴェロエスに倣って次のように反論する。

引用九
しかし多くのことを精妙に理解したこの人たちについて、表象像が知性を動かすというアリストテレスの見解を彼らが見ていないのは全くもって驚くべきことであると思われる。ところで、動かすものは動かされるものではない。だから、表象像によって動かされるものは表象力や表象像でないのでなければならない。(34)

ここでアルベルトゥスは引用六で登場した「感覚能力が感覚対象と関係しているのとちょうど同じように知性

能力は知性認識対象と関係している」という第二章引用一第二段落に出てきたアリストテレスの言葉を「表象像が知性を動かす」と言い換えていると思われる[35]。つまり、テオフラストス、テミスティオスに対する反論と同じようにアルベルトゥスはアヴェンパケに対しても、表象像は可能知性を動かす、つまり現実化するものでなければならないと主張しているのである。

四　アヴェロエスの可能知性論

アルベルトゥスはアヴェロエスについて次のように述べる。

引用十

実際〔アヴェロエスは〕感覚が諸々の感覚対象と関係しているのとちょうど同じように、知性は諸々の知性認識対象を受容しながらそれらと関係しているということに同意する[36]。

引用十一

そしてこのように〔アヴェロエスは〕、可能知性は〔物体から〕離れており、変化し得ず、能動知性も同様であるのに、思弁知性は可能態から現実態へと出ていくもののようにして変化し得、時間的であるということはどのようにして可能なのかと問うテオフラストスを満足させる。真理においてもアヴェロエスはこの解決で首尾良く満足を与え、真なることを語っている[37]。

引用十には、引用六で示されたテオフラストスとテミスティオスの問題点と、引用九で示されたアヴェンパケの問題点をアヴェロエスは解決しているというアルベルトゥスの解釈が示されている。つまりこの解釈によればアヴェロエスは表象像が可能知性を動かし現実化すると考えているということになる。引用十一では「アヴェロエスはテオフラストスを満足させる」と語られている。これは当然テミスティオスをも満足させるという意味であろうし、今述べたことからすればアヴェンパケをも満足させるという意味であろう。さらに引用十一の最後のところでは「アヴェロエスは……真なることを語っている」と言われているので、引用二で語られたようなアレクサンドロスの問題点をもアヴェロエスは解決しているとアルベルトゥスは解釈しているのであろう。

アヴェロエスの「限定理論」？

では一体どのようにして、これまで語られてきた可能知性をめぐる問題をアヴェロエスは解決しているとアルベルトゥスは解釈しているのであろうか。アルベルトゥスによればアヴェロエスは、可能知性は普遍を表象像から、限定されるもの・区別されるものが限定するもの・区別するものを受容するようにして、何の変化もなしに受容する基体であると考える（「限定理論」）。

引用十二

そこで〔アヴェロエスは〕次のように語る。〔中略〕一方〔普遍は〕、それによって〔普遍が〕宇宙において存在者になるところの基体〔可能知性〕から変化を有することなく、何の変化もなしにこの基体〔可能知性〕に受容される。それはちょうど限定するもの、区別するものが、限定されるもの、区別されるものに受容されるのと同様である。すなわち、感覚は諸々の感覚対象の質料ではなく形象であり、諸感覚対象の中間であるがゆえに諸感覚対象によって区別され、限定されると我々は上で述べたが、それとちょうど同じように知性も、はるかに一層諸々の知性認識対象の形象であり、可能態から現実態へとそれから引き出されるところのものである質料としてではなく、中間として諸々の知性認識対象に対する欠如であること、以下で明らかにされるであろう通りである。だから以上のように知性は、限定されるものが限定するものの基体であるようにして諸々の知性認識対象の基体であり、それゆえ可能知性と知性認識対象とから一つのものが生じるのも、質料と形相とが一つであるようにしてではなく、また、基体と付帯性が一つであるようにしてでもなく、むしろ限定する完全性が限定され完成されるものにおいて在るようにしてである。[38]

では実際にアヴェロエス本人はこのような考えを持っているのであろうか。非常に不思議なことに、このような「限定理論」は『大註解』のどこを読んでも見当たらないように思われる。彼のその他の著作を探してみることは恐らくあまり意味のないことであろう。なぜならこの『大註解』はアヴェロエス最晩年の著作であり、この著作で展開されているアヴェロエスの霊魂論は彼の生涯の中でも非常に独特なものであると考えられているからである。[39] さらに、彼の霊魂論については恐らくこの著作だけがラテン語訳され、アルベルトゥスが理解しているアヴェロエスの霊魂論とはまさにこの著作の霊魂論だったであろうからである。だからアルベルトゥスが理解するアヴェロエスの霊魂論はこの著作の中に探るより他ないのである。

もしかするとアルベルトゥスはこの著作の次のような箇所を読んで彼独特のアヴェロエス解釈を打ち立てたのかもしれない。

引用十三

この点〔質料知性（可能知性）と能動知性は、質料知性が能動知性によって完成され、質料知性は能動知性を知性認識するがゆえに一つであるという点〕から我々は次のように言う。我々と結び付いている知性に二つの力が在るのは明らかである。そのうちの一つは能動的力であり、もう一つは受動的諸力の類に属する力である。このような知性をアレクサンドロスも火にたとえているが、それは何と適切なことであろうか。というのも、火は自然本性的に、自らのうちに在る力によってどの物体をも変化させる。しかしながら火は自らが変化させるものから、どんな仕方であれ受動し、何らかの類似の在り方によってそれに似るので、火は自らが変化させるものから、変化させる火の形相よりもより小さな火の形相を獲得する。(40)

ここで「受動（pati）」という言葉が登場するが、これは生成消滅を意味していないはずである。なぜならもし生成消滅を意味するとしたら、火は自らが変化させるものから火とは別の形相を被り、代わりに火の形相を失うはずだからである。しかしここではそうはなっていない。火は自らが火へと変化させたものから、自らが持っている火の形相よりも「より小さな」火の形相を獲得するとされている。この形相はもともと火が持っていたものであり、その意味で火は自らが火へと変化させたものから新たに何かを獲得するわけではない。しかしそれにもかかわらずこの形相は、もし火が変化を起こさなければ決して獲得されなかった何かなのである。その意味でこの形相は元の火の形相に対して「より小さな火の形相」と呼ばれているのであろう。

このような、火が持っている火の形相と、火が火へと変化させたものから獲得する「より小さな」火の形相との関係が、引用十二で述べられた限定・区別されるものと限定・区別するものとの関係に非常によく似ているように思われる。というのも、限定・区別されるものは、限定・区別するものから、自らが持っていない何かを獲得するわけではない。限定・区別によって自らが持っている何かを失うわけでもない。その意味でここには何の生成消滅もない。つまり引用十二で述べられている通り何の変化もない。しかしそれにもかかわらず限定・区別されるものが限定・区別するものから受容するのは、このような限定・区別がなければ決して獲得されなかった何かなのであり、獲得する意味のあるものなのである。

このように引用十二と引用十三との間に何がしかの内容的類似性を見出すことは可能である。しかしだからといって、アルベルトゥスが引用十二で述べた通り彼独特の「限定理論」をアヴェロエスに帰したのは、引用十三のテキストを根拠にしてのことであると断言することができるわけではない。あくまでもアルベルトゥスが引用十二のような考えを持つに到ったのは、引用十三のようなテキストから影響を受けてのことである可能性があると言えるに過ぎない。

可能知性単一説

以上のようにアルベルトゥスによればアヴェロエスは、アヴェンパケのように表象像を可能知性であるとは考えず、逆に可能知性は表象像から受容する基体であると考える。しかしその一方でアヴェロエスはアヴェンパケと同様に知性単一説を保持する。すなわち、この可能知性はすべての人において数的に一つしかないと考える。(41) 彼がそう考える理由は本章三冒頭でも述べた通り、可能知性には質料、つまり個別化の原理がないからであるとされる。(42)

では実際にアヴェロエス本人はこのような考えを持っているのであろうか。確かに彼は『大註解』の中で次のように述べている。

引用十四

すなわちもし我々が、この質料知性〔可能知性〕は個々の人間の多数性によって多数化されていると措定するとしたら、この質料知性は、或る特定の何か〔個〕、つまり物体か、あるいは物体のうちに在る力であるということになるだろう。そして或る特定の何かであるので、知性認識されている意味内容は可能態において在るだろう。しかし可能態において知性認識されている意味内容は、受容する知性を動かす基体〔表象像〕ではあっても、運動の〔を受容する〕基体ではない。だからもし受容する基体が或る特定の何かであると措定されているとしたら、事物が自分自身を受容するということが起こるだろう。これは我々が述べた通り不可能である。(43)

ここでアヴェロエスは帰謬法〔背理法〕によって可能知性単一説を肯定している。すなわち、質料知性〔可能知性〕はもしその単一性を否定してしまうと、個別化しているということになってしまい、物体的なものであることになってしまう。そうするとそこから様々な不可能が生じてしまうと述べられている。

以上のように解釈されたアヴェロエスの可能知性論に対してアルベルトゥスは、本章三でアヴェンパケが表象像を可能知性と呼ばなければならなかった理由として挙げられたものをアヴェロエスに対する反論として再び取り上げる。

引用十五

〔アヴェロエスを含むペリパトス派の人々は〕彼らが避けようとしている不都合、つまり、一つの知性がすべての人々において実在しているのに、或る人だけが〔学知を〕受容し、すべての人が学知を受容するのでないのは一体どのようにしてかという不都合を避けていない(44)。

実はこの反論はアヴェロエス自身が引用十四のテキストの直ぐ後で自分自身に対して提起している疑問とほぼ同内容である。

引用十六

だからもしこれらの個人のうちの或る者が、知性認識される或る事柄を獲得するとしたら、その事柄はこれらすべての個人によって獲得されるのは必然である(45)。

この同じ問題をアルベルトゥスは、第二章三で見た通り、知性単一説を否定していくことによって解決するが、アヴェロエスは反対に、個人が知性認識するということ自体を否定することによって解決していくことになる(46)。

五　その他の人々の可能知性論

アルベルトゥスは以上四組の人々以外の人々の可能知性論についても語っている。その人々とは「アナクサゴラスに従う人々」、アヴィケブロン、「プラトン」、「ラテン世界の人々」である。「アナクサゴラスに従う人々」「ラテン世界の人々」が誰を指すのかは定かではない。「プラトン」はプラトン本人ではない。アルベルトゥスの説明によれば「ニュッサのグレゴリオス」その他多くのギリシアの賢人たちを通して彼が知った「プラトン」である。しかしここで「ニュッサのグレゴリオス」と言われている人物は恐らく、当時の人々が誤って理解していたネメシオスのことを指しているであろう。つまりここで語られているプラトンとは、アルベルトゥスがネメシオスの著作の中から読みとった「プラトン」ということになる。これらの人々の可能知性論はアルベルトゥスの可能知性論の中では重要度が低いので、ここでは簡単にその内容と、彼らに対するアルベルトゥスの主な反論とを紹介するにとどめる。

アルベルトゥスによれば「アナクサゴラスに従う人々」は、魂のどの部分にも知性はなく、つまり人間に知性はなく、人間における知性とは人間における知性体の輝きのことであると考える(47)。彼らに対してアルベルトゥスは主な反論として、人間には知性的・理性的部分が在るとアリストテレスが言っているということを挙げている(48)。またアヴィケブロンは、可能知性と第一質料は同じ自然本性を有すると考える(49)。これに対してアルベルトゥスは主な反論として、基体であるということ、可能態に在るということは知性と質料とでは一義的ではないとアリストテレスは述べているということを挙げている(50)。さらに「プラトン」は、知性という魂の部分は、物体の現実態ではないが、それにもかかわらずそれ自体で個であると考える(51)。「ラテン世界の人々」も、理性的魂は霊的質料によって個別化されていると考える(52)。彼らに対してアルベルトゥスは主な反論として、それでは知性は普遍を受容できなくなってしまうという、アレクサンドロスに対して挙げた反論を挙げている(53)。

六　アレクサンドロスの至福論

アリストテレスは彼の『霊魂論』第三巻第七章末尾で「しかし知性が、大きさから離れないままで、諸々の離存的なものに属する何かを知性認識することができるかどうかは後で考察しなければならない」[54]と述べている。ただしこの考察がどこでなされているかは定かではない。アルベルトゥスは彼の『霊魂論』の中でこの箇所を註解し、アリストテレスの発言を至福論と結びつけた後、[55]以下のような至福論史を展開する。

アルベルトゥスによれば、能動知性のような離存知性が、[56]我々の知性である可能知性と、ただ単に、知性認識可能な形相を抽象によって生み出す作用者として結び付くだけではなく、それ自体が形相として結び付くことによって、可能知性が諸々の離存的なもの（普遍）を知性認識するとき、人間は最善の幸福状態に到る[57]（第二章四の「獲得知性・神的知性」参照）。果たして可能知性はこのようにして諸々の離存的なものを知性認識することができるのであろうか。[58]これは魂に関する最も重要な問題であるとされる。[59]

アルベルトゥスによればアレクサンドロスは、可能知性は能動知性によって段々と善く態勢付けられ、強化され、上昇して、遂に形相としての能動知性と結び付き、それによって他の諸々の離存的なものをも知性認識すると考えた。[60]では実際にアレクサンドロス本人はこのような考えを持っているのであろうか。確かに彼は彼に帰せられる『知性論』の中で次のように述べている。

引用十七

そして可能態に在る知性〔可能知性〕も、完成され高められると、それ自体〔能動知性〕を知性認識する。というのも、人間がちょうど生まれたときに有している歩行能力が、時が経ち、何らかの受動によらずして完成されると現実態に到るのと同じように、知性も完成されると、自然本性的に知性認識される諸々のものを知性認識し、感覚される諸々のものを、能動・作用者である通りに、自身によって知性認識されるものにする。(61)

引用一の直後に見たのと同様に、アルベルトゥスはこのテキストのギリシア語原典は読んでいないであろうが、このテキストのアラビア語訳のラテン語訳は読んでいた可能性はある。しかしむしろこのテキストのアラビア語訳のラテン語訳が登場する『大註解』の箇所を読んでアレクサンドロスの考えを理解したであろう。(62)この箇所には、引用十七のテキストを解説するアヴェロエスの言葉の中に、能動知性が我々において、つまり可能知性において形相になるといった表現が登場する。(63)また少し後では「上昇」という言葉も出てくる。(64)

このように解釈されたアレクサンドロスの至福論に対してアルベルトゥスはアヴェロエスのアレクサンドロスに対する反論を紹介するという形で反論する。すなわち、アレクサンドロスの考えでは、能動知性という不可滅なものが、可能知性というアレクサンドロスに言わせれば可滅的なものになることになってしまう。

引用十八

さて〔アヴェロエスは〕この命題について論じることによって、アレクサンドロスに反対して次のように述べて反論する。能動知性は魂の部分ではなく、離存的で不可滅な実体であると〔アレクサンドロスにおいては〕措定されている。そして、我々にとって形相として在るときの能動知性を通して我々に知性認識されるところの思索・思弁される諸々の事柄は生成消滅し得るものであると〔アレクサンドロスにおいては〕措定されている。この場合、〔思索・思弁される諸々の事柄は〕能動知性と一つのものになるので、それゆえ不可滅なものが可滅的なものにもならなければならないであろう。これは不合理であり、理解できない。

一方、不可滅で離存的なものが可滅的で物体的なものの形相になると言うこともまったく不都合である。なぜならこの可能知性は物体的で、〔物体（身体）と〕結び付いている可滅的なものであり、能動知性は不可滅であり、離存的であり、非物体的な実体であり、上で述べた仕方で我々のうちに入ってくる〔これはアリストテレスが「〔能動知性は〕外から入ってくる」と語っていることである〕と〔アレクサンドロスは〕措定しているからである。(65)

では実際にアヴェロエスはこのような反論をアレクサンドロスに対してしているのであろうか。アヴェロエスは引用十七のテキストの解説をした後で次のように述べる。

引用十九

〔能動知性が可能知性の形相になるということが〕もし受容であったならば、生成したものが永遠なものを受容し、永遠なものと似たものになるということが起こるだろう。そしてそれゆえ生成したものが永遠なものになるだろう。これは不可能である。(66)

引用十八の前半でアルベルトゥスはアレクサンドロスに対するアヴェロエスの反論を、不可滅なものが可滅的なものになってしまうというものとして紹介している。後半では、不可滅なものが可滅的なものの形相になってしまうというものとして紹介している。それに対して引用十九でアヴェロエス自身は、生成するものが永遠なものになってしまうと言っている。しかしこれらは同じことを反対の視点から述べているに過ぎないと見てよかろう。引用十八の後半部分と引用十九は同じことを言っていると言える。なぜなら不可滅なものが可滅的なものの形相になるということは、可滅的なものが不可滅なものになるということであって、それはつまり生成するものが永遠なものになるということだからである。

七　テオフラストス・テミスティオス、ファーラービー・アヴェンパケの至福論

アルベルトゥスによればテオフラストスとテミスティオスは、可能知性と能動知性から複合されている知性は諸々の離存的なものを知性認識するのにそれ自体で十分であると考える。[67] つまり、本章六冒頭の言い方で言い換えれば、能動知性は初めから形相として可能知性と結び付いていると考えられている（引用四の最後参照）。彼らがそう考える理由は、この知性は「大きさと結び付いている知性認識対象にも係わっている。だから、ましてやいわんや〔自らに似ている〕離存的知性認識対象と係わっている」[68] からであるとされる。つまりこの知性は、本章二で見た通り、表象像から知性認識対象を抽象することができる以上、当然それ以前に、表象像から離存している知性認識対象を認識しているはずだというのである。

では実際に彼らはこのように考えているのであろうか。テミスティオスは彼の『アリストテレス「霊魂論」註解』の中で次のように述べている。

引用二十

それ〔質料知性〕は、質料的諸形相を、それらを質料から離す〔抽象する〕ことによって認識する。それとちょうど同じように、ましてやいわんや、離在する諸形相を認識するのに自然本性的に相応しいのは明らかである。(69)

アヴェロエスもこれとほぼまったく同様に『大註解』の中で次のように報告している。

引用二十一

〔テミスティオスは〕次のように言う。質料知性は諸形相を諸々の質料から抽象しそれらを知性認識する能力を持っているので、ましてやいわんや、質料から最初から取り出されている〔抽象的（離存的）である〕諸々のものを知性認識する自然本性を有している。(70)

このように解釈されたテオフラストスとテミスティオスの至福論に対してアルベルトゥスは「どうして能動知性が、或る時は我々〔の可能知性〕において働き、或る時は働かないのか、その原因を指定することができない」(71)と反論する。本章二で見た通りテオフラストス・テミスティオスは能動知性も可能知性も永遠なものであると考えているとされているからである。この反論もアヴェロエスに由来するものであると思われる。アヴェロエスは『大註解』の中で引用二十一のようなテミスティオスの考えに対して次のように述べている。

引用二十二

どのようにして〔知性は〕我々と最初から、すなわち、質料知性が我々と結び付くときすぐに結び付かないのか。だから、もし最初ではなく後で結び付くと措定しているならば我々は〔その〕原因を答えなければならない[72]。

またアルベルトゥスによればファーラービーは、人間の自然本性である能動知性が諸々の離存的なものを自分自身によって知性認識すると考える[73]。このファーラービー解釈は一体どこから来たものなのか今のところよく分からない[74]。さらにアヴェンパケは、人間は自身が有している人間的力によってではなく神的力によって、諸々の離存的なものを知性認識すると考えるとされる[75]。この「人間的力」「神的力」とはそれぞれ、本章三で述べた通り、表象像という「可能知性」と、すべての人間に一つしかない知性のことであろう。そして彼らがこのように考える理由は、抽象を行う知性は離存的自然本性を有しているはずだからであるとされる[76]。この理由付けもアヴェロエスに由来するものであろう。アヴェロエスは『大註解』の中でアヴェンパケの結論として「知性は、それの〔思弁〕知性〔思索・思弁される形相〕がすべての人にとって一つであるところの知性認識されるものの何性を生来的に知性認識する。そしてこのようなもの〔上記の知性認識されるもの〕は離存実体である[77]」という考えを提示している。つまりアヴェロエスによればアヴェンパケはプラトンのように、知性認識されるものそれ自体を離存実体と考えているのである。だから当然、そのような知性認識されるものを抽象する知性は離存的自然本性を有しているはずなのである。

以上のように解釈されたファーラービー、アヴェンパケの至福論に対してアルベルトゥスは、質料から抽象されるものの何性と自体的に離存的なものの何性とは同名同義的ではない、簡単に言えば、同じものではない(78)と反論する。この反論もアヴェロエスに由来するものであろう。アヴェロエスは『大註解』の中でアヴェンパケとファーラービーの至福論に対して次のように述べている。

引用二十三

さて我々は次のように言おう。一方でもし「何性」という言葉が質料的諸事物の何性についても諸々の抽象〔離存〕知性の何性についても同名同義的な仕方で語られるならばその場合、知性は自然本性的に諸々の何性を、何性であるということにおいて抽象していると述べる命題は真であるだろう。もし知性認識されるものが複合されていると述べるのと、諸々の個物が複合されていると述べるのとが同名同義である場合も同様であろう。しかし他方でもし〔「何性」〕という言葉が質料的諸事物の何性についてと、諸々の抽象〔離存〕知性の何性についてとで〕同名異義的〔に語られる〕ならばその場合、論証は真ではないだろう。どのように〔語られるのか〕は非常に難しい。というのも「何性」という言葉は上述の諸々のもの〔質料的諸事物と諸々の抽象〔離存〕知性〕について純粋に同名同義的にも、純粋に同名異義的にも語られないということは自体的に明らかだからである(79)。

ここでアヴェロエスは結局、質料的事物の何性と抽象知性、すなわち離存知性の何性とは同名同義的ではなく、かといって同名異義的でもないと述べている。つまり、まったく同一のものでもなければ、まったく異なるものでもないと言っているのである。

八　アヴィセンナの至福論

アルベルトゥスによればアヴィセンナ(80)は、可能知性が能動知性へと振り向く〔意志する〕と、可能知性は能動知性と結び付き、思弁知性〔思索・思弁される形相〕が能動知性から可能知性へと流出すると考える。この考えは、どうして能動知性が或る時は可能知性において働き、或る時は働かないのかという、本章七でアルベルトゥスがテオフラストスとテミスティオスに対して提出した反論に答えるものとして理解できる。つまり、可能知性が能動知性へと振り向く時、能動知性は可能知性において働き、振り向かない時は働かないのだとアヴィセンナは考えていると解釈されているのである。

さらにアルベルトゥスによればアヴィセンナは、この振り向きが完成したとき能動知性は形相として可能知性と結び付き、可能知性は能動知性を通して諸々の離存的なものを知性認識し、同時に他のすべての離存知性体とも結び付き、すべてを現実に知性認識すると考える。この考えは、抽象されるものの何性と離存知性の何性とは同じではないという、本章七でアルベルトゥスがファーラービーとアヴェンパケに対して提出した反論に答えるものとして理解することができる。つまり、可能知性が能動知性へと振り向いて〔意志して〕可能知性が能動知性と結び付き、思弁知性が能動知性から可能知性へと流出すればそれですべてを現実に知性認識できるというのではなく、可能知性の能動知性への振り向きが完成したときに初めて、能動知性は形相として可能知性と結び付き、可能知性は他のすべての離存知性体とも結び付き、すべてを現実に知性認識するとアヴィセンナは考えていると解釈されているのである。

ではこの「振り向きが完成する」とは具体的にはどういう意味であるとアルベルトゥスは理解しているのであろうか。アルベルトゥスのテキストからはあまりはっきりとしたことは分からない。ただ彼はこの「振り向きが完成する」という言葉を次のように様々な仕方で言い換えている。「学習する」「それによって質料知性〔可能知性〕が能動知性へと振り向くところの完全な関係を獲得する」「振り向く適合性を獲得する」「容易に振り向く適合性を獲得する」「能力態における学知を有する」などである。(81)

では実際にアヴィセンナはこのような考えを持っているのであろうか。確かに彼は『治癒の書』「自然学」第六篇「霊魂論」で上記のような「振り向き」「結び付き」「流出」「学習」「適合性（準備状態）」などについて次のように述べている。

引用二十四

学習とは、純一なものである知性が能動原理〔能動知性〕から生じるほど能動原理と結びついている完全な準備状態を求めることである。そしてこの純一なものである知性から諸形相が、魂において〔想像に関する〕思考を介して区別されて流出するだろう。だからこの準備状態は、学習する前は不完全だが学習後は完全である。というのも、探究する知性認識対象と結び付いているもの〔想像される事柄およびそれと結び付いている事柄〕がその人の心の中に入って来て、〔人間の〕魂がそれ〔探究する知性認識対象〕を見ようと振り向く（見る目的は知性付与原理へと帰ることである）と、魂は知性付与原理（能動知性）と結び付き、そのことから学習が生じるとき、知性付与原理から純粋な知性能力が流出し、その後、区別する流出が続くからである。しかしもし知性が知性付与原理に背を向けるならば、この形相は元にもどって可能態となるが、しかしそれは現実態にきわめて近い可能態である。(82)

分かりにくいテキストであるが、これは次のように四段階に分けて理解すると分かり易いように思われる。①探究する知性認識対象と結び付いている表象像が心の中に入って来る、②人間の魂（可能知性）が探究する知性認識対象を見ようと能動知性へと振り向く、③人間の魂（可能知性）が能動知性と結び付き、完全な準備状態、学習が生じる、④能動知性からの流出が生じる。アルベルトゥスはこの③の段階が繰り返される(83)とやがて能動知性は形相として可能知性と結び付くと解釈しているようである。アルベルトゥスが引用二十四のテキストのアラビア語原典を読んだ可能性はほとんどないが、そのラテン語訳は当然読んでいたであろう。

以上のように解釈されたアヴィセンナの至福論に対してアルベルトゥスは次の二つの反論を提出する。すなわち一つ目の反論は次の通りである。もしアルベルトゥスのアヴィセンナ解釈が正しいとすれば、可能知性が能動知性へと振り向く（意志する）前には、可能知性は能動知性と結び付いておらず、能動知性から可能知性に思弁知性は流出してきていない。そのような状態で可能知性はいったいどうやって、自分のうちにはない思弁知性について、それを有している能動知性へと振り向き（意志し）、能動知性と結び付くことができるのであろうか。(84)二つ目の反論は、もし能動知性だけが可能知性に知性認識される形相を与えるものであるとしたら、純一なものであると考えられている能動知性から与えられる形相相互の相異性はいったいどこから来るのか、その原因が分からないというものである。[85]引用二十四には表象像（「想像される事柄およびそれと結びついている事柄」）が登場している。これが可能知性の能動知性への振り向き、結び付き、思弁知性の相異性などに関係すると解釈すべきかもしれない。しかしアヴィセンナ自身の思想においても知性と表象像の関係はそれほど明らかではないように思われる。以上二つの反論は恐らくアルベルトゥスが独自に考えたものであろう。実際アヴェロエスは『大註解』の中ではアヴィセンナの知性論についてほとんど何も語っていない。

九　アヴェロエス・アルベルトゥスの至福論

アルベルトゥスは彼が解釈するアヴェロエスに従って次のように考える。思弁知性〔思索・思弁される形相〕は可能知性のうちに二通りの仕方で生じる。一つの仕方では自然本性的に生じる。すなわち、まず概念が感覚を通して知られ、そこから論証の第一公理が知られる。もう一つの仕方では意志によって生じる。すなわち、論証の第一公理を出発点とする論証による発見や教育によって生じる（第二章四参照）。こうして可能知性は日に日に能動知性と似たものとなっていき、すべての知性認識対象を受容すると、能動知性が形相として可能知性と結び付く。[86]

ではは実際にアヴェロエスはこのような考えを持っているのであろうか。彼は『大註解』の中で次のように述べている。

引用二十五

諸々の知性認識されるものは二つの仕方で我々のうちに生じる。すなわち自然本性的にか（いつどこからどうやって来たのか我々が知らない諸々の第一基本命題のことである）、あるいは意志的にか（諸々の第一基本命題から獲得された諸々の知性認識されるもののことである）である。[87]

引用二十六

知性認識されているすべての思弁的なもの（思索・思弁される形相・思弁知性）が我々のうちに現実に存在していたらそのとき、能動知性は我々と現実に結び付いているだろう。[88]

引用二十五には、概念が感覚を通して知られると言う話は出てこないが、アヴェロエスの知性論全体からして、論証の第一公理（第一基本命題）の概念は感覚を通して知られると考えられているであろう。たとえばアヴェロエスは『大註解』の中で「理性的魂は想像力のうちに在る諸々の意味内容（概念のもと）を考察する必要がある」[89]と明確に述べている。したがってここでのアルベルトゥスによるアヴェロエス解釈はほぼアヴェロエスそのままと言ってよいだろう。[90]

十　まとめ

アルベルトゥスによれば、アフロディシアスのアレクサンドロスは可能知性を、人間の身体という物体が持つ形相の一種であり、人間の身体が生成消滅すると共に生成消滅するものと考える。しかしもしそうだとすると可能知性は普遍を受容できなくなってしまう。テオフラストスとテミスティオスは、可能知性は能動知性によって永遠に現実化されていると考える。しかし表象像も可能知性を現実化するはずである。アヴェンパケは、知性はすべての人間において数的に一つしかないと主張する一方、表象像を可能知性と呼ぶ。しかし表象像は可能知性ではなく、可能知性を現実化するものであるはずである。アヴェロエスは、可能知性は普遍を表象像から、限定されるもの・区別されるものが限定するもの・区別するものを受容するようにして何の変化もなく受容する基体であると考える。これは正しい。しかしアヴェロエスはアヴェンパケと同様に知性単一説を保持する。だがこれでは、或る人だけが学知を受容し、すべての人が学知を受容するのでないのはどのようにしてか説明できない。

またアルベルトゥスによれば、アレクサンドロスは、可能知性は能動知性によって段々と善く態勢付けられ、遂に形相としての能動知性と結び付き、それによって他の諸々の離存的なもの（普遍）も知性認識すると考える。しかし彼の可能知性論では、能動知性という不可滅なものが可能知性という可滅的なものになることになってしまう。テミスティオスとテオフラストスは、可能知性と能動知性から複合されている知性は諸々の離存的なものを知性認識するのにそれ自体で十分であると考える。しかしそれではどうして能動知性が、或る時は我々の可能知性において働き、或る時は働かないのか分からない。ファーラービーとアヴェンパケは、抽象を行う知性は離存的自然本性を有しているはずだから、それ自身によって諸々の離存的なものを知性認識すると考える。しかし抽象されるものの何性と離存知性の何性とは同じものではないので、抽象する知性がすべての離存的なものを知性認識できるわけではない。アヴィセンナは、可能知性が能動知性へと振り向く（意志する）と思弁知性が能動知性から流出すると考える。そしてこの振り向きが完成したとき能動知性は形相として可能知性と結び付き、可能知性は能動知性を通して諸々の離存的なものを知性認識すると考える。しかし可能知性が能動知性へと振り向く（意志する）前に可能知性はいったいどうやって、自分のうちにはない思弁知性について、それを有している能動知性へと振り向く（意志し）ことができるのか分からない。アヴェロエスは、まず概念が感覚を通して知られ、そこから論証の第一公理が知られ、それから、意志によって、すなわち、論証の第一公理を出発点とする論証による発見や教育によってその他の思弁知性が知られると考える。そして可能知性がすべての知性認識対象を受容すると、能動知性が形相として可能知性と結び付くと考える。これは正しい。

以上のようにアルベルトゥスは可能知性論においても至福論においても、基本的にはアヴェロエスの考えに賛成している。(91) すなわち、可能知性論においては「限定理論」に基づいて可能知性を、普遍を表象像から受容する基体と考える。しかしこれは、アルベルトゥスが言うようにそのままアヴェロエスの考えであると見ることは我々にはできない。むしろ非常にアルベルトゥス独特の考えであると言わざるを得ない。その一方でアルベルトゥスはアヴェロエスの可能知性単一説についてはこれを明確に否定している。また至福論においては、まず感覚を通して概念を知り、そこから論証を通してすべてを知ると至福に到ると考える。これはほぼアヴェロエスの考えをそのまま踏襲していると言ってよいだろう。ただし、感覚を通して概念を知るという部分は上述の可能知性論と関わっているので、この点ではアルベルトゥスの考えはやはりそのままではアヴェロエスの考えであるとは言えない。つまりアルベルトゥスは、知性論においてアヴェロエスにただ単純に賛成していると言うよりもむしろ、「限定理論」を中心とした彼独特の知性論を敢えてアヴェロエスに仮託して語ろうとしていると言うべきであるように思われる。その意味で、アルベルトゥスが解釈したアヴェロエスは言わば「理想化されたアヴェロエス」と言うことができるであろう。

第四章　人間の魂と天の魂の類似性
――主に『知性の単一性について』に即して――

第二章で見た通りアルベルトゥスは彼の「限定理論」を前提としてアヴェロエスの可能知性単一説を論駁する。しかしその一方でアルベルトゥスは、第三章で見た通り彼の「限定理論」をアヴェロエスに帰す。我々はアルベルトゥスの後者の立場を哲学史的に見てそのまま容認することは確かにできない。しかしアルベルトゥスの「限定理論」を読み込むことができる余地がアヴェロエスの思想のうちに在るということは、これまでの議論からして言えそうである。ではなぜアヴェロエスはアルベルトゥスと同じように可能知性の単一性を否定する方向へは進まなかったのであろうか。実際アヴェロエスは、可能知性単一説の問題点を十分認識していたのである（第三章引用十六参照）。これは、両者が有している宇宙論の相異がその決定的要因の一つではないかと思われる。というのも、周知の通りアヴェロエスは純粋にアリストテレス的な宇宙論を有している。それに対してアルベルトゥスは、本章でも見る通り、宇宙論にアリストテレス的な要素だけではなく、新プラトン主義的な要素も認める。ところで第二章の三で見た通り、アルベルトゥスが彼の「限定理論」を根拠としてアヴェロエスの可能知性単一説を論駁する際、ポイントとなるのは、超時間空間的でまったく非物体的・非質料的な知性能力と、時間空間的で物体的・質料的な感覚能力とが、同じ一人の人間の魂の異なる部分であるということである。しかしこのようなことを純粋にアリストテレス的な宇宙論において認めることは難しい。なぜなら、純粋にアリストテレス的な宇宙論では、人間を含め月下の地上世界に存在する生物の魂は生成消滅によって生じるとしか説明されないからである。知性能力が生成消滅によって生じると考えることはできない。ではアルベルトゥスにおいては、上記のような知性能力と感覚能力とが同じ一人の人間の魂において一つになっているということはどのように説明されるのであろうか。本章ではこのことを、アルベルトゥスにおいて人間の魂と天の魂とが類似したものとして捉えられているということを見ることを通して明らかにする。

一　知性的自然本性の第一原因からの流出

人間の魂と天の魂の連続性

アルベルトゥスによれば、天の魂とは、アリストテレス的天動説宇宙において透明天球の動者であるとされる知性体のことを指す(1)。周知の通りアリストテレス的天動説宇宙では、宇宙の中心に地球が在り、その回りを透明な天球が幾重にも取り巻き、そこに惑星（月や太陽も含む）や恒星が貼り付いており、或る一定の方向に或る一定の速度で永遠に回転し続けているとされる。アルベルトゥスにおいては、宇宙の最も外側に在る天球が第一天球である。それは日周運動を引き起こす天球であるとされ、その動者が第一知性体と呼ばれる。その一つ内側に在る天球が第二天球である。それは黄道上の動きを引き起こす天球とされ、その動者が第二知性体と呼ばれる。さらにその一つ内側に在る第三天球は、恒星が貼り付いている恒星天球であり、その動者が第三知性体である。以下、土星天球、その動者が第四知性体、木星天球、その動者が第五知性体、火星天球、その動者が第六知性体、太陽天球、その動者が第七知性体、金星天球、その動者が第八知性体、水星天球、その動者が第九知性体、月天球、その動者が第十知性体と続く(2)。

ところでアルベルトゥスは、『知性の単一性について』という著作の中で、この天の魂と人間の魂とを、ともに知性的自然本性に属するものとして連続的に捉えている。『知性の単一性について』は、彼が教皇アレクサンデル四世（在位一二五四—一二六一年）の命を受け、イタリアのアナーニで行った討論をもとに書かれた著作である。この討論は、題名に「アヴェロエス主義者たちに対して」と付く場合があることからも分かる通り、アヴェロエス主義者と呼ばれる人々が唱えたとされる知性単一説を論駁するために行われた討論である。次のテキストは、その討論の中でアルベルトゥス自身の考えが示される中心部分の一節である。

引用一

しかし、知性的自然本性には、第一原因により近いものと、自然により近いものとが在る。第一原因により近い諸々の知性的自然本性は、その順位に従って諸天球を動かし、どの天球にも、自然本性に即して別な順位の知性体が在る。なぜなら、もし一つの天球に二つの知性体が在るとしたら、一つの船が二人の舵手を有しており、この二人の舵手の両方が同じ仕方で同時に船全体を操舵する場合のように、一つの作動対象が、分離している二つの動者を有するというようなことになってしまうだろうからである。これはあり得ない。他方もし、複数〔の天球〕が一つ〔の知性体〕を有するとしたら、これはより不可能であろう。なぜなら、二つのまったく異なる船が一人の舵手によって操舵される場合のようになってしまうだろうからである。これは不可能である。というのも、各作動対象に対してその操縦者は、自然本性に即して釣り合っていなければならないからである。一方自然により近い知性的自然本性は、自然の動者として自然と釣り合っており、この知性的自然本性は、諸々の自然物の類において最も高貴な物体の自然本性である。私が自然本性と呼ぶのは、それが「付帯的にではなく自体的に運動と静止の原理である」のに応じてのことである。なぜならこの場合上位の諸物体は自然物というよりもむしろ自然の場所、諸原理だからである。(3)

「第一原因」については後述する。ここで語られている「自然」とは恐らく、アリストテレス的宇宙における月下界のことであろう。つまり、諸天球とは異なり、「火」「空気」「水」「土」と呼ばれる四元素が上下左右に縦横無尽に動き回り、それらが混ざり合い離れ合って、それにより様々な物体が生成したり消滅したりする世界のことであろう。そう思われる理由は以下の二つである。まず一つ目は、引用一の最後で、「なぜならこの場合上位の諸物体は自然物というよりもむしろ自然の場所、諸原理だからである」と述べられている点である。「上位の諸物体」とは天上界の諸天球のことであろう。ということは、ここで語られている「自然物」からは、天上界の諸天球は除外される。そうすると残るは月下界の諸物体ということになる。だから、ここで語られている「自然物」とは、月下界の物体だということになる。二つ目は、引用一の中で、「自然」により近い知性的自然本性について「運動と静止の原理である」と言われている点である。アリストテレス的宇宙では、天上界の諸物体は決して静止しないと考えられている。だから、「自然」により近い知性的自然本性は、或る月下の物体の運動と静止の原理であるということになる。これは当然人間の魂のことであろう。「諸々の自然物の類において最も高貴な物体」とは恐らく人間の身体のことだろうからである。

ところで引用一では、一つの天球には一つの知性体しかあり得ず、一つの知性体には一つの天球しかあり得ないと主張されている。次のテキストは、『知性の単一性について』の中で、知性単一説を根拠付ける異論に対して回答する部分の一節である。ここでの異論は、天球の動者である知性体のような離存的動者〔物体から離れて存在する動者〕に関するものである。(4) ここでもアルベルトゥスは、複数の相異なる作動対象が在るならば、その一つ一つにそれぞれ動者が一つずつ存在しなければならないと主張する。そしてそこからさらにアルベルトゥスは、だから人間の場合も、一人一人の人間の身体に人間の魂がそれぞれ一つずつ存在しなければならないと主張し、知性単一説を論駁していく。

引用二

しかし、魂と〔魂が〕動かすもの〔作動対象〕との関係は、〔魂が〕限定されている存在において一つであるということのしるしである。なぜなら、互いに異なっており、順位付けられていない諸々の作動対象の動者が、動かす力において一つであるということはないからである。だから、複数の作動対象があり、それらのうちの或るものが他のものに動かされるということがなく、それらのうちの或るものは動者そのものによって動かされ、他のものは代理によって動かされるということもない場合、動者は、動かされるものの数だけ存在しなければならない。人間たちの身体においても同様である。だから〔人間の場合も〕身体の数だけ魂が存在しなければならない。(5)

ここで「魂」とは、異論との関係からすれば、天体の動者である知性体のような離存的動者のことであろう。「互いに異なっており、順位付けられていない」とは、その少し後に出て来る「複数の作動対象があり、それらのうちの或るものが他のものに動かされるということがなく、それらのうちの或るものは動者そのものによって動かされ、他のものは代理によって動かされるということもない」という状態のことを指しているのであろう。つまり、複数の相異なる作動対象がバラバラに存在するという状態が想定されている。このような場合離存的動者は、それぞれの作動対象に一つずつ存在しなければならない。人間の魂の場合も同様であると確かに主張されている。

第一知性体の第一原因からの流出

「第一原因」とは、『原因論』という著作に由来する用語である。『原因論』とは『純粋善について』というアラビア語著作のラテン語訳である。『純粋善について』は、五世紀の新プラトン主義哲学者プロクロスの『神学綱要』を九世紀頃何者かが翻案したものである。以下では二種のテキストを用いて、アルベルトゥスにおける第一原因と諸知性体との関係を見てみることにしたい。一つはアルベルトゥスによる『原因論』の註解に当たる『諸原因と第一原因からの宇宙の発出とについて』(6)において、新プラトン主義流出論に関する彼の立場を要約している箇所である。もう一つは、その並行箇所であり(7)、アリストテレス『形而上学』ラムダ巻後半部分(アリストテレス宇宙論の代表的テキスト)の註解に当たるアルベルトゥスの『形而上学』第十一巻第二論考の或る箇所である。

アルベルトゥスによれば、第一原因は第一知性とも呼ばれ(引用三参照)、無限の知性的光である(8)。一方諸知性体は、第一原因に由来する知性的光輝そのものである(引用四参照)。第一原因も諸知性体も、自身の知性的光輝を他者へ向けることによって、さらに他の諸知性体を流出させる(9)。第一原因はまず、第一知性体を流出させる。流出した第一知性体は三つの自己認識を有している。すなわち①自身は第一原因に由来すると知性認識する。このことに即せば第一知性体は、第一原因の光輝そのものである。②自身がそれであるところのものであると自身を知性認識する。このことに即せば第一知性体は、第一原因の光輝ではなく、第一天の魂である。③自身は、自身だけでは可能態にしかないと知性認識する。このことに即して第一知性体は、第一天の魂として第一天球の質料にその形と運動を与え、第一天球を生み出す。

引用三

そして〔第一原因に由来する知性的光輝は〕、他のものに由来するということにおいて三つの関係を有する。すなわち①〔自身が〕そこに由来し、それによって自身に存在が在るところの第一知性との関係、②「〔自身が〕それであるところのもの」に即した、自分自身との関係、③〔自身が〕無から存在しているということに即した、可能態において在るものとの関係である。なぜなら、存在する前は可能態に在ったからである。というのも、他のものに由来するものはすべて、生み出されたものであり、生じる前は可能態に在ったからである。だから①第一知性体が必然的存在を有するのはただ、自身が第一知性に由来するということを知性認識することに即してのみである。一方、②自身が第一知性に由来していると、それによって知性認識するところの第一知性の光輝は、「〔自身が〕それであるところのもの」に従って自分自身を知性認識するのに即して、第一知性体においてついえる。そしてそれゆえ、下位のものが第一知性体の下に確立されなければならない。これが魂とも、諸天において魂の位置に在るものとも言われる第二実体である。他方、③自身は無から存在しており、可能態に在ったと知性認識することに即して、可能態に在る実体の段階が始まらなければならない。これが第一形相の下に在る質料であり、第一作動対象と呼ばれる天体〔第一天球〕の質料である。実際この質料は可能的に分割可能である。そして〔この質料は〕魂の位置に在るこの形相〔第一形相〕によって照らされるかぎりで、〔第一作動対象の質料は〕或る意味でどこにでも存在する運動によって常に広げられ、知性体の光輝を捉えるためにも、円形と円運動、すなわち球体の形と運動を受け取る(10)〔アラビア数字は引用者〕。

ここで「第一知性の光輝は、「〔自身が〕それであるところのもの」に従って自分自身を知性認識するのに即して、第一知性体においてついえる」と言われ、「下位のものが第一知性体の下に確立されなければならない。これが魂とも、諸天において魂の位置に在るものとも言われる第二実体である」と言われているが、だからといって、第一知性の光輝である第一知性体と第一天の魂とが、実体として別々なものなわけではない。第一知性体と第一天の魂は、実体としてはあくまでも一つのものである。しかしそこに三つの自己認識が付随することによって、実体そのものではなく、実体の力が多様化すると考えられているのである(11)。

引用四

だから、生み出された諸実体の中で第一のものである知性体〔第一知性体〕は、①自身が第一知性に由来するということを知性認識するのに即せば、第一知性の光輝において光輝そのものであり、それゆえに知性体なのである。一方、②「〔自身が〕それであるところのもの」に従って自身を知性認識するのに即せば、自身の光輝を他の何らかの存在へと広げ、そのようにして〔自身の光輝は〕魂へと、すなわち、魂の位置に在るものへと広げられる。他方、③自身が無から、可能態において存在しているということを知性認識するのに即せば、質料的存在へと降下し、そのようにして、物体性の形相の下で第一作動対象であるもの〔第一天球〕が生じる［アラビア数字は引用者］。(12)

しかしここで二つの疑問が浮かび上がってくるように思われる。まず一つは、第一知性体は、無限の知性的光である第一原因に由来する知性的光輝そのものであるにもかかわらず、第一天の魂として第一天球にその形や運動を与えるかぎりでは、第一原因の知性的光輝とは区別されるということである。このようなことはいかにして可能なのであろうか。もう一つは、どうして第一知性体は、自身だけでは可能態にしかないということを知性認識すると、第一天球に形や運動を与えることになるのかということである。この二つの問題について、次に取り組むことにしよう。

二　知性体の多数性の原因としての可能態

諸知性体の第一原因からの流出

一では次のことが明らかとなった。すなわち、アルベルトゥスによれば、無限の知性的光である第一原因はまず第一知性体を流出させる。第一知性体は第一原因に由来する知性的光輝そのものである。しかし第一知性体は、第一天の魂として第一天球に形や運動を与えるかぎりでは、第一原因の光輝とは区別される。二では、このような区別はどのようにして生じ得るのか、その原因は何であるのかについて考察する。

アルベルトゥスによれば、第一原因が第一知性体を確立すべく知性的光輝を照射するのは、第一原因が有しているすべての現実態によってではなく、「第一天球における第一原因の現実態」によってである[13]。これは恐らく、第一天球に係わるかぎりでの現実態のみによって、という意味であろう。さらに第一原因の知性的光輝は、第一知性体へと流出し、なおかつ満ち溢れる。そしてこの満ち溢れた光輝が自己認識をするかぎりで、今度は第二知性体が確立される。第二知性体も第一知性体とまったく同様に第二天の魂であり、第二天球にその形と運動を与える。第三知性体以下についても同様である[14]。このことを別な言い方で表現すれば、第一知性体は第一原因から知性的光輝を照射して第二知性体を生み出すということになる。そしてその際第一知性体は、第一原因の光輝を限定・制限するとされる[15]。以下の知性体においてもまったく同様である[16]。知性体が、第一原因に由来する知性的光輝そのものでありながら、同時にそれとは区別されるということ、ひいては、第一原因とその他の諸知性体同士がそれぞれ相互に区別されるということも、このような限定・制限によって説明することができると思われる。しかし、第一原因に由来する知性的光輝そのものである知性体が、一体どうやってその光輝を限定・制限し、自らとすることができるのであろうか。

限定の原因としての可能態

ここでもう一度『知性の単一性について』のテキストに戻ることにしよう。アルベルトゥスによれば、知性的自然本性の多数性の原因は、無限の知性的光である第一原因の側にはない。知性的自然本性の多数性の原因は、知性的自然本性を或る特定のものに制限・限定して受容するその可能態の多数性にある。そしてこの可能態の多数性の原因は、その可能態が第一原因に近いか遠いかということである。つまり、その可能態がどの天の魂へと向かう可能態なのか、あるいは人間の魂へと向かう可能態なのかということである。これによってその可能態が第一原因の知性的光輝をどのくらい制限・限定して受容するかが異なるのである。だから引用三、四で、天の魂である知性体は、自身の可能態を知性認識するのに即して、自身が動かす天球に形と運動を与えると語られたのであろう。或る知性体がどの天球に形や運動を与える魂であるかは、その可能態によって決まることになるからである。次のテキストは、引用二と同じく、知性単一説を根拠付ける異論に対して回答する部分の一節である。

引用五

第二十五異論は、すでに部分的に述べたことによって解決される。すなわち、諸々の知性実体〔知性的自然本性と同じ〕の数は、知性実体のどれもがそれに即して第一原因に依存しているところの知性的自然本性が、それによって制限され、限定されるところのものの数が原因である。なぜなら、或る知性実体が、それによって自らにおいて可能的であるところのものは、他の知性実体が、それによって自ら自身において可能的であるところのものと異なるからである。だから、第一原因の光の側は数の原因ではなく、どの知性実体も自分自身においてそうであるところのものの側が数の原因である。なぜなら、これらは同じではないからである。ところで、それ〔どの知性実体も自分自身においてそうであるところのもの〕における多数性の原因は、第一のものに対して近いか遠いかに即した順位である。というのも、諸天や諸元素において、質料における可能態の相異性の原因は、第一のものの高貴さに近いか遠いかということである。それとちょうど同じように、自分自身において可能的であるもの〔知性実体〕すべてが、それによって〔自分自身において可能的である〕ところの可能態においても、可能態の相異性の原因は、存在全体の原理〔第一原因〕から遠い

か近いかということである。そう語られなければ、諸事物に何の相異性も見出されない。(17)

ここで「知性的自然本性が、それによって制限され、限定されるところのもの」が知性実体(18)の多数性の原因であるとされている。そしてそれは具体的には「知性実体がそれによって自らにおいて可能的であるところのもの」「どの知性実体も自分自身においてそうであるところのもの」のことであろう。それはより正確に言えば、知性実体「すべてが、それによって〔可能的である〕ところの可能態」のことであろう。だから知性実体の可能態が知性実体の多数性の原因なのである。そしてさらに、知性実体の可能態の多数性の原因は何かと問われればそれは、その可能態が第一のもの〔第一原因〕に対して近いか遠いかに即した順位であるとされている。この順位とは上述の通り、どの天の魂へと向かう可能態なのか、あるいは人間の魂へと向かう可能態なのかということであろう。(19)

なぜ知性的自然本性の多数性の原因は、無限の知性的光である第一原因の側にはないのでなければならないのであろうか。アルベルトゥスは、アリストテレスに従って、現実態と可能態の原理が、純一な一つの本質に即して同じであるということは哲学的に不可能であると考える。上述の通り第一原因は知性的自然本性の現実態の原理である〔本章二の冒頭参照〕。だからそのような第一原因が、同時に知性的自然本性の可能態の原理であるということは、哲学的にはあり得ない。それゆえ知性的自然本性の可能態は、その現実態の原理である第一原因とは別の原理に還元されなければならない。次のテキストは、引用五の続きの箇所である。

引用六

しかし、よく理解する人すべての間では、現実態と可能態の原理が一つの純一な本質に即して同じであるのは不可能であるということは必然である。だから、他の完全な実体すべてにおいてもそうであるように、知性的自然本性においても、現実態と可能態を私たちは見出すので、これら〔現実態と可能態〕は別な原理に還元されなければならない。そしてこのことがアリストテレスをも動かし、彼は〔理性的〕魂の自然本性のうちにこれら〔現実態と可能態〕の原理〔能動知性と可能知性〕を措定したのである。それゆえ以上のように、述べた通り、疑いなく保持されるべきである。(20)

しかしここでまた一つ疑問が生じるように思われる。アリストテレスは彼の『霊魂論』第三巻第四章で「知性はすべてを知性認識する」と語っている。(21)そうであるならば、知性的自然本性の可能態は、上述のように或る特定のものへと向かう可能態ではなく、すべてのものへと向かう可能態でなければならないようにも思われる。これに対してアルベルトゥスは次のように考える。確かに知性的自然本性の可能態は、知性認識対象については限定せず、すべての知性認識対象へと向かう可能態である。しかしそれでもこの可能態は、実体の類においては、第一原因に由来する現実態を限定して受容する。(22)つまり、自身は何であるのか、すべてを知性認識するにしても、それらをどのように知性認識する者なのかということについては、知性的自然本性ごとに異なるというのである。このように知性的自然本性は、その実体・本質の現実態と可能態によって他の知性的自然本性・知性実体から区別される。次のテキストは、『知性の単一性について』の内容をアルベルトゥスが自身最晩年の著作『神学大全』(23)の中に組み込んだ箇所からのものである。引用二、五、六と同じく、知性単一説を根拠付ける異論に対して回答する部分の一節である。

引用七

二十八番目の方法に対しては、述べられた諸々のことが前もって知られれば、解決は簡単である。すなわち、知性は、受容能力と能動能力に即せば、可能的にすべての知性認識対象であるが、それでもやはり、〔知性が〕それらによって定義されるところの本質の諸原理によって、限界によるようにして、存在するものすべてから区別される。(24)

ところで、知性的自然本性の可能態がどの知性的自然本性へと向かう可能態であるかを決める原因は一体何なのであろうか。アルベルトゥスによれば、このような諸々の可能者の秩序の原因も第一原因である。(25) しかしこのことは、哲学に即してではなく、信仰に即して措定される。(26) なぜなら上述の通り哲学においては、現実態と可能態の原理がまったく同一のものではあり得ないからである。

三　人間における諸能力の魂からの流出

能動知性と可能知性

二では次のことが明らかとなった。すなわち、天の魂や人間の魂といった知性的自然本性は、無限の知性的光である第一原因に由来する知性的光輝そのものであるが、しかしそれらは第一原因の知性的光輝を、実体の類における自身の知性的可能態（主に引用五で語られた知性実体・知性的自然本性の可能態）によって制限・限定して受容する。そのことによってそれぞれの知性的自然本性は、その何であるか、実体・本質において異なるものとなる。三では、以上のことが人間の魂においで具体的にどのように語られているかを見ることにする。

アルベルトゥスによれば、人間の魂は天の魂と同様、第一原因の知性的光の下に在り、第一原因によってその実体性において存立している。そしてこのことに即して人間の魂から、知性的光として在る能動知性という能力が流出する。他方で人間の魂は、人間の身体という物体の完成態・自然本性・実体である。そしてこのことに即してこの魂から可能知性という能力が流出する。次のテキストは、彼の『神学大全』における『知性の単一性について』の並行箇所の中で、彼自身の考えが示される中心部分からの一節である。

引用八

理性的・知性的魂〔人間の魂〕は、それがその像であるところの第一原因によって、存在、実体性において存立している実体である。そしてそれゆえ〔理性的・知性的魂は〕質料より上に高められており、自然形相のように質料の下に沈んではいない。また栄養摂取的魂や感覚的魂のように、自然によって生み出されもしない。そうではなくむしろ、質料より上に高められている実体として、自然そのものへと作用を及ぼし、自然を秩序付け、支配し、動かす。そして〔理性的・知性的魂は〕、このように二通りに考察されるかぎりで、理性的・知性的魂から二通りの能力が流出する。すなわち、第一原因の知性認識の光の下に存立しているのに即しては、能動知性が理性的・知性的魂から流出する。能動知性は光として存在していること、アリストテレスが『霊魂論』第三巻で語っている通りである。一方、アヴィセンナが『自然学』第六巻で語っている通り、〔理性的・知性的魂が〕物体の完成態として在るのに即しては〔私が〔「物体の」と〕言うのは、すべての混合物、複合物の中で、諸々の対立するものの過剰からより離れており、天の均等性により近づいているような物体の、ということである)、可能知性、探求する理性が理性的・知性的魂から流出する。[27]

「このように二通りに考察されるかぎりで」というのは恐らく、理性的・知性的魂が質料より上に高められている実体として考察される場合と、自然へ作用を及ぼす実体として考察される場合とのことを指しているのであろう。「第一原因の知性認識の光の下に存立している」の「知性認識」の原語は intelligentia である。これは今まで「知性体」と訳してきた語である。しかしアルベルトゥスは「知性体」という意味での intelligentia を、天の魂のことを指す語として用い、その一方で第一原因のことは「第一知性(intellectus primus)」と呼んで区別する(引用三参照)。したがってここでは、intelligentia を「知性体」の意味では理解せず、第一知性の知性認識の意味で理解する。[28]「すべての混合物、複合物の中で、諸々の対立するものの過剰からより離れており、天の均等性により近づいているような物体」というのは、引用一に出てきた「諸々の自然物の類において最も高貴な物体」と同じく、人間の身体のことであろう。

アルベルトゥスはさらに、第一原因の知性的光の下に在り、第一原因によってその実体性において存立している人間の魂を、第一原因へと振り向く第一知性体の反映であるとも言う。次のテキストは、『知性の単一性について』の中で、彼自身の考えを述べる中心部分からの一節である。

引用九

というのも理性的魂が、第一原因の光を分有することを通して第一原因へと振り向く第一知性的自然本性の反映であるのに即して、理性的魂から流出するものは、理性的魂において光として存在し、それは能動知性である。一方〔理性的魂が〕、それによって物体の自然本性が存立し、据えられ、保持されているところの実体そのもの〔であるの〕に即して、理性的魂から流出するのは可能知性である。[29]

ここで「第一原因の光を分有することを通して第一原因へと振り向く第一知性的自然本性」と言われているのは、引用三、四の①の第一知性体のことであろう。すなわち、自身が第一原因に由来するということを知性認識するのに即した、第一原因の知性的光輝そのものであるかぎりでの第一知性体のことであろう。ここにはまだ何の可能態による制限も制約もない。そこには純粋現実態しかない。

ところで、人間の魂から能動知性や可能知性といった能力が流出するというのは一体どのような事態なのであろうか。第一原因から諸々の知性的自然本性が流出するという事態とはかなり異なることであるように思われる。アルベルトゥスによれば、人間の魂からこれらの能力が流出するとは、これらの能力が人間の魂の実体の類における現実態と可能態を指し示すということを意味する。次のテキストも、『知性の単一性について』の中で彼自身の考えを述べる中心部分からの一節である。

引用十

ところで、第一原因に依拠しているということによっては、どんな仕方ででも、可能態に在るということはなく、純粋現実態であるので、このことに即せば、これ〔理性的魂〕には普遍的能動知性が存在している。そして、これ〔理性的魂〕は、それ自身に即せば、他の諸々の知性実体と同様、可能態に在るので、このことに即せば、これ〔理性的魂〕には可能知性が存在している。なぜなら、それ自体において考察された知性的自然本性はすべて可能態においてのみ在り、同様に、原因を有するものはすべてそれ自体においては可能態にのみ在るからである。しかし〔理性的魂は〕、第一原因に由来するということに即せば現実態に在り、自身の存在の必然性を受容する。(30)

ここで能動知性という能力は、理性的魂が第一原因に依拠しているということによっては純粋現実態にしかないということに即して存在しているとされている。一方可能知性という能力は、理性的魂が、それ自身では可能態にしかないということに即して存在しているとされている。この「に即して存在している」とは一体どのような意味なのであろうか。次のテキストは、『知性の単一性について』の中で、知性単一説を根拠付ける異論に対して回答する部分の一節である。

引用十一

次のことも十分に認めなければならない。すなわち、〔理性的〕魂の実体そのものから、可能知性と呼ばれる能力が流出し、ちょうど類が、存在へと向かう可能態とともに質料を指し示すものであるのと同じように、可能知性は、〔理性的〕魂におけるこのような実体を指し示すものであり、能動知性は、〔理性的魂が〕必然的存在者として、それによって必然的存在において保持されているところの第一原因に、それに即して依存しているところの自然本性・実体を指し示すものである。(31)

「可能知性は、魂におけるこのような実体を指し示す」の「この」は「質料」を指すと思われ、質料とは物体の実体的可能態のことなので、「このような実体」とは、物体における質料に相当する、理性的魂の実体的可能態のことであろう。また理性的魂が「第一原因に、それに即して依存しているところの自然本性・実体」とは、理性的魂の第一現実態のことであろう。このように、能動知性とは理性的魂の実体的現実態を指し示すもののことであり、可能知性とは、理性的魂の実体的可能態を指し示すもののことなのである。

ここまでの話をまとめてみよう。人間の魂は一方で、第一原因の知性的光の下に在り、第一原因によってその実体性において存立している。しかもそれは第一原因へと振り向く第一知性体の反映である。つまり、第一原因の知性的光輝そのものである。このことに即せば人間の魂は純粋現実態にしかない。このことを指し示しているのが能動知性と呼ばれる能力である。その一方で人間の魂は、それ自身に即せば可能態にしかなく、そのことによって人間の身体という物体の完成態・自然本性・実体である。このことを指し示しているのが可能知性と呼ばれる能力である。

可能知性による限定

このようなものである可能知性は、アルベルトゥスによればさらに次のような二通りの可能態のうちに在る。その一つは、能動知性に向かう可能態である。二つ目は、能動知性の現実態のもとで生み出す知性認識対象に向かう可能態である。可能知性は、この二つ目の可能態によって、可能態に在るということ全体に即せばすべてであり、或る特定の何かと区別されているものではない。しかし一つ目の可能態によって、実体の類において限定され、他と区別され数えられる。次の二つのテキストも、『知性の単一性について』の中で、知性単一説を根拠付ける異論に対して回答する部分の一節である。

引用十二

だから、事物は何であれ、それ自身においては可能態に在り、第一原因から有しているものによっては現実態に在るのと同じように、〔可能知性は〕第一原因に由来するものの現実態のもとで動かす諸々のものに対しても可能態に在る。そしてそれゆえ、〔理性的〕魂のそれ自身における実体を指し示すものである可能知性は、二通りの可能態のうちに在る。その一つは、それに即して〔理性的魂が〕第一原因に依存しているところの能動知性に向かう可能態である。二つ目は、能動知性の現実態のもとで動かすものであるところの知性認識対象へと向かう可能態である。そしてこの場合、このように理解された可能知性は数えられるが、しかし離存的であり、質料とは「混ざっておらず、共通なものを何も何とも有さないこと、アナクサゴラスが語った通りである」。しかしこのような離存は、私たちが語った通り、実体の類において指定されている何かであるということを可能知性から取り去らない(32)。

引用十三

第二十八〔異論〕は、すでにしばしば述べられたことによって解決される。すなわち、可能知性は、可能的に在るということに即せばすべてであり、或る特定の存在において現実に何かと区別されているものではない。しかし、実体の類における存在者へと限定されるのに即せば、限定される存在者である。そしてもしそう語らないならば、可能知性は第一質料と同じであるということを認めなければならなくなってしまう。そしてこのことを或る人々はすでに語った。アレクサンデルはこの人たちの方法に従ったのである。それは、『霊魂論』註解』においてではなく、これ〔可能知性〕について彼が書いた或る特別な小品〔『知性論』〕においてである。これが古代の誤りである。そして、述べた仕方で知性は可能的にも現実的にも実体の類における存在者へと限定されるので、〔可能知性は〕他のどの存在者とも区別されており、数えられる存在者であるということは明らかである。(33)

引用十二の冒頭では、それ自身では可能態にしかなく、第一原因によって初めて現実態に在るのは、知性的自然本性だけではなく、事物は何であれそうであると語られている。その後で、可能知性は能動知性に向かう可能態と知性認識対象に向かう可能態とに在ると語られている。そしてさらにその後、「このように理解された可能知性は数えられる」と語られている。だがこの「このように」が一体どのようになのか、ここだけでははっきりしない。引用十三では、「可能知性は、可能態に在るということに即せばすべてであ」り、「実体の類において存在者へと限定されるのに即せば、限定される存在者である」とされている。後者の可能知性は、引用十二の、「能動知性に向かう可能態」に在るかぎりでの可能知性のことだろう。なぜなら上述の通り能動知性は、人間の魂の実体的現実態を指し示す能力だからである。そうだとすると、前者の可能知性は引用十二の、「知性認識対象に向かう可能態」に在るかぎりでの可能知性か、あるいは、この可能態を含む可能態に在る可能知性のことだろう。したがって、「このように理解された可能知性は数えられる」の「このように理解された」は、「能動知性に向かう可能態に在るかぎりでの」という意味と取るべきであろう。すなわち、可能知性は実体の類において限定されるのに即して数えられるという意味であろう。

ところで天の魂はそれが係わる天球にその形と運動を与えた。それと同じ様に人間の魂も、人間の身体の完成態・自然本性・実体であるのに即して、可能知性の他に感覚能力を流出させる。そしてさらに、通常の自然物の現実態であるのに即して栄養摂取能力を流出させる。(34)これらの能力は物体形相であるので、人間の身体の質料

（肉や骨など）に受け取られる。

ただし恐らくここでは、天の魂の場合とは異なり、第一原因の知性的光輝は可能知性に受け取られることによって制限・限定されるのではなく、人間の身体の質料に受け取られることによって初めて制限・限定され、これらの能力となるのであろう。そう考えられていると予想される理由は以下の通りである。すなわち、天の魂の場合には上述の通り、第一原因の知性的光輝を各知性体の知性的可能態が受容しつつ限定し、それが天の身体である各天球の質料に形と運動を与える。それに対して人間の魂の場合には第一、二章で見た通り、第一原因の知性的光輝（すなわち能動知性の働き、あるいは知性性・知性認識可能性）を可能知性自身が限定するのではなく、正確には可能知性において表象像が限定し、そのことによって思弁知性が生じる。だから人間の身体の質料は、限定された思弁知性を可能知性が受容する前に、感覚能力及びその前提となる栄養摂取能力の現実態を受け取っていなければならないのである（次の議論参照[35]）。

人間の魂と天の魂の相異

以上のように、天の魂も人間の魂も、第一原因の知性的光輝を、実体の類における自身の知性的可能態によって制限・限定して受容することによって、それぞれ異なる知性的自然本性となる。人間の魂について言えば、第一原因の知性的光によってその実体性において存立しているかぎりでは純粋現実態にしかなく、そのことを能動知性が指し示しているが、その一方で人間の魂は、それ自身では可能態にしかなく、そのことを可能知性が指し示している。そしてそのような可能知性は、能動知性に向かう可能態によって、実体の類において限定され、他から区別される。それゆえ人間の魂も同様に他から区別される。

ただし天の魂と人間の魂は、当然のことながらあらゆる点において同じなわけではない。中でも特に重要な両者の相異は、両者における限定と受容の在り方であるように思われる。すなわち、実体の類における自身の知性的可能態による第一原因の知性的光輝の限定及び受容は、天の魂においては上述の通り超時間空間的に起こる。それに対して人間の魂の場合には、第一、二章で見た通り、表象像に従って時間空間の中で起こる。実際アルベルトゥスは彼の『神学大全』における『知性の単一性について』の並行箇所の中でも、能動知性が可能知性に浸透する際、人間知性は連続体や時間と結び付くと述べている(36)。これは恐らく表象像との結び付きのことであろう。また『知性の単一性について』においても、理性的魂は、能動知性に即せば形而上学を有するが、想像に振り向けば数学を有し、共通感覚に振り向けば自然学を有すると述べている(37)。

なぜこのような相異が生じるとアルベルトゥスは考えるのであろうか。それは恐らく、人間は月下の物体であり、月下界において事物を確立するという点で第一のものは、天上界のように知性的自然本性ではなく天球だからであろう(38)。つまり、月下界の知性体(39)が人間の知性認識を直接生じさせるのではなく、まず諸天の魂である諸知性体が諸天球を動かし、その動きが月下界の知性体とともに月下の物体を動かして、人間の感覚認識を起こし、表象像を生じさせ、最終的に人間の知性認識を生じさせるというのである。というのも、もし月下界においてすべての形相を与えるものが或る一つの知性体でなければならないとしたら、人間の知性認識を生じさせるのも月下界のその知性体であるということになる。そうすると、人間の知性認識に感覚認識は不要となり、さらに一人一人の知性認識内容に差もなくなり、一人一人の知性的自然本性を区別することができなくなり、結局知性単一説に陥ってしまう。このような宇宙論が、知性単一説に反対するアルベルトゥスに受け入れられないのは当然のことであろう(40)。

四　まとめ

アルベルトゥスによれば、天の魂と人間の魂はともに、第一原因の知性的光輝を、実体の類における自身の知性的可能態によって制限・限定して受容することで、それぞれ異なる知性的自然本性となる。そして天の魂はそのことによって、それが係わる天球にその形と運動を与える。それと同様に人間の魂も人間の身体に感覚能力と栄養摂取能力を与える。このようにして人間において知性能力と感覚能力は同じ一人の人の魂において異なる部分として存在するのである。

ここでアルベルトゥスは、第一原因の知性的光輝が多数化する原因として、係わる物体に即して相異なる知性的可能態を、第一原因の知性的光輝とは別に措定している。そしてこのことが人間の知性認識における彼独特の「限定理論」を可能にしているように思われる。新プラトン主義流出論では通常、少なくとも知性の領域においては、すべてのものが、一者である第一原因から流出するとされる。アルベルトゥスは新プラトン主義流出論を、可能態概念を通してアリストテレス主義的に変容していると言うことができるかもしれない。なぜなら、ここで第一原因とは別の原理として措定されている知性的可能態は、引用六でも述べられている通り、アリストテレス『霊魂論』第三巻第四章冒頭で議論され、後に可能知性と呼ばれるようになる知性の解釈に端を発する概念だからである。ただしこのようなことが確実に言えるためには、本章で検討したテキストだけでなく、アルベルトゥスの宇宙論、形而上学に関するより広いテキストを詳しく検討する必要があるだろう。これは今後の課題としたい。

補足　「限定理論」の根拠

最後に補足として、「限定理論」のテキスト上の根拠をめぐる次の二つの問題を解決しておきたい。その問題とは①そもそもここでdeterminareというラテン語を「限定する」と訳すべきなのか②「表象像が知性を限定する」とアルベルトゥスは考えているか、の二つである。ここまでにすでに引用してきたテキストを中心に、その細部を検討することによって、これらの問題の解決を確認しておきたい（以下では一応便宜的にdeterminareを今まで通り「限定する」と訳す）。

determinareは「限定する」か

第一章二引用九で見た通り、『人間論』において能動知性は、可能知性の現実態として常に現実態に在るものと見なされている(1)。このような能動知性の働きは、第一章一引用六によれば、表象像に従って限定される（determinatur）。このことのゆえに、能動知性の働きの相異性は表象像の働きから来るとされる。つまり、能動知性の働きが表象像に従って限定されるということは、表象像が能動知性の働きに相異性をもたらすことと見なされているのである(2)。

「限定する（determinare）」とは、より具体的にはどのような事態のことなのであろうか。第一章一引用六では、能動知性の働きが表象像に従って限定されるということが、光輝の働きが色に従って限定されるということに比せられている。(3)『人間論』で視覚について論じられている箇所の或るテキストによれば、光輝の現実態は色に従って限定され（terminatur）、色は視覚を限定するもの（terminans）として在る。(4)ここで「限定する」と訳したterminareというラテン語は、上記のdeterminareと同じ意味で使われているように思われるが、アルベルトゥスにおいては、このような文脈の中で、どのようなニュアンスで使われる語なのであろうか。アルベルトゥスの『霊魂論』で、同じく視覚について論じられている箇所の或るテキストでこの語は次のように使われている。「ところで或るものは、透明なものであるが、限定されているもの（teminatum）である。これは、全体においてではなく、その表面において透明なものである。だから視覚を限定して（terminat）通さない」(5)。ここでterminareという語は、透明なものが、全体において文字通り透明なのではなく、ただ単に表面においてのみ透明であり、それゆえに視覚を通さないという仕方で、その透明性をまさに「限定する・制限する」という意味で使われていると思われる。アルベルトゥスによれば、色が付いて見える物はすべて或る意味で透明なものである。なぜなら、そうでなければ光輝をまったく受容することができず、色がまったく見えない、つまり真っ黒に見えるはずだからである。だから、ここでterminareという語は「限定する・制限する」と訳すべきであり、同様にこのterminareと同じ意味で用いられていると思われるdeterminareも、この文脈では「限定する・制限する」と訳すべきであると思われるのである。

表象像は知性を限定するか

以上のように、常に可能知性の現実態として在る能動知性の働きが表象像に従って「限定」されると理解してよいということが分かった。ところでアルベルトゥスは彼の『霊魂論』の中で、この考えと一見矛盾して見える発言をしている。すなわちアルベルトゥスは第二章二引用十で、可能知性の形相的知性性は諸々の普遍に従って限定されると発言しているのである(6)。ここで語られている「可能知性の形相的知性性」とは、第一章二引用九の『人間論』のテキストで見た、常に可能知性の現実態として在る能動知性の働きのことであろう。またアルベルトゥスは第二章二引用八でも、「魂の知性性は、知性認識される事物の知性性によって限定され区別される(7)」と発言している。この「魂の知性性」も、具体的には可能知性の形相的知性性のこと、つまり能動知性の働きのことであろう。問題はそれらを限定するものである。上述の通り、『人間論』ではそれは表象像であるとされていた。しかしここでは「普遍」「知性認識される事物の知性性」であるとされているのである。これは一体どうしたことであろうか。

しかしこれらの発言は決して矛盾し合っているものではないように思われる。なぜなら、アルベルトゥスの『霊魂論』によれば、「普遍は多くの記憶と経験から生じ(8)」、「可能知性は、感覚から経験を、諸々の経験から記憶を、諸々の記憶から普遍を受け取り(9)」、「普遍は、普遍がそれの普遍であるところのもの、普遍が知性によってそこから抽象されるところのもの〔物体〕との関係に即してでなければ限定しない(10)」からである。つまり、普遍は、表象像である記憶や経験から生じる。しかも可能知性はただ普遍を受け取るのではなく、表象像である記憶や経験から受け取るとされる。しかも普遍は、表象像である記憶や経験を通じた物体との関係に即してでなければ知性を限定することはない。だから、普遍が知性を限定すると言っても、それは、表象像が生み出した普遍が、そういうものとして、物体との関係に即して知性を限定するということでしかないのであるから、表象像が知性を限定するということと決して矛盾することではないと思われるのである。むしろ後者が簡略に語っていることを、前者はより詳細に語っていると考えるべきであるように思われる。

結び

アルベルトゥスの『人間論』によれば、能動知性は可能知性の現実態であり、超時間空間的な純一性である。そしてこの純一性を個である表象像が限定することによって様々な知性認識対象・普遍が可能知性のうちに生じる。アルベルトゥスはこのような自らの立場をアヴェロエスに帰す。そしてこのような仕方で能動知性が個である表象像を普遍化するので、たとえ可能知性が理性的魂の一部として人間の身体によって時間空間的に個別化されても、それに受容されている普遍は個別化せず普遍のままとどまる。

アルベルトゥスの『霊魂論』によれば、可能知性は物体の形相に対して、生成消滅を起こす対立するものどうしのように関係するのではなく、限定されるものが限定するものに対するように関係する。すなわち、可能知性が能動知性から与えられた知性性（＝純一性）を表象像が限定し、それによって思弁知性（＝知性認識対象・普遍）が生じる。このように可能知性はその働きにおいて、それ自体では身体に与らないけれども、身体に与っている感覚能力に与る。だから、感覚能力が身体によって個別化されていることを通して可能知性は間接的に個々人の身体に「個別化」される（知性単一説論駁）。

アルベルトゥスの『霊魂論』によれば、アルベルトゥスは可能知性論においても至福論においても基本的にはアヴェロエスの考えに賛成している。ただしアヴェロエスの可能知性単一説についてはこれを明確に否定する。アルベルトゥスは、知性論においてアヴェロエスにただ単純に賛成しているというよりもむしろ、「限定理論」を中心とした彼独特の知性論を敢えてアヴェロエスに仮託して語っている。

アルベルトゥスの『知性の単一性について』によれば、天の魂と人間の魂はともに、第一原因の知性的光輝を、実体の類における自身の知性的可能態によって制限・限定して受容することで、それぞれ異なる知性的自然本性となる。そして天の魂はそのことによって、それが係わる天球にその形と運動を与え、人間の魂は人間の身体に感覚能力と栄養摂取能力を与える。このようにして人間において知性能力と感覚能力は同じ一人の人の魂において異なる部分として存在する（アリストテレス主義化された新プラトン主義流出論）。

以上のようにアルベルトゥスは、彼に独自な「限定理論」をアヴェロエスに帰しつつも、それを前提としてアヴェロエスの知性単一説を論駁している。そしてそれを可能にしているのは、やはり彼に独自なものと思われ、アヴェロエスにはない、アリストテレス主義化された新プラトン主義流出論なのである。

あとがき

本書は、拙書『アルベルトゥス・マグヌスの感覚論――自然学の基礎づけとしての』（二〇一〇年、知泉書館）以来六年近くにわたる思索の成果であり、『感覚論』で得た結論を前提とし、それを出発点としている。なぜならアルベルトゥスの人間知性論は彼の感覚論を土台として成立していると思われるからである。

ところで、戦後の日本に暮らす私たちは、人格は尊重されるべきであると考える社会を生きている。そしてその価値観を、一般に先進国と呼ばれる社会の少なくとも都市部の住民と共有している。しかし、人格とは一体何か、なぜそれは尊重されなければならないのかということについて、明確な仕方で公に説明してくれる思想を現代社会は残念ながら持ち合わせていないように思われる。序でも述べた通り、そもそも人格とは理性を有する個人のことであった。そしてこのような人格について、或る特定の宗教的信念によらず、あくまでも学問的な仕方で詳細に検討したのが、本書でも取り上げた西洋中世十三世紀における知性単一説論争であった。我々は或る意味でこの議論の遺産の上に生きていると言うこともできるかもしれない。その意味で我々には中世哲学から学ぶべきことがある。しかし残念ながら中世哲学は依然として、或る特定の宗教的信念の一つでしかないものと見なされている向きがある。特に、知性単一説論争の基礎であるイスラーム哲学について言えば、我が国では研究はおろか紹介さえ極わずかにしかなされていない。イスラーム哲学は、一神教の影響を受けつつも極めて合理主義的な哲学の先駆であり、西洋哲学に絶大な影響を与えているように思われるにもかかわらず、である。

本書第四章末尾でも述べた通り、知性単一説を論駁するアルベルトゥスの議論は、彼独特の仕方でアリストテレス主義的に変容された新プラトン主義流出論を前提としていると思われる。しかしこのような変容は彼一人の力で成し遂げられたとは到底思われない。イスラーム哲学における新プラトン主義発出・流出論とアリストテレス主義の融合、相克の長きにわたる歴史があって初めてそれは可能であったと言える。私は今後、アルベルトゥスにおける新プラトン主義流出論がイスラーム哲学におけるそれとどのような関係にあるのかを、テキストに即して詳しく検討していきたいと考えている。

なお本書は以下の論文を加筆・訂正することによって成立した。

序　書き下ろし

第一章「アルベルトゥス・マグヌスの能動知性論――『人間論』に即して」『哲学論集』（上智哲学会）第四十二号、二〇一三年、六一―七九頁

第二章「アルベルトゥス・マグヌスの可能知性論――『霊魂論』に即して」『紀要哲学』（中央大学文学部）第五十六号、二〇一四年一―一七ページ

第三章「アルベルトゥス・マグヌスの知性論史解釈――『霊魂論』に即して」『中世哲学研究 VERITAS』（京大中世哲学研究会）第三十二号、二〇一三年、二五―四一頁

第四章「アルベルトゥス・マグヌスにおける人間の魂と天の魂の類似性について――知性単一説論駁に即して」『新プラトン主義研究』（新プラトン主義協会）第十五号、二〇一六年、六七―八〇頁

補足　書き下ろし
結び　書き下ろし

末尾ながら、本書を世に出して下さった小山光夫社長はじめ知泉書館のみなさまに心より感謝申し上げたい。

二〇一六年六月

小林　剛

小林 剛（こばやし・ごう）

1967 年生まれ。京都大学大学院文学研究科博士課程修了。博士（文学）。現在首都圏の様々な大学で西洋思想関係の講義を担当。

〔業績〕『アリストテレス知性論の系譜――ギリシア・ローマ，イスラーム世界から西欧へ』（梓出版社，2014 年），『アルベルトゥス・マグヌスの感覚論――自然学の基礎づけとしての』（知泉書館，2010 年），E. グラント『中世における科学の基礎づけ――その宗教的，制度的，知的背景』（訳書，知泉書館，2007 年）

〔アルベルトゥス・マグヌスの人間知性論〕　ISBN978-4-86285-237-3

2016 年 7 月 15 日　第 1 刷印刷
2016 年 7 月 20 日　第 1 刷発行

著者　小林　剛
発行者　小山光夫
製版　ジャット

発行所　〒113-0033 東京都文京区本郷1-13-2
電話03（3814）6161 振替00120-6-117170
http://www.chisen.co.jp
株式会社 知泉書館

Printed in Japan　印刷・製本／藤原印刷

Albert the Great on human intellect

“Limitation Theory” against Monopsychism

by

Go Kobayashi

Chisenshokan Tokyo

2016

Summary

It is well known that in 13th Century Europe Monopsychism originating from Averroes was philosophically a serious problem. According to a comomn view on the history of medieval philosophy, this problem was solved for the first time by Albert the Great, and then by his disciple Thomas Aquinas. J. A. Tellkamp, however, doubts whether Albert can rebut the theory of Averroes. In his treatise titled "Why does Albert the Great Criticize Averroes' Theory of the Possible Intellect?", Tellkamp blames Albert as follows (p.72): On the one hand Albert 'consistently denies the idea that it [intellect] is *hoc aliquid*' 'conjoined to the body through physical powers'. On the other hand in a text Albert 'is ready to attribute individuality to the intellect' 'by appealing to the notion of conjunction with bodily powers'. It is certain that these two assertions appear to contradict each other, but I don't think there is any contradiction here. It is because Albert carefully distinguishes the general way for something to be conjoined to a body through physical powers and the particular way for human intellect to be conjoined to the body through bodily powers. Needless to say, the bodily powers mean sense faculties, especially the faculty of imagination. Now let us begin to make clear the difference between the two ways by describing the characteristics of the latter way.

Commenting on Aristotle's *De anima,* III, c.4, 429b30-430a2 in his own *De anima,* lib.3, tract. 2, c.17 (Cologne, p.202, ll.34-52, 63-77), Albert indicates that passive potency in a broader sense has two meanings: One is the cause and subject of reception and transmutation. The example is the potency of matter. Matter is one of two contraries in transmutation. In fact, transmutation is from one to another. The former and the latter are contrary to each other. The former has to be removed by the latter in transmutation. Matter is the former because it is a kind of material, so it has to be removed by the latter, which the matter is to be. The other meaning of passive potency is the cause and subject only of simple reception, not of transmutation. The similar is a tablet where no letter is written. It is only prepared for receiving letters. Therefore, nothing is removed from the tablet in receiving letters. There is no transmutation here. Human intellect is in the second potency, which is the cause and subject only of simple reception, not of transmutation. In other words, the intellect is only in receptive potency, not in properly passive potency. This distinction of potency is also in accordance with that of suffering or being acted upon by Aristotle in *De anima*, II, c.5, 417b2-4.

Albert uses the sense of touch as a model to explore the receptive possibility of the intellect in his *De anima*, lib.3, tract. 2, c.2 (Cologne, p.179, ll.8-23). According to Albert, what can receive something doesn't have the form of the same species as what it can receive. It can, however, have the form of the same genus as what it can receive. The example is the organ of the sense of touch. It can receive the tangible quality of what surpasses the organ in quality. The organ itself, on the other hand, keeps mean between the tangible qualities as far as it is the organ, as Aristotle points out in his *De anima* II, c.11, 424a2-5. In a sense, there are no transmutation here. The extreme and the mean belong to the different species from each other's, but to the same genus. For example, hotness and coldness, which are kinds of extreme, belong to the different species from each other's and from the mean's, but all these belong to the same genus temperature. Wetness and dryness, which are kinds of extreme as well, belong to the different species from each other's and from the mean's, but all these belong to the same genus humidity. Similarly, the intellect, which is called the possible intellect here , can receive the intellectual forms and doesn't have any form of the same species as what it understands. It has, however, the form of the same genus as what it understands. The genus is incorporeal nature. By this form the intellect becomes one of the entities which belongs to the genus incorporeal nature.

In his *De anima*, lib.3, tract. 3, c.6 (Cologne, p.216, ll.24-41), Albert regards the relationship between the intellect and what it understands as that between the mean and the extreme, too. Furthermore, Albert considers it the relationship between the limited (*determinatum*) and the limiting (*determinans*): As we've said above, the medium, i.e., the organ of the sense of touch is mean between the tangibles in quality. Likewise, every intellect is the form which is mean between the things the intellect understands. For that reason, the power of the sense of touch is limited and distinguished by the tangible quality of what the power touches. It likely means that the mean in the organ is lacking partly under the influence of the extreme quality the power touches. In the similar way, the intellectuality of the intellect is limited and distinguished by that of what the intellect understands. On that account, the intellect and what it understands is related to each other, neither as a subject and the accident, nor as a matter and the form, but as the limited and the limiting.

In his *De anima*, lib.3, tract. 2, c.12 (Cologne, p.194, ll. 56-67), Albert explains that a universal, which is what the intellect understands, is united with the possible intellect as the limiting is united with the limited. It is because the intellectuality of the possible intellect is in itself indistinct and unlimited, and is limited as potency is limited by act and as the unlimited is perfected by the limited. Now, the intellectuality or intelligibility of the possible intellect is from the light of the acting

eternal intellect, such as the formal being by which colors move the sense of sight is from corporeal light. Albert seems to compare the intellectuality with the formal being also in his earlier work, *De homine*, 2,2,3 (Cologne, p.414, ll.33-37): 'The action of the acting intellect is limited according to images, and the limited in this manner moves the possible intellect and leads it into act. It is just as the action of light is limited according to colors, and the limited in this manner (moves and)leads the sense of sight into act'. "The action of the acting intellect" seems identical with the intellectuality from the light of the acting eternal intellect. "the action of light" seems identical with the formal being from corporeal light. If this interpretation is correct, it turns out that the intellectuality is limited according to images. It is said above that the intellectuality is limited by a universal. How are images and a universal related to each other?

In his *De anima*, lib.3, tract.2, Albert relates a universal and images saying: 'Universals are made from many memories and experiences' (c.13, Cologne, p.196, ll.2-3); 'The possible intellect accepts an experience from a sense perception, a memory from experiences, and a universal from memories,' (c.19, Cologne, p.206, ll.47-49); 'A universal limits only in relation to the thing of which is the universal and from which the universal is abstracted by the intellect' (c.12, Cologne, p.195, ll.29-31). Experiences, memories, and the thing of which is a universal and from which the universal is abstracted by human intellect are all images for Albert's epistemology. That is to say, images are origins of universals. In this way the intellectuality of human intellect is limited by a universal according to the images as the origin, in the position of Albert. The relationship between a universal and images is similar to that between the formal being and the material being of color (Cf. *De anima*, lib.2, tract. 3, c.7, Cologne, p.109, ll.50-76). Let us call such a theory "limitation theory."

Where I cited him above, Tellkamp cites Albert in his *De anima*, lib.3, tract. 2, c.13 (Cologne, p.195, ll.60-63) : 'The intellect is in itself separate [from the body] and conjoined [to the body] in the way that, being in the same substance, the intellect participates [*communicare*] in what in itself participates in the body, like the faculty of imagination and [the other] sense faculties'. The participation of the intellect in the faculties and the limitation we've seen so far seems to be the both sides of the same action, in that the faculty of imagination makes images and offer it to the intellect, being helped by the other sense faculties. In the limitation there is no transmutation because the limitation is based on the receptive potency, which is not the cause and subject of transmutation, as we've seen above. To the contrary, in the participation of the faculty of imagination and the other sense faculties in the body there are transmutations. So, Albert denies that the intellect in itself participates in

the body and acknowledges that it is in itself separate from the body and conjoined to the body in a way. In this manner, Albert clearly distinguishes the way for human intellect to be conjoined to the body through sense faculties and the other way for something to be conjoined to a body through physical powers.

In his treatise quoted above (pp.72-75), Tellkamp says 'Perhaps the solution to the ambiguity of the possible intellect as *hoc aliquid* and *non hoc aliquid* is to be found in its characterization as *pars animae*'. As Tellkamp says, Albert thinks of the human soul, on the one hand, as *forma corporis*, that is, the first perfection of the body and being intrinsically united with the body, on the other hand, as being separated from the body or transcendent. Tellkamp regards the former as being not transcendent and the latter as being essentially separated from the body and an extrinsic principle, but I disagree with him on this point. For, although Tellkamp considers the former and the latter contradictory to each other, for albert both are indivisible, in my view.

Albert shows that the light of the intelligence (*intelligentia*) is called the celestial soul , though in the less proper meaning of the soul (*De causis*, lib.1, tract.4, c.7, Cologne, p.54, ll.65-66). The first intelligence, according as it understands that it is from the first intellect, scilicet the first cause, is the light itself of the first intellect. Nevertheless, according as it understands itself in accordance with what it is, the intelligence is not the light but a celestial soul. According as it understands that it is from nothing and in potency in itself, the intelligence comes down to celestial matter and makes the first celestial body (*De causis*, lib.1, tract.4, cap.8, Cologne, p.55, l.89-p.56, l. 27). The intelligence as light, as a celestial soul, and as a form of celestial matter are not different from each other but one with regard to substance and being (*Ibid*., Cologne, p.58, ll.10-18). In addition, the light overflows. In the same manner as the first intelligence, the overflowing light, according as it understands itself, produces the second intelligence. The second intelligence, according as it understands itself in accordance with what it is, produces the nearest mover to the second celestial body. According as it understands that it is in potency in itself, it produces the second celestial body. The same goes for the following intelligences. (*Ibid*., Cologne, p.56, ll.44-62).

From where are these distinctions between the first intellect, namely the first cause, the first intelligence, and the other following intelligences, which are all the light of the first intellect in one aspect? Albert answers this question in *De unitate intellectus*, ad 25 (Cologne, p.28, ll.30-48) as the following: the cause of the number of the intellectual substances is not from the light of the first cause, but from the potency by which every intellectual substance is possible in itself. The potency limits the intellectual nature through which every intellectual substance depends

upon the first cause. Here again, limitation has a great importance. The cause of the multiplicity of the potency is whether it is near to or far from the first cause. Probably it accords with the position in the universe of the celestial body to which the intellectual substance gives the form. In this way, it is clear that for Albert, at least the celestial soul is transcendent and at the same time essentially united with the celestial body.

Albert supposes that both the celestial soul and the human soul are of the intellectual nature hierarchically (*De unitate intellectus*, 3 pars, 1, Cologne, p.22, ll.31-52). According to Albert, according as the human soul is in the light of the first cause, the active intellect, which is the light in the soul, proceeds from the human soul. According as the human soul is the perfection of the body, the possible intellect proceeds from the human soul (*Summa theologiae*, lib.2, tract.13, q.77, m.3, solutio, Borgne, p.94; *De unitate intellectus*, 3 pars, 1, p.22, ll.14-20.). To put it another way, according as the human soul depends upon the first cause, the active intellect, which is pure act, is in the soul. According as the soul is in potency in itself, the possible intellect is in the soul (*De unitate intellectus*, 3 pars, 1, Cologne, p.22, ll.60-69). The active intellect is the designation of the nature or substance through which the soul depends upon the first cause. The possible intellect is the designation of the substance in the soul which corresponds to matter (*De unitate intellectus,* ad 25, Cologne, p.28, ll.61-68). The possible intellect is numbered and the limited being (*De unitate intellectus*, ad 25, Cologne, p.28, ll.77 -78; *Ibid.*, ad 28, Cologne, p.29, ll.87-88). Of course, as was mentioned above, the possible intellect is limited by universals according to images. In this manner, the human soul as well is transcendent and at the same time essentially united with the body, for Albert. Albert seldom talks about the human soul after death in his philosophical works. He perhaps solves this question with the concept of will (Cf. *De anima*, lib.3, tract. 2, c.19, Cologne, p.206, ll.60-76; *Ibid.*, tract. 3, c.11, Cologne, p.221, ll.81-83; p.223, ll.19-38).

In his same treatise (p.62), Tellkamp says 'the instances he (Albert) endorces Averroes vastly outnumber the occasions he explicitly criticizes him.' 'he (Albert) agrees with Averroes on the very characterization of the intellect's nature'. I agree with Tellkamp on this point, although I think Averroes talked about in the history Albert writes is not the historical Averroes but the idealized Averroes by Albert. For, Albert writes a history of philosophy on the human soul, mainly according to Averroes in his *De anima* (lib.3, tract.2, c.4-11; tract.3, c.6-11). There He deals with Alexander of Aphrodisias, Theophrastus, Themistius, Al-farabi, Avicenna, Avempace, Averroes, etc.. Surprisingly, however, Albert attributes his original "limitation theory" to Averroes (tract.2, c.7, Cologne, p.186, ll.34-49; *De homine*,

2.2.3, ad 14, Cologne, p.414, ll.22-38). We can't find such a theory anywhere in Averroes. I suppose Albert thinks that his own "limitation theory" must consist in Averroes as far as Albert interprets this history.

索　　引

注

序

1) M.S. Boetius, *Liber de persona et duabus naturis, contra Eutychen et Nestorium, Patrologiae cursus completus,* accurante J.-P. Migne, Series latina, tomus LXIV, 1891, c.3, p.1343.

2) アリストテレスからローマ帝国やイスラーム世界のアリストテレス註解者たちを通してアルベルトゥスへと至る知性単一説の問題については拙書『アリストテレス知性論の系譜――ギリシア・ローマ，イスラーム世界から西欧へ』（梓出版社，2014 年）参照。アルベルトゥス・マグヌスの生涯については拙書『アルベルトゥス・マグヌスの感覚論――自然学の基礎づけとしての』（知泉書館，2010 年）序論参照。

3) Jörg A. Tellkamp, "Why does Albert the Great Criticize Averroes' Theory of the Possible Intellect?", *Via Alberti: Texte – Quellen – Interpretationen* (Subsidia A l b e r t i n a II), MÜNSTER, ASCHENDORFF VERLAG, 2009, pp.61-78.

4) Iam enim concessimus, quod intellectus est separatus secundum se et coniunctus per hoc quod in eadem substantia existens communicat ei quod communicat corpori per se, sicut sunt phantasia et sensus; et sic intellectus est hoc aliquid, licet non sit aliquid intelligibilum, nisi quando intelligit seipsum; *De anima*, lib.3, tract. 2, c.13, p.195, ll.59-65. テルカンプはこのテキストを英訳で引用しているが，本書の和訳はラテン語テキストからの直接の翻訳である。

5) It is quite puzzling that Albert in this particular text is ready to attribute individuality to the intellect, although he consistently denies the idea that it is *hoc aliquid*. What is even more puzzling is that he does so by appealing to the notion of conjunction with bodily powers. This may seem as a smart move, but it not only contradicts Albert's assertion that the possible intellect is not conjoined to the body through physical powers, but it also fails to accomplish what he intended, namely that the possible intellect leads to individual, discernible knowledge and, even more importantly, that it guarantees individul immortality. The argument as it stands at best seems to be incomplete, because it does not explain the reasons for the possible intellect to become *hoc aliquid*. Jörg A. Tellkamp, "Why~", p.72.

6) Jörg A. Tellkamp, "Why~", p.72 以下 .

7) テルカンプの誤解は，彼の上記の論考が，アルベルトゥスの『霊魂論』のみに焦点を当てたものであるのに対し，人間の魂と天の魂の類似性については，それ以外の著作で詳しく語られていることに起因すると思われる。本書第四章参照。

8) the instances he(Albert) endorses Averroes vastly outnumber the occasions he explicitly criticizes him. Jörg A. Tellkamp, "Why~", p.62.

9） he (Albert) agrees with Averroes on the very characterization of the intellect's nature. Jörg A. Tellkamp, "Why~", p.62.

10） アルベルトゥスの『人間論』は 1246 年頃までに書かれた。Cf. James A.Weisheipl, "The life and Works of St. Albert the Great", *Albertus Magnus and the Sciences: Commemorative Essays 1980*, ed. James A.Weisheipl, Toronto, Pontifical Institute of Mediaeval Studies, 1980, p.22.

11） アルベルトゥスの『霊魂論』は，1254 年から 1257 年の間に書かれた。Cf. James A.Weisheipl, "The life ～ ", p.35.

12） アルベルトゥスの『知性の単一性について』は 1271 年までに，恐らく 1263 年から 1264 年の間に書かれた。Cf. Alberto Magno, *L'unità dell'intelletto*, traduzione di Anna Rodolfi, R.C.S.Libri S.p.A, Milano, 2007, p.XXV; James A.Weisheipl, "The life ～ ", p.34.

第一章　能動知性論

1） ὁ μὲν τοιοῦτος νοῦς τῷ πάντα γίνεσθαι, Aristoteles, *De anima,* III, c.5, 430a14-15. 字義通り訳せば「すべてのものになるがゆえにそのようである〔質料（素材）に当たる〕知性」。

2） ὁ δὲ [τοιοῦτος νοῦς] τῷ πάντα ποιεῖν, Aristoteles, *De anima,* III, c.5, 430a15. 字義通り訳せば「すべてのものを生み出すがゆえにそのようである〔原因に当たる〕知性」。

3） Sed in intellectu phantasma non sufficienter movet nec universaliter, eo quod unumquodque phantasma est particulare determinatum, et ideo necesse est ponere agens universale in intellectu. (3)Ad aliud dicendum quod phantasia non recipit nisi particulare, et propter hoc sufficienter potest moveri a sensu praecedente secundum actum facto; sed intellectus possibilis recipit universale, et ideo non sufficienter movetur a phantasia, quae non fit in actu nisi secundum particulare. *De homine*, p.402, l.64- p.403, l.6.

4） ὁ δὲ [τοιοῦτος νοῦς] τῷ πάντα ποιεῖν, ὡς ἕξις τις, οἷον τὸ φῶς· τρόπον γάρ τινα καὶ τὸ φῶς ποιεῖ τὰ δυνάμει ὄντα χρώματα ἐνεργείᾳ χρώματα. Aristoteles, *De anima,* III, c.5, 430a15-17.〈訳〉「すべてのものを生み出すがゆえにそのようである〔原因に当たる〕知性は光のような或る状態として在る。なぜなら光も，可能態に在る色を何らかの仕方で，現実態に在る色にするからである。」

5） Item, universale est in particulari potentia, non actu; ergo si debeat educi in actum, necesse est quod hoc fiat ab aliquo agente,［ 中 略 ］Item, in visu sic est quod lumen est agens et faciens colores potentia sensibiles actu sensibiles; sed intellectus agens, ut dicit PHILOSOPHUS, est sicut lumen in visu; ergo intellestus agens universaliter de necessitate ponetur in anima intellectiva. Solutio: Concedimus quod intellectus agens universaliter est in anima. *De homine*, p.402, ll.26-28; 35-41.

6） τῇ δὲ διανοητικῇ ψυχῇ τὰ φαντάσματα οἷον αἰσθήματα ὑπάρχει. Aristoteles, *De anima,* III, c.7, 431a14-15.

7） 拙書『アリストテレス知性論の系譜』第 6 章「アヴェロエス（１）基本的見解」参

照。

8） 本書第二章引用一第四段落参照。

9） この言葉は，アリストテレスが彼の『霊魂論』第三巻第五章 430a18 で「すべてを生み出す知性」について「本質的に現実態である（τῇ οὐσίᾳ ὢν ἐνέργεια）」と語っている言葉を解釈したものであると思われる。

10） Sed contra: Omne agens universaliter in aliquo genere non erit actum in aliquo illorum; intellectus est agens universaliter in genere intelligibilium; ergo non erit actus in aliquo illorum; sed omnis habitus et omnis species intellecta est accepta et acta in intellectu possibili; ergo intellectus agens nec est habitus nec aliqua species intelligibilis. Quod autem omnis habitus et omnis species intelligibilis accepta et acta sit in intellectu possibili, sumitur a verbo PHILOSOHPHI in TERTIO DE ANIMA, ubi dicit quod anima potentia est omnia intelligibilia, et nihil est actu eorum antequam intelligat. Item detur quod intellectus agens sit habitus, tunc aut erit habitus simplicium aut habitus complexorum aut utrorumque. Si primo modo, cum igitur intellectus agens semper sit in actu, ut dicit ARISTOTELES, oporteret quod omnia simplicia semper essent in anima actu, et sic nullum eorum acciperetur a sensibus, quod est falsum.［中略］Si vero dicatur quod ille habitus est habitus complexorum, aut ergo erit habitus principiorum aut consequentium principia. Et si hoc ultimo modo dicatur, tunc sequeretur quod omnia essent actu a nobis scita et nihil addisceremus, quod falsum est. Si vero primo modo dicatur, tunc intellectus agens erit habitus principiorum, et tunc quaeratur de generatione terminorum, qui sunt in principiis; principia enim cognoscimus in eo quod terminos scimus, et per cognitionem terminorum dicit ARISTOTELES principia sciri per experientiam.［中略］Solutio: Dicendum quod intellectus agnes non est habitus sicut bene probatum est in ultimis rationibus, *De homine*, p.405, ll.13-29; 47-56; p.406, ll.27-28.

11） Ad aliud dicendum quod duplex est agens, scilicet universale, et hoc non est determinatum in specie, et particulare, et hoc habet speciem determinatam, sicut etiam est in naturis. In generatione enim hominis movet sol sicut agens universale non determinatum, et movet homo vel potentia hominis in semine, et hoc est determinatum in specie. Species vero inducta in materia univocatur cum agente determinato et non cum agente universali. Smiliter est in intellectu possibili. Illum enim movet intellectus agens ut agens universale, quod uno mono agit respectu omnium intelligibilium; phantasma autem movet ut agens particulare, et ideo forma inducta in intellectu possibili non univocatur intellectui agenti, sed naturae phantasmatis, et propter hoc intellectus hominis est, qui extrahitur de phantasmate hominis.［中略］Intellectus vero agens non agit per habitudines nec probando nec inferendo, sed potius per suam simplicitatem, ut INFRA declarabitur, et illam simplicitatem confert omnibus intelligibilibus. *De homine*, p.407, ll.20-34; 39-43.

12） このことが可能なのは，アルベルトゥスによれば，人間には諸物体の自然本性を把捉する表象力・評定力があるからである。拙書『アルベルトゥス・マグヌスの感覚論――自然学の基礎づけとしての』第六章参照。

13） Ad aliud dicendum quod omnia intelligibilia inquantum intelligibilia sunt in eodem modo, et illlum modum agit in eis intellectus agens, et determinabitur in SQUENTI QUAESTIONE. Quod autem intelligibilia sunt diversa, hoc est inquantum sunt diversorum intelligibilia, et hoc non habent ab intellectu agene. Unde bene concedimus quod intellectus agens eodem modo se habens facit idem in omnibus intelligibilibus. Ad aliud dicendum quod quaedam esse magis intelligibilia et quaedam minus non est ab intellectu agente. Haec enim propositio falsa est quod omnis diversitas factorum sit a faciente. Quaedam enim facta sunt secundum potestatem rei factae et non facientis, sicut patet in actione solis in ceram et lutum et aërem et colorem. *De homine*, p.419, ll.16-29.〈訳〉「他の異論に対しては次のように言わなければならない。すべての知性認識対象は，知性認識対象である限りでは同じ在り方において存在しており，能動知性はこの在り方をすべての知性認識対象において生み出す（作用する・能動する)。〔このことは〕次の問題でも規定されるであろう。一方，知性認識対象が相異するということ，このことは，それら知性認識対象が相異なる物の知性認識対象である限りにおいてのことであり，このことを能動知性から有するのではない。だから我々は，同じ在り方で存在している能動知性がすべての知性認識対象において同じものを生み出すということに十分同意する。他の異論に対しては次のように言わなければならない。或る知性認識対象はより多く能動知性に由来し，或る知性認識対象はそれほど能動知性に由来しない。なぜなら，生み出されるものの相異性はすべて生み出すものに由来するという命題は誤りだからである。というのも，或るものは，生み出される事物の能力に従って生み出されるものだからである。このことは，蝋，粘土，空気，色に対する太陽の作用において明らかな通りである。」sed omnia intelligibilia secundum comparationem ad intellectum sunt actus unus, quia sunt in ratione simplicis abstracti a materia et ab appendiciis materiae, et habent diversitatem per comparationem ad res intellectas, ut INFRA PROBABITUR. *De homine*, p.427, ll.21-26.〈訳〉「すべての知性認識対象は知性との関係では一つの現実態である。なぜならすべての知性認識対象は，純一であるという特質において，質料と質料に付随する諸々のものとから抽象されているからである。そしてすべての知性認識対象は，知性認識されている事物との関係で相異性を有している。以上のことは，以下で証明されるであろう通りである。」

14） Solutio: Dicimus quod omnia scibilia possunt considerari in suis principiis, vel in seipsis. Si in seipsis, tunc non sunt in anima antequam discantur nisi potentia. Si in principiis, tunc duobus modis considerantur, scilicet secundum terminos principiorum et terminorum naturam, et sic generatur a sensu, sicut quod scamonea illius est naturae quod purgat choleram. Considerantur etiam in terminorum habitudine, et sic semper sunt in anima, sed tamen in potentia, cui potentiae sufficit notitia terminorum ad hoc quod reducatur in actum. Unde dicit PHILOSOPHUS quod ‘principia scimus in quantum terminos cognoscimus’. Et haec est sententia Aristotelis. *De homine*, p.454, ll 33-45.〈訳〉「解決。我々は次のように言う。すべての知の対象〔結論の知〕は，その原理において，あるいは，それ自体において考察され得る。もしそれ自体において考察されるならばその場合，〔その知の対

象・結論の知が〕学ばれる以前には，魂のうちには可能態においてしか存在しない。もし原理において考察されるならばその場合，二つの仕方で考察される。すなわち〔まず一つには〕諸原理の概念と概念の自然本性に即して〔考察される〕。この場合〔知の対象は〕感覚から生じる。たとえば「スカモネア〔植物〕はその自然本性としてコレラを治療するということを有している」などである。〔二つ目には〕諸概念の関係においても考察される。この場合〔知の対象は〕常に魂のうちに在るが，しかし可能態において存在している。この可能態には，それが現実態へと還元されるためには諸概念の知で十分である。だから哲学者〔アリストテレス〕は「我々は諸原理を，諸概念を認識するかぎりで知る」と言っているのである。これがアリストテレスの見解である。」Habitus enim principiorum duplex est, scilicet ingredientium in syllogismum et non ingredientium; et uterque habitus non agit nisi probando et inferendo per habitudines terminorum. *De homine*, p.407, ll.36-39.〈訳〉「というのも，諸原理の能力態には二通り在る。すなわち三段論法に〔前提として〕含まれる諸原理の能力態とそうでない〔直接推理の前提となるような〕諸原理の能力態とである。どちらの能力態も，諸概念どうしの関係によって証明・推論するのでなければ〔他の諸命題の能力態を〕生み出す（作用・能動する）ことはない。」

15） Solutio: Dicendum quod sapientes, qui fuerunt ante nos, diversificati sunt in positione intellectus agentis, sicut partim SUPRA tactum est. QUIDAM enim omnino agentem dixerunt non esse, sed tantum possibilem et speculativum. Et QUIDAM dixerunt ipsum esse habitum, et illi diversificati sunt in tres opiniones. QUIDAM enim dixerunt eum esse habitum et speciem primae causae, QUIDAM vero habitum principiorum, QUIDAM autem habitum, qui est in omnibus speciebus intelligibilibus. *De homine*, p.412, ll.49-57.〈訳〉「解決。以下のように言わなければならない。我々よりも以前にいた智者たちは，能動知性に関する立場において異なったこと，上で部分的に触れた通りである。すなわち或る人々は，能動知性は全く存在せず，ただ可能知性と思弁知性だけが存在すると言った。或る人々は，能動知性は能力態であると言った。この人々は三つの見解に分かれた。すなわち或る人々は，能動知性は能力態であり，第一原因の形象であると言った。或る人々は，能動知性は諸原理の能力態であると言った。或る人々は，すべての知性認識可能な形象において在る能力態であると言った。」

16） ALII vero dixerunt ipsum [intellectum agentem] esse intelligentiam separatam agentem decimi ordinis, et cum intelligentiae moveant non motae, sicut desideratum movet desiderantem et desiderium, dixerunt quod intelligentia agens mundi terreni movet intellectum possibilem humanae animae, sicut desideratum movet desiderium, ita scilicet quod sicut anima caeli movet caelum ad hoc quod conformetur intelligentiae agenti, ita etiam intellectus humanus possibilis movet hominem ad hoc quod conformetur intelligentiae agenti decimi ordinis; et hoc modo fluunt bonitates ab intelligentia agente in intellectum possibilem. *De homine*, p.412, ll.57-68.

17） dicimus intellectum agentem humanum esse coniunctum animae humanae, et esse

simplicem et non habere intelligibilia, sed agere ipsa in intellectu possibili ex phantasmatibus, sicut expresse dicit AVERROES in COMMENTO LIBRI DE ANIMA. *De homine*, p.412, ll.72-76.

18) Item, si intellectus agens est intelligentia habens formas, ut DICUNT, aut easdem quas habet, ponit in intellectu possibili, aut alias. Si easdem, tunc species quae sunt in anima, non abstrahuntur a rebus extra, et sic a sensibus in nullo iuvatur intellectus possibilis. Si autem alias ponit in ipso, tunc quaeritur, quae sint illae. Si dicitur quod abstractae sint a rebus, tunc vanae sunt illae quae ponuntur in intellectu agente; et sic iterum intellectus agens non erit intelligentia separata quae sit plena formis, ut DICUNT. Item, si est intelligentia separata habens formas, aut semper agit in intellectum possibilem secundum formas illas, aut non semper. Si semper, cum in sua actione semper imprimat formas, sequeretur quod intellectus possibilis semper haberet formas in se; et cum scire sit habere formas scibilium in intellectu possibili, sequeretur quod homo semper sciret, quod falsum est; ergo non semper agit. Quaeratur ergo, quid impediat ipsum ab actione. Aut enim impeditur ex hoc quod est separatus, aut ex hoc quod non est cum phantasmate. Si primo modo, tunc semper impeditur, quia semper est separatus, ut dicunt QUIDAM. Si secundo modo, contra: Habenti formas idem facit phantasma praesens et absens quoad rationem universalis. Quod probatur sic: Habens habitum eundem habitum non accipit a phantasmate, quia sic haberet bis eundem; intellectus agens habet habitum formae; ergo in agendo nihil recipit a phantasmate; ergo sine phanatasmate erit in eadem actione, et sic sequitur primum inconveniens quod semper erimus aequaliter scientes, quod falsum est; ergo intellectus agens non est intelligentia separata habens formas, ut DICUNT. Item, si intellectus agens est intelligentia separata habens formas univirsales, aut aequaliter se habet ad intellectum possibilem in scientia et ignorantia, aut inaequaliter. Si aequaliter, tunc homo in scientia et ignorantia aequaliter erit sciens et ignorans, quod est impossibile. Si inaequaliter, contra: Possibilis semper est in potentia, et agens semper est actu, et nihil est medium inter eos quod impediat agentem ab actione sua vel possibilem a passione; ergo intellectus agens semper aget in possibilem et possibilis semper recipit; et sic intellectus possibilis semper erit sciens et numquam ignorans. *De homine*, p.412, ll.5-48.〈訳〉「さらに，もし或る人々が言うように，能動知性が諸形相を有する知性体であるならば，能動知性は可能知性のうちに，有しているのと同じ諸形相を置くか，他の諸形相を置くかのどちらかである。もし同じ諸形相を置くならばその場合，魂のうちに在る諸形象は外部の諸事物からは抽象されず，そしてそれゆえ可能知性は何においても諸感覚に助けられることはない〔それは誤りである〕。一方もし他の諸形相を可能知性のうちに置くならばその場合，それらの形相は何であるかが問われる。もし諸事物から抽象されたものであると言われるならばその場合，能動知性のうちに措定される諸形相は無駄である。そしてその場合能動知性は再び　或る人々が言う通り，諸形相に満ちている離存知性体ではないだろう。さらに，もし能動知性が諸形相を有する離存知性体であるならば，その諸形相に即して可能知性のうちへと常に作用（能動）しているか，

常には作用（能動）していないかのどちらかである。もし常に作用（能動）しているならば，能動知性はその作用（能動）において常に諸形相を刻印しているので，可能知性は常に諸形相を自らのうちに有しているということが帰結してしまうだろう。そして知るとは，知られる諸対象の諸形相を可能知性において有するということであるので，人間は常に知っているということが帰結してしまうだろう。これは誤りである。だから能動知性は常に作用（能動）してはいない。それゆえ何が能動知性の作用（能動）を妨げるのかが問われる。すなわち，能動知性は離存的であるということから妨げられるか，表象像と共にないということから妨げられるかのどちらかである。もし第一の仕方で妨げられるならばその場合，能動知性は常に妨げられる。なぜなら，或る人々が言う通り，能動知性は常に離れているからである。もし第二の仕方で妨げられるならば，それに対して〔次のような反論が挙げられ得る〕。表象像は，諸形相を有しているものと同じものを，普遍という特質の観点では現存させたり不在にしたりする。このことは次のように証明される。能力態を有しているものが，同じ能力態を表象像から受け取ることはない。なぜならその場合，同じものを二度有することになってしまうからである。ところで能動知性は形相の能力態を有している。だから能動知性は働きにおいて表象像から何も受容しない。それゆえ表象像なしに同じ作用（能動）のうちに在るだろう。そしてその場合，我々は等しく常に知っているものだという第一の不都合が帰結する。これは誤りである。それゆえ能動知性は，或る人々が言うように，諸形相を有している離存知性体ではない。さらに，もし能動知性が普遍的諸形相を有する離存知性体であるならば，学知と無知とにおいて可能知性と等しく関係するかそうでないかのどちらかである。もし等しく関係するならばその場合，人間は学知と無知とにおいて等しく知っているものでありかつ無知なものであるだろう。これは不可能である。もし等しく関係しないならば〔次のような反論が挙げられ得る〕。可能知性は常に可能態のうちに在り，能動知性は常に現実態に在る。両者の間に，能動知性の作用（能動）か，あるいは可能知性の受動を妨げるものは何もない。だから能動知性は常に可能知性に作用（能動）し，可能知性は常に受容する。そしてこの場合可能知性は常に知っているものであり，決して無知なものではないだろう〔これは誤りである〕。」この箇所はいわゆる反対異論の部分であるが，アルベルトゥス自身の立場を表していると考えてよい。

19） cum omnia intellecta speculativa fuerint existentia in nobis in potentia, quod ipse [intellectus agens] erit copulatus nobiscum in potentia. Et cum omnia intellecta speculativa fuerint existentia in nobis in actu, erit ipse tunc copulatus nobis in actu. *Averroes*, p.500, ll.599-603.〈訳〉「すべての思弁知性が我々のうちに可能態において存在しているとき，能動知性は我々と可能態において結び付いている。そしてすべての思弁知性が我々のうちに現実態において存在しているとき，その場合能動知性は我々と現実態において結び付いているだろう。」

20） Ad aliud dicendum quod intellectus agens agit per suam substantiam et non per aliquam speciem intelligibilium, quam habeat apud se. Ad id autem quod contra obicitur, dicendum quod diversitas actionis intellectus agentis non est ex intellectu agente, sed ex

phantasmate. et hoc est quod dicit AVERROES in COMMENTO SUPER TERTIUM DE ANIMA: 'Manifestum est, quoniam quando omnia speculativa fuerint in nobis existentia in potentia, tunc et agens continuatur nobis in potentia, quia non continuatur nobis nisi per illa; et cum fuerint existentia in nobis in actu, tunc et ipse continuatur nobis in actu'. Actio enim intellectus agentis determinatur ad phantasma, et sic determinata movet intellectum possibilem et educit eum in actum, sicut actio luminis determinatur ad colores, et sic determinata visum educit in actum. Et per hoc patet quod intellectus agens non est substantia separata plena formis. *De homine*, p.414, ll.22-38.

21） Item, nihil idem numero est in actu et potentia simul et semel. ［ 中 略 ］ sed anima rationalis est aliquid idem numero; ergo non simul erit in actu et potentia; sed agens est semper in actu, possibile autem in potentia; ergo non simul erit agens et in potentia existens. Cum igitur anima in potentia sit omnia, ut dicit PHILOSOPHUS, ipsa non erit agens, et ita intellectus agens non erit pars eius. *De homine*, p.415, ll.1-2, 6-12.

22） Ad aliud dicendum eodem modo quod nihil idem est in actu et potentia simul et semel; sed idem bene potest esse agens respectu alicuius formae accidentalis et possibile ad illam recipiendam, licet non secundum idem. Et sic anima rationalis eadem existens respectu intelligibilium est agens et possibilis, sed non secundum idem, sed secundum agentem agens et secundum possibilem suscipiens. *De homine*, p.416, ll.60-67. 〈訳〉「他の異論に対しては同様に次のように言わなければならない。何も同じものが同時に現実態に在りかつ可能態に在るということはない。しかし，同じものが或る付帯的形相に関して能動（作用）者であり，かつ，その形相を受容するための可能者であるということは，同じ観点に即してではないが，十分あり得ることである。そしてこの場合，諸々の知性認識対象に関して同じものとして存在する理性的魂は，同じ観点に即してではないが，能動者であるということに即せば能動者であり，可能者であるということに即せば受け取るものである。」

23） καὶ [ὁ νοῦς] αὐτὸς δὲ νοητός ἐστιν ὥσπερ τὰ νοητά. ἐπι μὲν γὰρ τῶν ἄνευ ὕλης τὸ αὐτό ἐστι τὸ νοοῦν καὶ τὸ νοούμενον· Aristoteles, *De anima,* III, c.4, 430a2-4.

24） Ad aliud dicendum quod intellectus agens secundum se separatus a possibili nihil intelligit. Non enim separatus est nisi in potentia, coniunctus autem actu. Et propter hoc illud aliquid quod intelligit active, est intelligibilia in quibus intelligit se ut actum ipsorum, sicut si lumen posset videre se, videret se in coloribus ut actum ipsorum. Sed utrum intellctus agens intelligat se hoc modo quod reflectatur super se vel non, multi diversimode determinant. Nobis autem videtur quod non, eo quod non attribuimus aliquem intellectum perfectum intellectui possibili vel agenti per se, sed utrique; sed bene concedimus animam intellectivam intelligere se. *De homine*, p.421, ll.39-50.

25） Ad hoc quod quaeritur, utrum semper intelligat se, dicimus quod sic, eo modo quo improprie dicimus intellectum agentem intelligere se; hoc enim est intelligere ut actum possibilis; suum enim intelligere est suum esse, cum semper sit in actu. Et hoc est quod sit

actus possibilis, sed ille actus non perficit possibilem nisi secundum quid, sicut si lumen per se solum esset in oculo sine colore, tunc enim esset immutatus oculus ab actu colorum, sed non esset distincta immutattio ad aliquam speciem coloris determinatam. Similiter quando solum lumen agentis est in possibili, tunc possibilis est in actu indistincto secundum aliquam speciem intelligibilis, et intellectus agens intelligit se ut talem actum semper. Et iste motus non excludit motum intelligibilium, eo quod intellectus agens secundum illum sit actus omnium intelligibilium, sicut etiam motus luminis non excludit motum coloris in oculo, eo quod sit actus eius. *De homine*, p.421, ll.51-67.

26） Ad primum autem quod contra hoc est, dicendum quod intellectus duobus modis intelligit, scilicet per formas intelligentiarum separatarum, et hunc modum accipit ipse ab intelligentia prima, et utetur ipso post mortem. Alio modo intelligit a phantasmate abstrahendo universale, et hoc modo utitur in corpore. Unde licet quendam actum intelligendi intellectus possibilis habeat mediante phantasia, non tamen potentiam intelligendi habet mediante ipsa nec omnem actum intelligendi accipit ab ipsa. Quod autem intellectus possibilis actum intelligendi quendam habeat ab intelligentiis separatis, patet per hoc quod saepe SUPRA est habitum in QUAESTIONE DE REVERATIONE SOMNIORUM, quod anima intellectiva est instrumentum intelligentiae. *De homine*, p.428, ll.49-62.〈訳〉「このことに反対している第一の異論に対しては次のように言わなければならない。〔可能〕知性は二通りの仕方で知性認識する。すなわち〔或る仕方では〕諸々の離存知性体の形相によってである。そしてこの仕方を〔可能〕知性は第一知性体から受け取り，これを死後利用するだろう。他の仕方で〔可能〕知性は，表象像から普遍を抽象することによって知性認識する。そしてこの仕方を身体において利用する。だから可能知性は知性認識の或る現実態を，表象を介して有するけれども，しかし知性認識能力は表象像を介して有するのではなく，知性認識の現実態すべてを表象から受け取るのでもない。そうではなく可能知性は知性認識の或る現実態を諸々の離存知性体から有すること，上の「夢の啓示についての問題」でしばしば語られたこと，すなわち，知性的魂は諸々の知性体の道具であるということによって明らかである。」Ad aliud dicendum quod potentia intellectus possibilis post mortem complebitur ab intellectu agente et a formis, quae sunt in intelligentiis separatis, et ideo non erit supervacua. Dicunt enim PHILOSOPHI quod anima post mortem convertitur ad motorem primum, et hoc est finis prosperitatis eius. *De himine*, p.429, ll.15-20.〈訳〉「他の異論に対しては次のように言わなければならない。可能知性の能力は死後，能動知性と，諸々の離存知性体のうちに在る諸形相とによって完成されるだろう。だから可能知性の能力は余計なものではないだろう。実際哲学者たちは，魂は死後第一動者に振り向き，これが魂の幸福の目的であると言っているのである。」Solutio: Sine praeiudicio melioris sententiae dicimus quod anima post mortem intelligit per formas ordinis universi sicut et intelligentia separata. Quae autem sint formae tales, sufficienter explanatum est in QUAESTUIONE DE ANGELIS. Et concedimus quod illae formae concreatae sunt animae rationali. *De homine*, p.430, ll.51-56.〈訳〉「解決。よ

り良い見解の先入見なしに我々は次のように言う。魂は死後，諸々の離存知性体もそうであるように，全秩序の諸形相によって知性認識する。このような形相は一体どのようなものかということは，「天使についての問題」で十分に説明された。我々はこの形相が理性的魂と共に創造されたということに同意する。」

27） Et si obicitur quod si huiusmodi formae sunt in anima, quod non indiget abstrahere alias, dicendum quod formae illa non sunt unius rationis cum his quae abstrahuntur. Illae enim formae sunt ad rem et non sunt rerum rationes, eo quod comparantur ad universale et particulare eodem modo. Formae autem quae abstrahuntur, sunt rationes rerum universales, et propter hoc etiam scientiae non sunt unius ratinis hinc inde. *De homine*, p.430, l.67- p.431, l.1.

28） Quod autem anima modo non agit per formas illas, hoc est quia fortiores motus in comparatione ad corpus excludunt alios qui sunt debiliores. *De homine*, p.431, l.1- p.431, l.4.

29） 本書第二章四「表象像から意志へ」参照。

30） 思弁知性は『人間論』では，知性の或る段階として捉えられているが（Cf. *De homine*, p.432, l.60），十年後に書かれるアルベルトゥスの『霊魂論』では，思弁知性の形象が思弁知性と呼ばれるようになる。なぜならこの『霊魂論』において思弁知性は「思索・思弁される形相（forma speculata）」と言い換えられるからである。本書第二章引用十一冒頭参照。

31） Tertio quaeritur, utrum unus et idem numero intellectus speculativus sit in omnibus animabus rationalibus. Et videtur quod sic. quia dicit AVERROES SUPER TERTIUM DE ANIMA quod una est species intellectus speculativi apud omnes homines. *De homine*, p. 436, ll.49-54.〈訳〉「第三に，思弁知性はすべての理性的魂において数的に同一であるかが問われる。同一であるように思われる。なぜならアヴェロエスが『霊魂論』第三巻について，思弁知性の形象はすべての人間において一つであると言っているからである。」Item, in PRIMO POSTERIORUM dicit ARISTOTELES: ‘Universale dico quod cum de omni sit et per se est et secundum quod ipsum est’. Ex hoc accipitur quod universale est idem de omni; et cum universale sit species intellectus speculativi, intellectus speculativus in una specie est de omni, et sic in eadem specie intellectus speculativus de omni est in uno et in alio. Per rationem autem probatur idem sic: Quicquid separatum est ab omni materia et materiae appendiciis, non accipit differentiam et numerum nisi differentiam generis et speciei; omne universale ens in intellectu speculativo est separatum ab omni materia et appendiciis materiae; ergo non habet differentiam materiae et numerum, sed speciei et generis. Prima probatur per hoc quod dicit ARISTOTELES quod idem est unum numero et materia. Secunda patet per modum abstractionis intellectus, qui separat ab omni materia et appendiciis materiae. Ex hoc ulterius concluditur quod universale, quod est in intellectu omnium hominum, si est idem specie et genere, erit etiam idem numero apud omnes. Et accipiatur hoc universale ‘asinus’, quod est idem specie et genere in intellectu omnium, et sic erit idem numero. Item dicit BOETHIUS quod species est totum esse individuorum, eo quod post

speciem non est nisi materia et individuantia. Dicit autem PORPHYRIUS quod 'participatione speciei plures homines sunt unus homo'; ergo remotis paricipantibus, scilicet materia et individuantibus, non remanet nisi unus homo simplex; sed haec removentur per intellectum omnium hominum; ergo unus homo simplex remanet in intellectu omnium hominum. Item, quod apud omnes non distinguitur nisi per materiam, remota materia erit idem apud omnes; universale est huiusmodi; ergo remota materia idem erit apud omnes; sed materia removetur per abstractionem intellectus; ergo id quod est in intellectu, est idem apud omnes. Item, quicquid omnino facit idem apud omnes, est idem apud omnes; universale omnino facit idem apud omnes; ergo est idem apud omnes. Prima patet per dictum DAMASCENI, qui dicit quod res differunt propriis rationibus. Secunda probatur per hoc quod eadem est cognitio quam constituit eiusdem ratione apud omnes. *De homine*, p. 437, ll.1-43.〈訳〉「さらに，アリストテレスは『分析論後書』第一巻で「普遍はすべてのものについて在る〔当てはまる〕ので，それ自体で，それであるということに即して在ると私は言う」と語る。ここから次のことが理解される。すなわち，普遍はすべてのものについて同じである。そして普遍は思弁知性の形象でもあるので，或る種の思弁知性はすべてのものについて在る〔当てはまる〕。そしてそれゆえ同じ種においてすべてのものについて在る〔当てはまる〕思弁知性は，或るもののうちにも他のもののうちにも在る。同じことが次のように理性によって証明される。すなわち，どの質料からも，質料に付随する諸々のものからも離れているものは何でも，類と種の相異性でなければ相異性，数を受け取らない。〔ところで〕思弁知性のうちに在る普遍はどれも，どの質料からも，質料に付随する諸々のものからも離れているものである。だから普遍は質料の相異性，数を有さず，種と類を有する。第一の前提はアリストテレスが，数と質料によって一つのものは同じものであると言っていることによって証明される。第二の前提は，どの質料からも，質料に付随する諸々のものからも離れている知性の抽象の仕方によって明らかである。以上のことからさらに，すべての人の知性のうちに在る普遍は，もし種や類において同じであれば，すべての人において数的にも同じであるだろうということが帰結する。〔たとえば〕「ロバ」という普遍も，すべての人の知性において種的類的に同じであり，同じように〔すべての人の知性において〕数的にも同じであると理解される。さらにボエティウスは，種の後には質料と諸々の個別化するものしかないので，種は諸々の個の存在全体であると語る。またポルフィリウスは，「複数の人間は種を分有することによれば一人の人間である」と語る。だから，諸々の分有するもの，すなわち質料と諸々の個別化するものとを取り除けば，一つの純一な人間〔という普遍〕しか残らない。ところでこれらのもの〔質料と諸々の個別化するもの〕はすべての人の知性によって取り除かれている。それゆえすべての人の知性には一つの純一な人間〔という普遍〕が残る。さらに，すべての人において，質料によってしか区別されないものは，質料が取り除かれればすべての人において同じである。普遍とはそのようなものである。だから，質料が取り除かれれば普遍はすべての人において一つであるだろう。ところで質料は知性の抽象によって取り除かれる。それゆえ知性のうちに在るものはすべての人において同じで

ある。さらに，すべての人において全く同じものを生み出すものは何でも，すべての人において同じである。普遍はすべての人において全く同じものを生み出す。だからすべての人において同じである。第一の前提は，事物は諸々の固有の理念によって異なると語るダマスケヌスが言ったことによって明らかである。第二の前提は，同じものの理念によって構成される認識はすべての人において同じであるということによって証明される。」この箇所はアルベルトゥスの立場に対する異論の部分である。

32） Sed contra: Non eadem est anima rationalis in omnibus hominibus, quod sufficienter probatum est SUPRA; ergo nec idem intellectus, cum intellectus sit pars animae; ergo nec id quod est in intellectu est idem apud omnes.［中略］Cum igitur non sit idem subiectum, non erit eadem species. Solutio: Dicendum quod non est idem intellectus in omnibus animabus, ut probant ultimae rationes. *De homine*, p.437, ll.51-55, 61-64. この箇所はいわゆる反対異論の部分と，それに続く解決の部分である。

33） Ad primum autem dicendum quod intellectus speculativus habet duo, scilicet subiectum et speciem. Subiectum autem non est idem apud omnes. Species autem consideratur duobus modis, scilidet ut ratio rei et ut accidens animae. Et ut ratio rei est apud omnes idem; ut accidens vero animae individuatur in omnibus animabus. *De homine*, p.437, ll.65-71.〈訳〉「第一異論に対しては次のように言わなければならない。思弁知性は二つのものを有している。すなわち基体と形象である。ところで基体はすべての人間において同一ではない。一方形象は二つの仕方で考察される。すなわち事物の理念としてと，魂の付帯性としてとである。〔思弁知性は〕事物の理念としてはすべての人間において同一である。しかし魂の付帯性としては，すべての魂において個別化されている。」Ad aliud dicendum quod universale est de omni secundum quod est ratio et natura communis suorum particularium, et non secundum quod est accidens animae. *De homine*, p.438, ll.1-4.〈訳〉「他の異論に対しては次のように言わなければならない。普遍はそれに属する諸々の個に共通する理念・自然本性であるのに即せばどの個にも属しているが，魂の付帯性であるのに即せばそうではない。」Ad aliud dicendum quod secundum quod universale est accidens animae, non est ratio rei, quod patet. Ratio enim est quiditas rei et substantia; species autem intelligibilis est accidens non rei, sed intellectus, et propter hoc cum individuetur a singulis intellectibus, numerabitur per numerum intellectuum. *De homine*, p.438, ll.8-13.〈訳〉「他の異論に対しては次のように言わなければならない。〔普遍は〕普遍が魂の付帯性であるのに即して言えば事物の理念ではない。このことは明らかである。というのも，理念とは事物の何性・実体のことであるが，知性認識可能な形象は付帯性であり，〔しかも〕事物の付帯性ではなく，知性の付帯性だからである。そのため個々の知性によって個別化されるので，知性の数によって多数化されるであろう。」

34） Solutio: (1-2) Dicendum ad primum quod intellectus respectu specierum habet convenientiam cum loco et convenientiam cum subiecto. Per hoc enim quod confert esse simplex intelligibilibus et quodammodo incorruptibile, habet convenientiam cum loco,［中略］Item, per hoc quod variatio intelligibilium fit circa intellectum sine mutatione ipsius et motu,

habet similitudinem cum loco, ut probatur in secunda obiectione. Per hoc vero quod est in potentia nec potest agere per se, et efficitur in actu per intelligibile, habet similitudinem cum subiecto et materia. *De homine,* p.439, ll.14-18, 22-28.

第二章　可能知性論

1）　この章のタイトルは「可能知性について語られたことから浮かぶ諸疑問を明らかにする付論 Et est digressio declarans dubia, quae sequuntur ex dictis de intellectu possibili」となっている。*De anima*, lib.3, tract.2, c.3, p.179, ll.81-83.

2）　εἰ δή ἐστι τὸ νοεῖν ὥσπερ τὸ αἰσθάνεσθαι, ἢ πάσχειν τι ἂν εἴη ὑπὸ τοῦ νοητοῦ ἤ τι τοιοῦτον ἕτερον. ἀπαθὲς ἄρα δεῖ εἶναι, δεκτικὸν δὲ τοῦ εἴδους καὶ δυνάμει τοιοῦτον ἀλλὰ μὴ τοῦτο, καὶ ὁμοίως ἔχειν, ὥσπερ τὸ αἰσθητικὸν πρὸς τὰ αἰσθητά, οὕτω τὸν νοῦν πρὸς τὰ νοητά. ἀνάνκη ἄρα, ἐπεὶ πάντα νοεῖ, ἀμιγῆ εἶναι, ὥσπερ φησὶν ’Αναξαγόρας, ἵνα κρατῇ, τοῦτο δ᾽ ἐστὶν ἵνα γνωρίζῃ˙παρεμφαινόμενον γὰρ κωλύει τὸ ἀλλότριον καὶ ἀντιφράττει˙ ὥστε μηδ’ αὐτοῦ εἶναι φύσιν μηδεμίαν ἀλλ᾽ ἢ ταύτην, ὅτι δυνατόν. ὁ ἄρα καλούμενος τῆς ψυχῆς νοῦς (λέγω δὲ νοῦν ᾧ διανοεῖται καὶ ὑπολαμβάνει ἡ ψυχή) οὐθέν ἐστιν ἐνεργείᾳ τῶν ὄντων πρὶν νοεῖν. διὸ οὐδὲ μεμεῖχθαι εὔλογον αὐτὸν τῷ σώματι˙ ποιός τις γὰρ ἂν γίγνοιτο, ἢ ψυχρὸς ἢ θερμός, ἢ κἂν ὄργανόν τι εἴη, ὥσπερ τῷ αἰσθητικῷ˙ νῦν δ᾽ οὐθέν ἐστιν. Aristoteles, *De anima*, III, c.4, 429a13-27. アルベルトゥスが彼の『霊魂論』第三巻第二論考第一, 二章で註解し，第三章でその疑問を整理している箇所は，この引用一の範囲とは若干ずれる。その範囲は実際には 429a10-24 である。しかし本章の議論の便宜上，引用一では引用範囲を少しずらした。

3）　Redeunt igitur omnia ista dubia difficilia ad tria problemata. Quorum primum est, qualiter haec simul verificentur de intellectu possibili, quod sit impassibilis et intransmutabilis et tamen sit in potentia susceptiva perfectionis et suscipiat eam ab agente et movente ipsum. Secundum autem est, qualiter haec simul stent, quod ipse sit ab omni individuante eum denudatus, et tamen unusquisque homo suum habeat intellectum proprium. Et tertium, qualiter haec simul verificentur, quod ipse, secundum id quod est, sic vocatur possibilis ad omnia quae sunt, et tamen non sit materia prima, *De anima*, lib.3, tract. 2, c.3, p.181, l.91-p.182, l.5.〈訳〉「以上の困難な諸疑問はすべて三つの問題に還元される。そのうちの第一は，可能知性について，それが受動し得ず，変化し得ないということと，それなのに，可能態において完全性を受容し得，可能知性に作用し，それを動かすものから完全性を受容するということとは，一体どのようにして同時に正当化されるかという問題である。第二は，可能知性が，それを個別化するもののどれからも取り出されているということと，それなのに，それぞれの人が自分に固有の知性を有しているということとは，一体どのようにして同時に成り立つかという問題である。第三は，可能知性が，可能知性であるということに即して，存在するすべてのものに対して可能であると呼ばれるということと，それなのに第一質料ではないということとは，一体どのようにして同

時に正当化されるかという問題である。」

4) 知性は受動し得ないというアリストテレスの考えは，彼自身によればアナクサゴラスに由来する。ὁ νοῦς ἁπλοῦν ἐστὶ καὶ ἀπαθὲς καὶ μηθενὶ μηθὲν ἔχει κοινόν, ὥσπερ φησὶν Ἀναξαγόρας, Aristoteles, *De anima*, III, c.4, 429b23-24〈訳〉「アナクサゴラスが言うように，知性は純一であり，受動し得ず，何ものとも共通なものを何も有していない。」

5) Accipiamus igitur dubia, quae sequuntur ex primo. Si enim [intellectus possibilis] est immixtus et impassibilis et intransmutabilis, tunc videtur numquam fieri aliquid eorum quae sunt, sed esse hoc modo aeternus, quo intransmutabile est aeternum; ergo non fit aliquod intelligibile, et sic intellectus speculativus in eo non est factus. Amplius, in quo omnino nihil fit, illud non est potentia, quae praecedat actum; talis autem est omnino intransmutabilis intellectus possibilis; igitur omnino nihil fit nec erit factum aliquid in ipso; et sic intellectus speculativus omnino non est factus. Adhuc autem, agens intellectus magis est intransmutabilis quam possibilis, et sic uterque intellectus, tam agens scilicet quam possibilis, sunt hoc modo aeterni, sicut sunt entia necessaria et intransmutabilia. Quandocumque autem agens est necessarium et non factum agens, sed semper agens, et passivum est necessarium et intransmutabile: tunc etiam factum ab agente in eo quod patitur, est semper et intransmutabile; ergo speculativus intellectus, qui fit ab agente intellectu in eo qui vocatur possibilis, semper est et numquam factus, ut videtur, tali factione quae sit terminus eius quod est fieri et quam praecedat potentia secundum generationem et tempus. Et istas dubitationes de hoc verbo eliciunt THEOPHRASTUS et THEMISTIUS. *De anima*, lib.3, tract. 2, c.3, p.180, ll.18-44.「物体と混ざっていない」という可能知性の特徴については，この少し前のテキストで「すでに十分述べられた」とされている (l.3)。これは第一, 二章を指しているように思われるが，そこでは，この特徴が「受動し得ない」という特徴と分かちがたく関係付けられている。Movit autem Theophrastum praecipue hoc,［中略］Adhuc autem, taliter possibilis intellectus non fit intelligibilia sine transmutatione et tempore. Ergo iste intellectus est passibilis et transmutabilis et sic permixtus corpori; non autem est passibilis et transmutabilis et mixtus intellectus in anima, sicut ex supra dictis est manifestum; ergo in anima non est taliter possibilis vocatus intellectus. *De anima*, lib.3, tract. 2, c.5, p.184, ll.53-54, 62-68.〈訳〉「テオフラストスを動かしたのは特に次のことであった。［中略］さてさらに，このような可能知性は変化や時間無しには知性認識対象にはならない。だから，このような知性は受動し得るものであり，変化し得るものであり，それゆえ物体と混ざっている。しかし可能知性は変化し得ず，魂のうちに在って混ざっていない知性であること，上で述べたことから明らかな通りである。したがって魂のうちにはこのような仕方で可能と呼ばれる知性は存在しない。」拙書『アリストテレス知性論の系譜』第三章「テミスティオス」参照。

6) ἀπορήσειε δ’ ἄν τις, εἰ ὁ νοῦς ἁπλοῦν ἐστὶ καὶ ἀπαθὲς καὶ μηθενὶ μηθὲν ἔχει κοινόν, ὥσπερ φησὶν Ἀναξαγόρας, πῶς νοήσει, εἰ τὸ νοεῖν πάσχειν τί ἐστιν.

Aristoteles, *De anima*, III, c.4, 429b22-25

7) καὶ ἔστιν ὁ μὲν τοιοῦτος νοῦς τῷ πάντα γίνεσθαι, ὁ δὲ τῷ πάντα ποιεῖν, ὡς ἕξις τις, οἷον τὸ φῶς· τρόπον γάρ τινα καὶ τὸ φῶς ποιεῖ τὰ δυνάμει ὄντα χρώματα ἐνεργείᾳ χρώματα. καὶ οὗτος ὁ νοῦς χωριστὸς καὶ ἀπαθὴς κὰι ἀμιγής, τῇ οὐσίᾳ ὢν ἐνέργεια. Aristoteles, *De anima,* III, c.5, 430a14-18. 引用部冒頭の二つの知性は，原文により忠実に訳せば「全てのものになるがゆえにそのようである〔素材に当たる〕知性」「全てのものを生み出すがゆえにそのようである〔原因に当たる〕知性」となる。

8) οὐκ ἔστι δ᾽ ἁπλοῦν οὐδὲ τὸ πάσχειν, ἀλλὰ τὸ μὲν φθορά τις ὑπὸ τοῦ ἐναντίου, τὸ δὲ σωτηρία μᾶλλον τοῦ δυνάμει ὄντος ὑπὸ τοῦ ἐντελεχείᾳ Aristoteles, *De anima*, II, c.5, 417b2-4.

9) R. D. Hicks, M. A. *Aristotle De anima*, Amsterdam, Adolf M. Hakkert Publisher, 1965, p.356, 417b3.

10) *De anima*, lib.2, tract., 3, c.2, p.99, l.55.

11) Est autem adhuc dubium in his dictis, quia si separatus esse dicatur intellectus possibilis sicut potentia ab actu, sicut praeparata tabula a picturis, tunc non videtur habere relationem et proportionem ad intelligibilia nisi sicut materia ad formas. Quorum autem una ratio et proportio est potentiae passivae et receptivae ad aliqua, ipsa sunt eadem. Et sic igitur videtur non esse differentia aliqua inter primam materiam et intellectum possibilem; et haec est obiectio THEOPHRASTI contra positionem Aristotelis. *De anima*, lib.3, tract. 2, c.3, p.181, ll.81-90. Movit autem Theophrastum praecipue hoc, quod si esset possibilis in anima intellectus separatus et non hoc aliquid distinctum, quod ille a materia prima non differret, quoniam utrumque potentia est omnia et nihil actu, et ideo materia prima deberet cognoscere similiter formas sibi advenientes, sicut intellectus possibilis; quod omnino est absurdum. Non igitur taliter possibilis vocatus intellectus est in anima. *De anima*, lib.3, tract. 2, c.5, p.184, ll.53-61〈訳〉「テオフラストスを動かしたのは特に次のことであった。もし魂のうちに，離れていて，特定の何かに区別されていない可能知性があるとしたら，それは第一質料と異ならないことになってしまう。なぜなら，両方とも，可能的にすべてのものであるが，現実には何ものでもないからである。だから第一質料も可能知性と同じように，自らにやってくる諸形相を認識しなければならないことになってしまう。これは全く不合理である。それゆえこのような仕方で可能と呼ばれる知性は魂のうちにはない。」拙書『アリストテレス知性論の系譜』第一章「アリストテレス」21頁「まとめと問題点」参照。

12) Aristoteles, *De anima,* III, c.4, 429b30-430a2.

13) *Unde* etiam *prius diximus, quoniam intellectus* non est simpliciter potentia passiva intelligibilium, sed *quodammodo est potentia*; est enim potentia receptiva tantum et non proprie passiva; est enim potentia *intelligibilia, et antequam intelligat, nihil est* omnino intelligibilium, nisi postquam intelligit *ea actu*. Quod qualiter sit, oportet ad memoriam revocare ea quae dicta sunt in fine PRIMI PHYSICORUM. Ex his enim intelligitur, quod

duplex est potentia passiva; quaedam enim ex sua potentialitate non est nisi subiectum et causa receptionis simplicis, quaedam autem ex sua potentialitate est causa et sbiectum et receptionis et transmutationis. Potentia enim materiae, quae una est contrariorum, est subiectum et causa receptinonis et transmutationis,. Propter duo enim est subiectum transmutationis et propter unum tantum est ipsa subiectum receptionis. Quia enim contrarium inest sibi, oportet hoc abidi per transmutationem, [中 略] Sed potentia, cui non inest contrarium nec incohatio receptibilis, illa non potest *esse* subiectum motus, sed erit subiectum receptionis simplicis; et illius exemplum est, quod tamen non per omnia simile est, *tabula* rasa et planata et polita, *in qua scriptura nec* secundum *actum est* nec contrarium scripturae nec incohatio scripturae per dispositionem mediam inter actum et potentiam, quae per motum educatur in actum; sed tantum est sufficienter praeparata ad recipiendum scripturam, et ideo recipit eam sine motu, et nihil abicitur a tabula, nec aliquid ibi imperfectum procedit in actum, sed quamlibet litteram recipit ut actum sine motu acquisitum, ad quem non est in potentia nisi receptiva solum. *De anima*, lib.3, tract. 2, c.17, p.202, ll.34-52, 63-77. Cf. *Physica*, lib.1, tract.3, c.11. Quaestionem autem secundam, quam THEOPHRASTUS volens evitare dixit intellectum possibilem numquam esse in potentia et speculativum dixit esse perpetuum, facillimum secudum determinata solvere est, quoniam formae nullo modo similiter sunt in materia prima et in intellectu possibili; *De anima*, lib.3, tract. 2, c.13, p.196, ll.10-15.〈訳〉「第二の問題，テオフラストスはこの問題を避けようとして，可能知性は決して可能態にはなく，思索・思弁されるもの〔思弁知性〕は永遠であると述べたのであるが，規定された諸々のことによってこの問題を解決するのは非常に容易である。なぜなら諸形相は，第一質料においてと可能知性においてとでは，いかなる仕方でも同様に存在するのではないからである。」アルベルトゥスがこのテキストの前半と後半で，本章で検討している一つ目の問題と二つ目の問題を結び付けているのは明らかである。

14） Cf. *Physica*, lib.1, tract.3, c.11, p.59, ll.24-25.

15） [intellectus possibilis] non potest esse absolutus ab omni eo quod est, quia sic nihil esset omnino nisi potentia pura et illa in rerum natura nihil est; intellectum ergo possibilem secundum hoc in rerum natura nihil esse confiteremur, quod est omnino absurdum. Et ideo censentio cum Avicebron in hoc quod sua potentia per formam intellectualis naturae ad ens unum in mundo et in natura est determinata; sed dissentio ab ipso in hoc quod non videtur mihi sua potentia esse materiae potentia et sua natura esse materiae natura, sed aequivoca ad ipsam. Intellectus autem illius propositionis, quae inducta est, quod id quod est in potentia omnia fieri, oportet absolutum esse, est, quia oportet eum absolutum esse a formis eorum quae fit; *De anima*, lib.3, tract. 2, c.12, p.193, ll.75-89.〈訳〉「〔可能知性は〕存在するどのものからも隔絶することはできない。なぜならその場合，純粋可能態でなければ全く何ものでもないことになってしまい，純粋可能態は諸事物の自然本性においては何ものでもないからである。だから，上記のことに従えば可能知性は諸事物の自然本性において何ものでもないと我々は認めることになってしまうが，これは全く不合理である。それ

ゆえ，可能知性の可能態は知性的自然本性の形相によって，自然本性において世界の中の或る一つの存在者に限定されているという点で私はアヴィケブロンに同意する。しかし，可能知性の可能態は質料の可能態であり，可能知性の自然本性は質料の自然本性であるとは私には思われない。そうではなく，〔可能知性の可能態は〕質料の可能態に対して同名異義的であるように私には思われる。この点で私はアヴィケブロンに同意しない。しかし，可能態においてすべてになることができるものは隔絶していなければならないという導入された命題が理解されるのは，生じる諸々のものの諸形相から隔絶していなければならないからである。」この最後の「生じる諸々のものの諸形相」とは当然，生成消滅し得るものの形相，つまり，物体の形相のことであろう。potentia intelligeret omnia materialia. *De anima*, lib.3, tract. 2, c.2, p.179, l.5.〈訳〉「可能的にすべての質料的なものを知性認識する。」この立場はアヴェロエスから学んだものであろう。拙書『アリストテレス知性論の系譜』第六章「アヴェロエス」(一)「基本的見解」参照。

16） 触覚器官が中間状態に在るという発想の源はアリストテレスである。Cf. Aristoteles, *De anima,* II, c.11, 424a2-5. アルベルトゥスの触覚論全般については拙書『アルベルトゥス・マグヌスの感覚論』第三章「触覚論」参照。しかしこの議論を知性論に応用するという発想の源はアヴェロエスである。Cf. *Averroes*, p.386, ll.90-104.

17） Id enim quod est receptivum alicuius, non habet illud quod natum est recipere in specie, licet possit habere formam in genere, cum his quae recipit, convenientem. Diximus enim SUPERIUS de organo tactus, quod recipit excellens se tangibile, cum tamen habeat media in se tangibilium; medium enim ab extremo differt specie et convenit genere. Ita etiam non est inconveniens intellectum possibilem habere quidem aliquam formam, qua efficitur unum de entibus mundi in genere naturae incorporeae, licet nullam habeat formam eorum quae intelliguntur ab ipso, eo quod illa forma, qua deteminatur in ens in genere naturae incorporeae, cum intellectis ab ipso convenit in genere et differt specie ab eis omnibus, sicut nos INFRA ostendemus. *De anima*, lib.3, tract. 2, c.2, p.179, ll.8-23. 前註の Averroes の箇所参照。

18） Et de hoc bonum simile ponit AVERROES de medio in tactu, quod privatum est excellentiis tangibilium et separatum ab eis, eo quod potentia est omnia illa, et tamen non absolutum est ita, quod nullo modo sint in ipso formae tangibiles, quia sunt in ipso, prout ad medium sunt reductae. In hac autem sententia nobiscum conveniunt et Averroes et Avicenna et plures alii Peripateticorum. *De anima*, lib.3, tract. 2, c.12, p.194, ll.5-12.〈訳〉「このことについてアヴェロエスも，触覚の中間に関してよく似たことを述べている。すなわち，諸々の触覚対象の過剰を欠いているものは，可能的にすべての触覚対象であるがゆえにそれらから離れているが，しかし，諸々の触覚対象の過剰を欠いているものにおいて触覚可能な諸形相がどんな在り方ででも存在しないというような仕方で隔絶しているわけではない。なぜなら，諸々の触覚対象の過剰を欠いているものにおいて〔触覚可能な形相は〕中間に還元されるのに応じて存在しているからである。この見解においてアヴェロエス，アヴィセンナ，その他多くのペリパトス派の人々は我々と一致する。」ここで

「中間」と訳した medium は，「媒体」と訳すこともできる。「媒体」と「器官」をめぐる論争とそこでのアルベルトゥスの立場については拙論『アルベルトゥス・マグヌスの感覚論』第三章「触覚論」参照。

19） sicut SUPERIUS ostendimus, intellectus omnis est forma, quae medietas est intellectorum , sicut medium in tactu medium est tangibilium. Et ideo sicut, quando tangibile immutat secundum actum tactum, efficitur qualitas tangibilis et tactivae virtutis una et praeter hoc determinatur et distinguitur tactus per qualitatem rei tactae: ita etiam est, quod intellectualitas intellectus et intellectualitas rei intellectae efficitur una, et praeter hoc intellectualitas animae determinatur et distinguitur intellectualitate rei intellectae. Et ideo diximus SUPRA, quod intellectus et intellectum sunt unum, non sicut subiectum et accidens nec sicut forma et materia, sed sicut ea quae aliquo modo sunt eiusdem formae sicut determinans et determinatum. Sic se habet omnis forma media, quando vincitur ab extrema et accipit actum eius, quia medium est aliquid extremi. *De anima*, lib.3, tract. 3, c.6, p.216, ll.24-41.

20） tamen contingit ei [intellectui possibili] per hoc quod est possibilis, quod *similiter se habet* intellectiva pars, quae vocatur possibilis *intellectus, ad intelligibilia, sicut* se habet *sensus ad sensibilia*; sensus enim se habet ad sensibilia sicut medietas et proportio formalis, harmonice media existens sensibilium, propter quod omnia suscipit quodammodo; et sic ostendemus, quod intellectus, qui vocatur possibilis, medietas est intelligibilium omnium, et per hoc suscipit ea, *De anima*, lib.3, tract. 2, c.1, p.178, ll.48-57.

21） *De homine*, q.35, a.2, ob.11 et solutio, p.273, ll.6-35.

22） *De homine*, q.35, a.3, solutio, p.274, ll.70-73; q.36, a.1, solutio, p.279, ll.47-49. Cf. Aristoteles, *De anima,* II, c.6; III, c.1.

23） Sed est smilitudo inter sensum comparatum ad sensibilia et intellectum comparatum ad intelligibilia quoad ipsam virtutem sensus sine organo consideratam et ad sensibilia comparatam. SUPERIUS enim diximus, quod prima et principalis forma sensitiva, quae est sensus communis, comparatur ad ista sicut terminata ad ipsa; et sic est comparatio intellectualitatis possibilis ad universalia sicut ad quae determinatur eius formalis intellectualitas. *De anima*, lib.3, tract. 2, c.12, p.194, l.96- p.195, l.6. sensus primo potentia est omnia *sensibilia*, et *hoc* maxime est primum sensitivum, quod est sensus communis. *De anima*, lib.3, tract. 3, c.12, p.224, ll.12-14.〈訳〉「感覚は最初，可能的にすべての〈感覚対象〉であり，共通感覚という第一の感覚能力は最大限の意味ですべての〈感覚対象〉である。」アルベルトゥスの共通感覚論についても拙著『アルベルトゥス・マグヌスの感覚論』第三章「触覚論」参照。

24） Dicit *autem* Aristoteles, quod pars, qua supradicto modo cognoscit et sapit, *oportet esse* quiddam *impassibile*, quia omne passibile est corpus vel virtus in corpore, et omne tale transmutabile est aut secundum se, si corpus est subiectum passioni, aut per transmutationem alterius, si est virtus in corpore, sicut est visus in oculo, qui transmutatur et patitur passionibus oculi, sicut SUPRA ostendimus, ubi diximus, quod hoc non est propter

transmutationem virtutis visus, sed propter transmutationem pupillae; neutrum autem horum potentiae convenit intellectivae, sicut in SEQUENTIBUS ostendemus. *De anima*, lib.3, tract. 2, c.1, p.178, ll.4-15.〈訳〉「〈ところで〉アリストテレスは次のように言っている。それによって上で述べた仕方で認識したり吟味したりするところの部分〔理性的魂〕は，〈受動し得ない〉何か〈でなければならない〉。というのも，受動し得るものはすべて物体であるか，物体における力であるかであり，そのようなものはすべて，もし物体が受動の基体であれば，それ自体に即して変化し得るものであり，物体における力であれば，他のものの変化によって変化し得るものである。たとえば目には視覚があるが，視覚は目の受動によって変化し受動すること，上で我々が明らかにした通りである。そこで我々は，このことが起こるのは，視覚力の変化のためではなく，瞳の変化のためであると述べた。しかしこの両方とも知性的能力には適合しないこと，後の諸々の箇所で我々が明らかにするであろう通りである。」

25） intellectus speculativus, qui est forma speculata in intellectu possibili, in duplici est potentia.［中略］Alio autem modo in potentia est secundum comparationem ad intellectum possibilem, in quo est universale in actu intellectum, et in isto non est nisi sub actu et forma intelligibilitatis. Et hanc habet a luce perpetui intellectus, qui est agens, sicut colores esse formale, quo movent visum, habent a luce corporali. Et quando sub luce istius intellectus unitur universale intellectui possibili, non unitur ei sicut organo, sicut fit in formis sensibilibus, sed unitur ei sicut determinans unitur determinato, quia habitus connnaturalis intellectui possibili, qui est intellectualitas ipsa, qua possibilis intellectus vocatur et est natura intellectualis, eiusdem naturae est cum intelligibilibus, inquantum sunt intelligibilia. Sed sua intellectualitas est confusa et indeterminata, determinatur autem sicut potentia per actum et sicut perficitur indeterminatum per determinatum; *De anima*, lib.3, tract. 2, c.12, p.194, ll.43-45, 51-67. 拙書『アルベルトゥス・マグヌスの感覚論』第一章「視覚論」参照。

26） quaedam [intellecta speculata] enim fiunt in nobis per naturam, ita quod non accipimus ea per aliquid vel ab aliquo doctore nec per inquisitionem invenimus ea, sicut sunt ‘dignitates demonstrationum primae’, quae sunt prima et vera, ante quae omnino nulla sunt, quae non scimus ex sensu, nisi inquantum terminos cognoscimus, notitia autem terminorum non facit notitiam principiorum nisi per accidens. *De anima*, lib.3, tract. 3, c.11, p.221, ll.73-81.〈訳〉「すなわち，或るもの〔思弁知性〕は，それらを我々が何かを通して受容するのではなく，誰か或る教師から受容するのでもなく，探究によって発見するのでもないような仕方で，自然本性によって我々のうちに生じる。そのようなものとは例えば，第一にして真であり，その前には全く何もなく，我々が諸概念を認識する限りででなければ，感覚から我々が知ることのない「論証の第一諸公理」である。一方諸概念の知は，付帯的にでなければ諸原理の知を生み出さない。」

27） et ideo in intellectu mortalium etiam prior est intellectus agens et habitus primorum principiorum, quae scimus per naturam, inquantum terminos cognoscimus. Haec enim principia sunt quasi instrumenta, quibus agens educit possibilem de potentia ad actum, et

haec instrumenta determinantur ex determinatione scibilium, quae oriuntur ex experimentis et memoriis moventibus intellectum possibilem, *De anima*, lib.3, tract. 3, c.2, p.211, ll.5-13. 〈訳〉「そしてそれゆえ，死すべきものども〔人間〕の知性においては，能動知性と諸々の第一原理のハビトゥス〔能力態〕とが先に在る。我々はこれらを，諸概念を認識するかぎりで自然本性的に知る。なぜなら，これらの原理は，能動知性が可能知性を可能態から現実態へとそれによって引き出すところの道具として在り，これらの道具は，可能知性を動かす諸々の経験と記憶に由来する諸々の知の対象が限定することによって限定されるからである。」

28） universale non determinat nisi secundum comparationem ad id cuius est universale et a quo abstrahitur per intellectum; [中 略] spculativi intellectus sunt unum, secundum quod intellectus sunt, et non multiplicantur nisi secundum comparationem ad ea quorum sunt intellectus. *De anima*, lib.3, tract. 2, c.12, p.195, ll.29-31, 35-37. 〈訳〉「普遍は，普遍がそれの普遍であるところのもの，普遍が知性によってそこから抽象されるところのもの〔物体〕との関係に即してでなければ限定しない。［中略］諸々の思弁知性は，知性であるということに即せば一であり，〔思弁〕知性がそれらの知性であるところのもの〔物体〕との関係に即してでなければ多数化されない。」

29） non tamen scientia unius est scientia alterius, vel speculatum ab uno est speculatum ab altero, quoniam speculatio perficitur ex motu phantasmatis. Similiter autem scientia ex universalibus est, quae fiunt ex multis memoriis et experimentis, quae non sunt eaedem omnium. Et hoc est, quod SUPRA dixi quod speculativi intellectus sunt unus, in eo quod intellectus sunt, sed sunt multi, secundum quod horum vel illorum sunt. Et in hac determinatione convenit nobiscum Averroes, licet in modo abstractionis intellectus aliquantulum differat a nobis. *De anima*, lib.3, tract. 2, c.13, p.195, l.91- p.196, l.9. 〈訳〉「しかし，或る人の学知が他の人の学知ではなく，或る人が思弁・思索していることは他の人が思弁・思索していることではない。なぜなら思弁・思索は諸々の表象像の運動によって完成されるからである。ところで同様に学知も，すべての人のそれが同じではないところの多くの記憶と経験とから生じる諸々の普遍に由来する。私が上で言ったこともこのことである。すなわち，諸々の思弁知性は，知性であるということにおいては一つである。しかし「あれら」や「これら」のものの思弁知性であるということに即しては多である。この規定においてアヴェロエスは我々と一致している。ただし知性の抽象の在り方においてアヴェロエスは我々と若干異なる。」omnis noster intellectus ex phantasmatibus oriatur. *De anima*, lib.3, tract. 3, c 5, p.214, ll.57-58. 〈訳〉「我々の知性はすべて諸々の表象像に由来する。」

30） Est *autem* eadem prorsus *analogia et* idem *numerus* sensibilium plurium comparatorum ad sensitivum unum, quod facit comparationem inter ea, et phantasmatum plurium ad intellectivum unum, quod facit inter ipsa per rationem comapationem. *De anima*, lib.3, tract. 3, c.4, p.212, ll.69-73. 〈訳〉「〈ところで〉，複数の感覚対象が，それらを比較する一つの感覚能力〔共通感覚〕に対して関係付けられる〈類比関係・数〉と，複数の表象像が，

それらを理性によって比較する一つの知性能力に対する〈類比関係・数〉とは，まったく同じである。」Differunt autem verum et falsum a bono et malo etiam in quodam, quoniam si non sit agibile per nos, erit quidem verum vel falsum in phantastica cognitione, sed non bonum et malum. Patet igitur, quod in omnibus quorum species est in phantasmatibus, sicut est in physicis et ethicis, analogia est inter sensibilia ad sensum et phantasmata ad intellectum phantasticum comparata. *De anima*, lib.3, tract. 3, c.4, p.214, ll.17-24.〈訳〉「真偽は善悪と或る点で異なる。すなわち，もし我々にできることでなければ，それは表象的認識における真偽であって，善悪ではないだろう。だから，自然学や倫理学においてそうであるように，その形象が表象像のうちに在るところの諸々のものすべてにおいては，感覚と関係付けられた諸々の感覚対象と，表象的知性と関係付けられた諸々の表象像との間に類比関係があるのは明らかである。」si enim quaerat quis, quomodo idem iudicat *album et nigrum*, dicemus, quod iudicat ea sicut ultima virtus, ad quam terminantur motus albi et nigri. Et similiter, si quaerat aliquis, quomodo idem est iudicans id quod est ex phantasmate albi et ex phantasmate nigri, dicemus similiter sicut unus et idem terminus, ad quem ultimum perveniunt motus utrorumque, quoniam sicut se habent res sensibiles ad sensitivum ultimum unum, ita se habent diversa phantasmata *ad* intellectivum ultimum unum. *Sit* enim *D sicut dulce* quoad hoc, quod sit similitudo et species dulcis in phantasia, *A* autem sit res sensibilis *alba, et B* sit res sensibilis *nigra*, et *C* in phantasmate se habeat *ad D sicut* A ad B, et tunc oportet, quod C sit phantasma amari: tunc dico, quod sicut A et B se habent movendo sensitivum ultimum unum, ita C et D se habent, quod movent intellectivum unum: et idem *et commutabiliter* etiam est eodem modo quoad hoc quod sicut se habent species in phantasmate moventes intellectum, ita se habent sensibilia moventia sensum. *De anima*, lib.3, tract. 3, c.4, p.213, ll.2-23.〈訳〉「すなわち，どのようにして同じもの〔同じ能力〕が〈白と黒〉を判断するのかと誰かが問うならば，〔その同じ能力は〕白と黒の運動がそこへと極まるところの最後の力として白と黒を判断すると我々は言おう。同様に，どのようにして同じもの〔同じ能力〕が白の表象像から来るものと黒の表象像から来るものとを判断するのかと誰かが問うならば，同じ様に，両者の運動が最後にそこへと到達するところの同一の終極としてであると我々は言おう。なぜなら，感覚可能な諸事物が最後の一つの感覚能力と関係するのとちょうど同じ様に，相異なる表象像は最後の一つの知性能力〈と〉関係するからである。たとえば〈D〉を表象力における甘の似像・形象であるかぎりでの〈甘であるとしよう〉。また〈A〉を〈白い〉感覚可能な事物，〈B〉を〈黒い〉感覚可能な事物としよう。表象像における C が〈D に対して，A が〉B と関係する〈ようにして〉在る場合，C は苦の表象像でなければならない。この場合私は次のように言う。A と B が最後の一つの感覚能力を動かしつつそれと関係し合っているのとちょうど同じ様に，C と D も一つの知性能力を動かす関係に在る。同じものが〈変換可能な仕方で〉同じ仕方で在るのは，表象像における諸形象が，知性を動かしつつ関係し合っているのとちょうど同じように，諸感覚対象が感覚を動かしつつ関係し合っているかぎりでである。」

31） Una quidem et principalis (differentia in materia prima et in intellectu possibili) est, quia Formae intelligibiles sunt in intellectu possibili sicut in magis formali per ipsas deteminato; *De anima*, lib.3, tract. 2, c.13, p.196, ll.17-19.〈訳〉「〔可能知性と第一質料の〕一つの主要な違いは，知性認識可能な諸形相は可能知性において，知性認識可能な諸形相によって限定されるより形相的なものにおいて在るようにして在るということである。」 manus sit formalior organis, ita necesse est, quod primum sensitivum sit formalius quam sensibilia et primum intellectivum sit formalius speciebus intelligibilibus. *De anima*, lib.3, tract. 3, c.12, p.224, ll.40-43.〈訳〉「手は諸々の道具よりも形相的である。同様に第一の感覚能力は諸々の感覚対象よりも，第一の知性的能力は諸々の知性認識可能な形象よりも形相的でなければならない。」 et est [intellectus] formalis respectu phantasiae, sicut et phantasia formalis est respectu sensus communis, et sensus communis respectu sensuum particularium. *De anima*, lib.3, tract. 3, c.3, p.212, ll.60 -63.〈訳〉「そして〔知性は〕表象力との関係では形相的であること，表象力が共通感覚との関係では形相的であり，共通感覚が諸々の個別感覚との関係では形相的であるのと同様である。」

32） Sic igitur cum sit receptibilis intellectus, sine passione et motu suscipit et sine tempore quodlibet intelligibile, et ideo indiget duplici agente, agente scilicet, quod conferat formam moventi, et movente. Intellectus enim agens confert formam intellectualitatis et intelligibili et possibili intellectui, sicut unum lumen et perficit diaphanum et facit actu esse colores; sed intelligibile movet ipsum distinguendo eum sicut color visum. Et hoc simile est, sicut si diceremus, quod litterae scriberent seipsas in tabula. *De anima*, lib.3, tract. 2, c.17, p.203, ll.1-10.〈訳〉「だから知性は以上のように受容することができるので，どんな知性認識対象でも受動・運動なしに無時間的に受容し，それゆえに二通りの能動者を必要とする。すなわち，形相を動者にもたらす能動者と動者とである。というのも，能動知性は知性性の形相を知性認識対象と可能知性とにもたらす。それは，一つの光輝が透明なものを完成し，かつ諸々の色を現実に色にするのと同様である。しかし，知性認識対象は可能知性を，色が視覚を区別するように区別して動かす。これは言わば，文字が自らを書板に刻印するようなことと似ている。」 Hoc autem agens duo facit in omnibus in quibus est. Quorum primum est, quod de se facit formas inductas, et quoad hoc est simile arti factuosae, quae non accipit formas artificiatorum aliunde, sed facit eas de se et inducit eas in materiam. Sed in anima non est nisi facere formas intelligibiles, secundum quod intelligibiles sunt, et compositio earum non est in anima ad res, sed potius ad intellectum possibilem; et quoad hoc intellectus agens in anima assimilatur arti, et intellectus possibilis assimilatur materiae. Sed quia forma intelligibilis, prout comparatur ad id cuius est forma, informando movet et distinguit intellectum possibilem et non movet nisi, prout in actu est, non autem de se in actu est, sed in potentia: ideo etiam intellectus agens comparatur lumini, quod potentia colores facit actu colores, qui secundum actum lucidi movent visum; et quoad hoc intellectus agens assimilatur lumini. *De anima*, lib.3, tract.2, c.18, p.204, ll.20-38.〈訳〉「この能動者〔能動知性〕は，この能動者がそのうちに在るところのすべてのものにおいて二つのこ

とをする。そのうちの一つは，形相を自身から導入することであり，この限りではこの能動者は，諸作品の諸形相を他から受け取らず，これらの形相を自身から生み出し質料に導入するところの制作術に似ている。しかしこの能動者は魂においては，知性認識可能なものであるのに即した知性認識可能な諸形相しか生み出さず，それらの複合は，魂においては，事物のためではなく，むしろ可能知性のためになされる。この限りで能動知性は，魂においては技術知に似ており，可能知性は質料に似ている。しかし知性認識可能な形相は，形相がそれの形相であるところのもの〔物体〕と関係付けられるのに応じて，可能知性に刻印をしつつこれを動かし，区別し，現実態に在るのに応じてでなければ動かさず，自身では現実態にはなく，可能態にしかない。だから能動知性は，可能態に在る諸々の色を，明るいものの現実態に即して視覚を動かすところの現実態に在る色にする光輝にも比せられる。この限りでは能動知性は光輝に似ている。」

33） この四つの特徴は，可能知性の自然本性そのものではなく，自然本性を示す固有性のようなものと考えられており，また，そこから様々な疑問が浮かんでくる源とも考えられている。Dubia autem, quae oriuntur ex dictis istis, surgunt ex quattuor, quae Aristoteles dicit esse de natura intellectus possibilis, ex quibus demonstrat talem qualis dicta est, esse naturam eius. *De anima*, lib.3, tract. 2, c.3, p.179, ll.88-91.〈訳〉「ところで，ここで述べられた諸々のことに由来する諸疑問は，アリストテレスが可能知性の自然本性から来ると述べ，述べられたようなものが可能知性の自然本性であると彼がそこから論証するところの四つのことから起こる。」

34） Unum autem de quattuor est, quod intellectus possibilis immixtus est, hoc est non mixtus corpori alicui. Secundum autem est, quod ipse est separatus. Tertium autem est, quod est impassibilis, licet sit receptivus intelligibilium. Quartum autem est, quod non est hoc aliquid. *De anima*, lib.3, tract. 2, c.3, p.179, l.94- p.180, l.2.

35） このような結び付けの源はアヴェロエスらしい。Cf. Hicks, *Aristotle De anima*, p.477, 429a18.

36） Separatus autem ponitur ab omnibus Peripateticis intellectus possibilis, secundum quod separatum duo importat. Quorum unum est, sicut separatum dicimus denudatum a specificantibus et individuantibus, sicut prima universalia dicimus esse separata. Secundum autem est, sicut dicimus separatum id quod est potentia aliquid, antequam habeat illud. *De anima*, lib.3, tract. 2, c.3, p.180, ll.45-51.〈訳〉「可能知性は離れているとすべてのペリパトス派の人々が措定するのは，離れているものが二つのことを含意するのに即してである。そのうちの一つは，離れているものは，種別化・個別化する諸々のものから取り出されていると我々が語るような場合である。たとえば，諸々の第一普遍は離れているものであると語るような場合である。第二は，何かを有する前に可能的にその何かであるものを，離れているものと我々が語るような場合である。」

37） *De anima*, lib.3, tract. 2, c.3, p.180, ll.3-17 に二回出てくる。

38） （4）のように，アルベルトゥスの註解の中でほとんど役割を果たさない特徴が引用十二の中に入っているということは，ここで挙げられている可能知性の四つの特徴付

けは，アルベルトゥスがここで独自に考え出したものではなく，当時或る程度流布していた考え方なのかもしれない。

39） *De anima*, lib.3, tract. 2, c.18, p.204, ll.64-72.

40） Ratio autem demonstrativa, quae induxit Aristotelem, quod intellectum possibilem posuit separatum primo modo separationis, illa fundatur super duo necessaria. Quorum unum est, quod omnis cognitio animae secundum congruentiam aliquam existit ei; et ideo congruentiam harmonicam oportuit esse sensus ad sensibile et imaginationis ad imaginabile. Sic igitur etiam cognitio universalis erit secundum congruentiam aliquam animae. Specificatum autem et individuatum non habet aliquam congruentiam ad universale, sed potius oppositionem in modo; cum ergo cignitio universalis sit secundum possibilem intellectum, oportet ipsum esse separatum hoc modo quo universale est separatum. Secunda sutem propositio est, quia certum est universale, secundum quod est universale, non esse in re, quia quidquid est in re, secundum esse in ipsa est; et hoc est divisum et particulare et non universale nisi secundum potentiam; non ergo est universale, nisi prout est in anima; per esse ergo, quo est in anima, oportet ipsum esse universale. Hoc autem esse habere non potest in coniuncto subiecto, sed separato tantum; ergo erit eius subiectum separatum. *De anima*, lib.3, tract. 2, c.3, p.180, ll.60-82.〈訳〉「可能知性は，離れていることの第一の仕方で離れているものであると措定することへとアリストテレスを導いた論証的根拠は，二つの必然に基礎づけられている。そのうちの一つは以下の通りである。魂の認識はすべて何らかの一致に即して魂に在る。だから感覚〔力〕は感覚対象に，想像〔力〕は想像対象に調和して一致するのでなければならない。それゆえ同様に普遍認識も魂の何らかの一致に即して在るだろう。ところで，種別化，個別化されているものは普遍に対して何らの一致も有しておらず，むしろ在り方において対立を有している。したがって，普遍認識は可能知性に即して在るので，可能知性は普遍が離れているものであるような仕方で離れているものでなければならないのである。第二の命題は以下の通りである。普遍は普遍であることに即せば，事物のうちにないのは確かである。というのも，事物のうちに在るものは何でも，事物のうちに在る存在に即して存在する。そしてこの存在は分けられているもの・個であり，可能態に即してしか普遍ではないからである。だから普遍は魂のうちに在るのに応じてでなければ普遍ではない。それゆえ普遍は魂のうちにそれによって在るところの存在によって普遍でなければならない。しかしこの存在を，〔物体と〕結び付いた基体において有することはできず，離れている基体においてのみ有することができる。したがって普遍の基体は離れているであろう。」Huic autem adhuc duas adiunxerunt rationes; unam quidem AVERROIS, alteram autem AVICENNAE. Et illa quae est Averrois, est haec: quoniam si intellectus possibilis non esset separatus a materia et appendiciis materiae, tunc esset aut forma corporis aut forma operans organice in corpore; et quocumque modo esse diceretur, sequeretur, quod id quod esset in ipso, individuaretur per ipsum, sicut quaelibet forma individuatur per suum subiectum individuum. Et sic universale non esset in ipso, sed particulare; particulare autem non nisi secundum potentiam intelligibile est; sequeretur

ergo, quod actu intellectum ab ipso non esset nisi secundum potentiam intellectum, quod est impossibile. Ergo impossibile est intellectum possibilem non esse denudatum a materia et appendiciis materiae. *De anima*, lib.3, tract. 2, c.3, p.180, ll.83-98.〈訳〉「以上の根拠にさらに二つの根拠を〔ペリパトス派の人々は〕付け加えた。一つはアヴェロエスの，もう一つはアヴィセンナの根拠である。アヴェロエスの根拠は以下の通りである。もし可能知性が質料や質料に付随する諸々のものから離れていないとしたらその場合，可能知性は物体の形相であるか，物体において器官を使って働く形相であるかのどちらかであることだろう。そして，どのような仕方で在ると語られるとしても，可能知性において在るものは可能知性によって個別化されているということが帰結してしまうだろう。それは，どんな形相も，その個別化されている基体によって個別化されるのと同様である。そしてその場合可能知性のうちに普遍はなく，個があることだろう。ところで個は可能態に即してでなければ知性認識対象ではない。だから，可能知性によって現実に知性認識されるものが可能態に即してでなければ知性認識されるものではないということが帰結してしまうだろうが，これは不可能である。それゆえ可能知性が質料や質料に付随する諸々のものから取り出されていないということは不可能である。」Relinquitur ergo, quod habeat esse universale in actu per intellectum, in quo est; et ita oportet intellectum esse separatum et universalem, quia aliter individuaret id quod est in ipso. *De anima*, lib.3, tract. 2, c.3, p.181, ll.25-28.〈訳〉「だから，普遍は普遍がそれのうちに在るところの知性によって，現実態において普遍であるということを有するということが残る。そしてそれゆえ知性は離れていて，普遍でなければならない。なぜならそうでなければ，自身のうちに在るものを個別化してしまうからである。」

41） Secunda [differentia in materia prima et in intellectu possibili] est, quod formae universales simplices sunt comparatae ad intellectum possibilem; formae autem divisae secundum esse et particulare et hic et nunc existentes sunt comparatae ad materiam, et ideo non intelligit eas materia sicut intellectus; omne enim ad quod comparantur formae sicut universales et simplices et denudatae, habet discretionem formarum ad se comparatarum, ut in SEQUENTIBUS ostendemus, et omne id ad quod comparantur ut individuae et divisae, habet esse in actu ab illis et nullius earum discretionem et intellectum; et in hac differentia convenit nobiscum AVERROES. *De anima*, lib.3, tract. 2, c.13, p.196, ll.22-33.〈訳〉「第二〔の可能知性と第一質料の相違〕は，可能知性に対しては普遍的で純一な諸形相が関係するが，一方質料に対しては，個的存在，今・ここに在る存在に即して分割されて在る諸形相が関係するということである。だから質料は知性のように諸形相を知性認識しない。というのも，諸形相が普遍的なもの，純一なもの，取り出されているものとしてそれへと関係するところのものはすべて，自らに関係する諸形相の区別を有していること，我々が後で明らかにするであろう通りである。そして，諸形相が個別化され，分割されているものとしてそれへと関係するところのものはすべて，それらの形相から現実態における存在を有しており，それらの形相のどの区別，知解も有していない。この相違についてアヴェロエスも我々と一致する。」quia forma non perficit materiam nisi

secundum esse et distincta et divisa, universale autem est indistinctum et indivisum et non perficit ad esse, sed potius est principium cognitionis eorum quae sunt; alioquin oporteret nos dicere, quod intellectus esset lapis, quando intelligit lapidem et asinus, quando intelligit asinum. *De anima*, lib.3, tract. 2, c.12, p.194, ll.7-77.〈訳〉「なぜなら形相は，存在に即して区別され分けられていなければ質料を完成しないが，普遍は区別されず，個別化されず，存在に即して完成しはしないで，むしろ存在する諸々のものの認識の原理だからである。そうでなければ，知性が石を知性認識するとき知性は石であり，ロバを認識するときはロバであると我々は言わなければならないことになってしまうからである。」

42） Haec igitur sunt quattuor, quae intellectui possibili attribuuntur. Et videtur sequi ex isto, quod intellectus possibilis unus est numero in omnibus hominibus, qui sunt et fuerunt et erunt. Separatum enim praedicto modo non habet aliquid in se, per quod efficiatur istius vel illius, cum separatum sit non individuatum, denudatum autem a materia et individuantibus sit separatum; et intellectus possibilis, secundum id quod est, sic ergo separatus erit, ergo unicus in omnibus quorum dicitur esse intellectus. Adhuc autem, id quod in natura sua commne est, non efficitur proprium nisi per aliquid proprium sibi adiunctum; sed simpliciter separato nihil est adiunctum de propriis, ergo simpliciter denudatum numquam efficitur proprium. Est autem intellectus possibilis, secundum id quod est, simpliciter denudatum quid; numquam igitur efficitur proprius; erit ergo unus communis omnibus et nulli de se proprius. *De anima*, lib.3, tract. 2, c.3, p.181, ll.54-71.

43） 引用七直前の議論と引用十三の直前の議論参照。

44） Hoc autem deliramento videtur esse simile, quoniam quod est unum in omnibus, unicam in omnibus habet perfectionem; scientia autem perfectio est intellectus possibilis; in quocumque ergo accipiat scientiam, in omnibus habebit eam. Et sic sequitur, quod me acquirente scientiam aliquam, omnis homo habebit et acquiret eandem. Quod experimento falsum esse probatur, quia philosophia habita a multis, non propter hoc alii sciverunt eandem. *De anima*, lib.3, tract. 2, c.3, p.181, ll.72-80. 知性単一説に関するこの問題意識の源は実はアヴェロエスである。本書第三章引用十六参照。拙書『アリストテレス知性論の系譜』第 6 章「アヴェロエス」（二）「テオフラストス・テミスティオス批判」参照。

45） Licet enim intellectus meus sit individuus et separatus ab intellectu tuo, *De anima*, lib.3, tract. 2, c.13, p.195, ll.81-83.〈訳〉「私の知性は個別化されており，あなたの知性から離れているが，……」

46） Licet autem sic dicamus intellectum esse separatum, tamen anima est coniuncta per alias virtutes suas, quae sunt naturales sibi, inquantum est perfectio corporis, et ideo licet intellectus secundum se sit separatus, tamen intellectus est potentia coniuncti, quoniam est potestas animae, quae secundum potentias quasdam coniungitur corpori. Omne autem tale quod est coniuncti et non est eius, secundum quod est coniunctum, licet non communicet corpori, tamen communicat communicanti corpori. Et hoc est quod SUPRA diximus, quod intellectus communicat non corpori, sed potestati, quae communicat corpori, scilicet

phantasiae et imaginationi et sensui; et ideo secundum veritatem anima est una numero et efficitur una numero, quia per naturales potestates communicat corpori. Quia tamen in essentia sua et perfectiori potestate non communicat corpori, ideo habet potestates absolutas a corpore. *De anima*, lib.3, tract. 2, c.12, p.193, ll.42-60.

47） Dicimus igitur animam illam quae perfectio hominis est et rationalis vocatur, esse quoddam totum et esse quandam essentiam incorpoream, in animae potestate completam; et ideo habet in se potestatem vitae sensitivam et potestatem vitae vegetativam et potestatem agendi opera vitae intellectivae, et ipsa est una in substantia, uniens in se omnes istas potestates naturales sibi; et hoc licet saepe SUPRA probatum sit, tamen adhuc volumus hoc INFERIUS certius et fortius ostendere, eo quod super hoc multa de solutione dubiorum introductorum nobis videntur esse fundata. *De anima*, lib.3, tract. 2, c.12, p.193, ll.1-11.〈訳〉「だから我々は次のように言う。人間の完成態であり理性的とも呼ばれるこの魂は，何らかの全体であり，魂の能力において完成された何らかの非物体的本質である。そしてそれゆえ生命の感覚能力〔感覚的生の能力〕と生命の栄養摂取能力〔栄養摂取的生の能力〕と知性的生の働きを起こす能力とを自らのうちに有しており，この魂は実体において一つであり，自らに自然本性的なこれらすべての能力を自らにおいて一つにするものである。このことは上でしばしば証明されたけれども，しかし我々はこのことを以下でさらにより確かに，より強く明らかにしたい。なぜなら，このことの上に，導入された諸疑問の解決の多くが基礎付けられると我々には思われるからである。」原文三行目の sensitivam は sensitivae，4 行目の vegetativam は vegetativae でないと意味がよく分からない。

48） *De parte autem animae* rationalis, *qua* ipsa *anima cognoscit* distinguendo et formando agibilia et factibilia, quae pars intellectus activus arte et prudentia perfectus vocatur, *et* de parte animae, qua anima *sapit* prima et vera et ea quae per prima et vera accipiunt fidem — quae pars sapientia et intellectu principiorum perficitur et scientia et vocatur intellectus contemplativus — quaerere intendimus in hoc SECUNDO TRACTATU huius TERTII LIBRI de anima. *De anima*, lib.3, tract. 2, c.1, p.177, ll.7-15.〈訳〉「理性的〈魂が〉，できることと作れることを〈それによって〉区別し形相付けながら〈認識するところの〉理性的〈魂の部分〉，この部分は技術知によって作用することができる知性，賢慮によって完成される知性と呼ばれるが，〈この部分と〉，諸々の第一にして真なることと，諸々の第一にして真なることによって信を受け取る諸々のこととを魂がそれによって〈吟味する〉ところの魂の部分，この部分は知恵と諸原理の直知と学知とによって完成され，観想的知性と呼ばれるが，この部分について我々はこの『霊魂論』第三巻第二論考で探究するつもりである。」上記箇所は Aristoteles, *De anima*, III, 429a10 の註解箇所である。Sed qualiter hoc sit, ut melius videatur, AVICENNAE dicta accipiamus, quae Aristoteli plus concordant, quoniam anima ratinalis non est intellectus possibilis, sed intellectus possibilis una eius pars est. Et hoc sensit ARISTOTELES, quando dixit: ‘De parte autem animae, qua cognoscit et sapit anima.’ Et vocavit intellectum partem animae et non totam animam

rationalem. *De anima*, lib.3, tract. 2, c.12, p.192, ll.81-88.〈訳〉「しかしそれは一体どのようにしてそうなのかということがより善く見られるために，アヴィセンナが述べた諸々のことを受け入れよう。彼の言ったことはアリストテレスにより一致している。なぜなら，理性的魂とは可能知性のことではなく，可能知性は理性的魂の一部だからである。アリストテレスも「それによって魂が認識し吟味するところの魂の部分について」と言ったとき，このことを考えていたのである。またアリストテレスは魂の部分を知性と呼んだのであって，理性的魂全体を知性と呼んだのではない。」

49） in veritate, quando intellectus possibilis procedit de potentia ad actum, tunc utitur reminiscentia et seusu et imaginatione et phantasia, quoniam ex sensu accipit experientiam et ex experientiis memoriam et ex memoriis universale. cum autem iam habeat scientiam, vocatur intellectus adeptus, et tunc non indigent amplius virtutibus sensibilis animae, sicut qui quaerit vehiculum, ut dicit AVICENNA, ad vehendum se ad patriam, cum pervenerit ad patriam, non indiget amplius vehiculo. *De anima*, lib.3, tract. 2 c.19, p.206, ll.44-54.〈訳〉「確かに可能知性が可能態から現実態へと移行する場合は，記憶と感覚と想像と表象を用いる。なぜなら可能知性は，感覚からは経験を，諸経験からは記憶を，諸記憶からは普遍を受け取るからである。しかしすでに学知を有しており，獲得知性と呼ばれる場合には，感覚的魂の諸力はもはや必要ない。それはちょうどアヴィセンナが言う通り，故郷に乗っていくために乗り物を得ている人が，故郷に到着したらもはや乗り物を必要としないのと同様である。」

50） Et tunc ille adeptus intellectus, qui in simplici consistit intellectu, immortalis et perpetuus est, et in illo non reminiscimur nec utimur aliqua virtute sensibili, quia intellectus, qui utitur reminiscentia et cognitione, est passibilis et mutabilis; et quia passivus est, corruptibilis est, eo quod communicat corruptibili et corrumpitur 'illo interius corrupto', cum sit tamen in se substantia incorruptibilis. Sine hoc enim talis passivus intellectus nihil omnino intelligit, eo quod omnis nostra scientia oritur ex sensibilibus. Et ideo intelligere intellectus possibilis post mortem est aequivocum ad intelligere in vita, quando utitur sensibus; et intelligere post habitum scientiae secundum solam conversionem ad agentem, est aequivocum ad intelligere in accipiendo scientiam per experimentum et memoriam. *De anima*, lib.3, tract. 2, c.19, p.206, ll.60-76.〈訳〉「そしてこの場合，純一な知性である獲得知性は不死であり永遠であって，獲得知性において我々は思い出すことも無いし，何らかの感覚力を用いることも無い。なぜなら，記憶や思考を用いる知性は受動・変化し得るからである。そして〔可能知性は〕それ自体では不可滅な実体であるけれども，受動知性でもあるがゆえに，可滅的なものに与ることによって可滅的であり，可能知性が与っている可滅的なものが内部で滅ぶと〔受動知性としての可能知性は〕滅ぶ。なぜなら我々の学知はすべて諸々の感覚対象に由来するがゆえに，可能知性が与っている可滅的なものがなければ，このようなものである受動知性は全く何も知性認識しないからである。だから死後の可能知性の知性認識は，諸感覚を用いる〔この〕世での知性認識とは同名異義的である。そして，能動知性への振り向きだけによって学知を有した後の知性認識も，経験と記憶によって

学知を受容する知性認識とは同名異義的である。」

51） Per hoc enim videtur nobis, nec de hoc dubitamus, quin intellectus agens sit pars et potentia animae, sed tunc dicentes eum esse partem, erit quidem animae semper coniunctus sicut pars, sed lumen eius, quo operatur intellecta, hoc non semper est actu coniunctum intellectui possibili, qui est etiam separatus, ut dictum est SUPRA. *De anima*, lib.3, tract. 3, c.11, p.221, ll.25-31.「すなわち，このことによって我々にそうであると思われ，このことについて我々が疑わないのは，能動知性は魂の部分であり，能力であるということである。しかしこの場合，能動知性は部分であると我々は言うけれども，能動知性は魂に部分として常に結び付いているであろうが，しかし，能動知性がそれによって知性認識されるものを生み出すところの能動知性の光輝は，上で述べた通り離れているものでもある可能知性と常に現実に結び付いているわけではない。」

52） et ideo in omnibus his [intellectis speculativis] accipit continue intellectus possibilis lumen agentis et efficitur sibi similior et similior de die in diem. Et hoc vocatur a PHILOSOPHIS moveri ad continuitatem et coniunctionem cum agente intellectu; et cum [intellectus possibilis] sic acceperit omnia intelligibilia, habet lumen agentis ut formam sibi adhaerentem, et cum ipse sit lumen suum, eo quod lumen suum est essentia sua et non est extra ipsum, tunc adhaeret intellectus agens possibili sicut forma materiae. Et hoc sic compositum vocatur a Peripateticis intellectus adeptus et divinus; et tunc homo perfectus est ad operandum opus illud quod est opus suum, inquantum est homo, et hoc est opus, quod operatur deus, et hoc est perfecte per seipsum contemplari et intelligere separata. *De anima*, lib.3, tract. 3, c.11, p.221, l.89-p.222, l.9.〈訳〉「だから可能知性も，これらすべての思弁知性において，能動知性の光輝を段々と受容し，日に日に能動知性に類似したものになる。このことを哲学者たちは，能動知性とのつながり・結び付きへの動きと呼んでいる。そして〔可能知性は〕このようにしてすべての知性認識対象を受容すると，能動知性の光輝を自分とつながっている形相として有する。そしてこの場合能動知性は，自らの光輝が自らの本質であり，光輝以外のものではないがゆえに自らの光輝であるので，形相が質料につながるようにして可能知性につながる。このようにして複合されたものを，ペリパトス派の人々は獲得知性・神的知性とも呼ぶ。そしてこのとき人間は，人間であるかぎりで自分の業であるこの業を行うために完成される。この業は神が行う業でもある。この業とは，離れている諸々のものを自分自身で完全に観想し知性認識するということである。」ここで「これらすべての思弁知性」と言われているものは，意志だけによって生じる思弁知性も混ざっているにせよ，基本的には表象像から生じている，あるいは一度は生じた思弁知性でなければならないと考えざるを得ないであろう。本章四の末尾の議論参照。

53） et si fiducia felicis philosophantis est coniungi intelectui sicut formae, tunc coniungetur ei ita, quod ipso intelligat homo felix in optimo statu suae felicitatis; forma enim est, per quam operamur hoc opus quod nostrum est, inquantum homines sumus. Et si forte diceretur, quod haec coniunctio secunda est impossibilis, refellitur hoc per hoc quod nos videmus animas

felicium sic intellegere, quando perficiuntur animae eorum secundum optimum statum sapientiae, quando scilicet sapiunt divina, quae sapit deus, et habent delectationem in his. Per effectum igitur probatur, quod haec coniunctio erit in multis et est possibilis. *De anima*, lib.3, tract. 3, c.11, p.221, ll.56-68.〈訳〉「そして，幸いな哲学者が確信を持っているということは，〔能動知性が〕形相として〔可能〕知性と結び付いているということであるならば，その場合〔能動知性は〕，幸いな人間が能動知性によって人間の幸福の最善状態で知性認識するという仕方で可能知性と結び付くであろう。なぜなら能動知性は，我々が人間である限りで我々のものであるこの業〔知性認識〕を，我々がそれを通して行うところの形相だからである。この二つ目の結び付きは不可能であるともし言われるとしたら，このような異論は，幸福な人々の魂が知恵の最善の状態に即して完成されているとき，すなわち，神が吟味する諸々の神的な事柄を彼らが吟味し，これらの事柄において楽しんでいるとき，彼らの魂がこのように知性認識しているのを我々は見ているということによって否認される。だから結果的に，このような結び付きは多くの人々において在るであろうし，可能であるということが証明されるのである。」

54) Quaedam [intellecta] autem speculata fiunt in nobis per voluntatem, quia scilicet studemus inveniendo et audiendo a doctore, *De anima*, lib.3, tract. 3, c.11, p.221, ll.81-83.〈訳〉「或る思弁知性は，意志によって我々のうちに生じる。すなわち，我々は発見したり，教師から聴いたりすることによって学ぶので，」ここで語られている「発見」「学び」とは恐らく，この箇所の文脈から考えて，論証における中項，すなわち結論の原因の発見・学習のことであろう。次の註参照。

55) Cum autem haec sit coniunctio intellectus adepti cum homine, oportet scire, quod quidam nobilioris animae existentes quasi omnia quaerenda in philosophia quasi per seipsos facile intelligunt, sicut dicebatur de Hippocrate Cheo. Et horum est intellectus vocatus sanctus a philosophis, eo quod plurimum eorum possibilis intellectus accedit ad intellectum verum, qui est agens. Haec autem aptitudo naturae vocatur subtilitas; ex adepto vero subita inventio medii termini, quod est causa quaesiti, vocatur sollertia, quae una est virtutum intellectualium. Quando autem adeptus quasi totus est perfectio luminis agentis, ita quod per se facit intellecta, tunc ille proximus est ad cognoscendum futura ex praesentibus, et illi frequenter efficiuntur prophetantes. Quando enim duo extrema habent coniungi per gradum, tunc multi gradus tam ex naturae aptitudine quam ex speculatis medii inveniuntur, et secundum horum diversitatem etiam nobilius et minus nobiliter coniunguntur extrema. *De anima*, lib.3, tract. 3, c.11, p.223, ll.19-38.〈訳〉「ところで，獲得知性の人間との結び付きは以上の通りであるので，より高貴な魂を持っている或る人々は，哲学で問われるべきほぼすべてのことを，ほとんど自分自身で容易に知性認識するということを知らねばならない。それはたとえばコスのヒポクラテスについて言われていた通りである。彼らの知性は哲学者たちから「聖なる知性」と呼ばれている。彼らの可能知性が，能動知性という真なる知性に最も近づいているからである。このような自然本性の適合性は「鋭敏さ」と呼ばれる。また，問われていることの原因である中項・媒概念が獲得知性に

よってすぐに発見される。これは「明敏さ」と呼ばれる。知性的諸力の一つである。ところで，獲得知性が，知性認識される諸々のことを自分で作り出すというような在り方で，ほぼ全体が能動知性の光輝の完成態である場合，獲得知性は諸々の現在のことから諸々の未来のことを認識することへと最も近付いており，彼らはしばしば預言する者になる。つまり，二つの極〔能動知性と可能知性〕が段階的に結び付き得る場合，多くの段階が，自然本性の適合性からも，中項に関して思弁・思索される諸々の事柄からも見出され，これらの違いに従って両極はより高貴に，またより少なく高貴に結び付くのである。」

56） libera est magis anima rationalis quam sensibilis; in sensibili autem aestimativa et phantasia liberum est imaginari, cum voluerimus, etiam quando imago est apud nos; et ideo, licet species sint sicut in loco in intellectu, avertitur tamen ab eis, quando vult, et convertitur ad eas, quando voluerit. *De anima*, lib.3, tract. 3, c.11, p.223, ll.13-19.〈訳〉「理性的魂は感覚的魂よりもより自由である。ところで，感覚的魂においては，像が我々のうちに在るときでも，我々が意志すれば，評定力と表象力によって想像をすることは自由である。だから，場所としての知性のうちに諸形象があっても，〔理性的魂は〕意志するとき，それらの形象に背を向け，意志すればそれらの形象へと振り向く。」この最後の一文はアヴィセンナの思想を思い出させる。拙書『アリストテレス知性論の系譜』第五章「アヴィセンナ」参照。

57） 引用十三の直前の議論参照。

58） formae, quae sunt in intellectu possibili, sunt in eo non individuatae, eo quod non omnino uniuntur sibi sicut subiecto nec sicut materiae, et ideo intellectus possibilis non obligatur alicui earum sicut materia et instrumentum, in quo et per quod forma suas exerceat operationes, sed remanet liber, potens operari circa eas; materia autem formas, quas recipit, recipit sicut subiectum recipit, et ideo dividitur in partes per formas et efficitur per partes obligata cuilibet formae, et illa exercet operationes suas in ea sicut in instrumento et subiecto. *De anima*, lib.3, tract. 2, c.14, p.196, ll.45-56.〈訳〉「可能知性のうちに在る諸形相は，可能知性と，基体と一つになるように一つになることも，質料と一つになるように一つになることも全くないので，可能知性において個別化されることはない。だから可能知性も，形相がそこにおいて，あるいはそれによって自らの働きを行うところの質料や道具のようにして或る形相に縛られることはなく，形相に働きかけることが自由にできるままに留まる。一方質料は，自らが受容する諸形相を，基体が受容するようにして受容する。それゆえ質料は諸形相によって諸部分に分割され，諸部分を通して各々の形相に縛られるようになる。そしてその形相は自らの諸々の働きを，道具や基体においてのようにして質料において行う。」

59） ad ipsum [possibilem intellectum] autem unitur agens sicut ad diaphanum lumen, et speculativus unitur sicut colores cum diaphano illuminato et speculativus comparatur et unitur ad possibilem sicut instrumentum; comparatur autem ad agentem sicut minus formale recipiens actum et virtutem a magis formali. Quandocumque enim duo comparantur ad unum

sicut ad materiam, unum illorum est forma simpliciter, et alterum est quasi instrumentum et imperfectum et propter hoc est cedens in rationem alcuius materialis. Et ideo, cum tam agens quam speculativus comparantur ad possibilem intellectum, agens erit simpliciter forma, et speculativus erit non simpliciter forma, sed ut instrumentum. Nisi enim ita ponamus, non evademus obiectionem inductam contra AVICENNAM, quia cum agens sit una et simplex essentia, non potest esse causa sufficiens distinctarum specierum in speculativo; et ideo speculativus est instrumentum eius ad distinguendum intellectum possibilem. *De anima*, lib.3, tract. 3, c.11, p.222, ll.53-72.〈訳〉「ところで，能動知性が可能知性と一つになるのは，光輝が透明なものと一つになるようにしてであり，思弁知性が可能知性と一つになるのは，諸々の色が，照らされた透明なものと一つになるようにしてである。そして思弁知性は道具としても可能知性と関係付けられ一つになる。また，思弁知性が能動知性と関係付けられるのは，より形相的なものから現実態と力を受容する，より少なく形相的なものとしてである。なぜなら，質料として在る一つのものに二つのものが関係付けられるときはいつでも，そのうちの一つは端的に形相として在り，もう一つは道具として，不完全なものとして在るからである。このため〔二つ目のものは〕何らかの質料的なものの特質を有するものとされる。だから，能動知性も思弁知性も可能知性と関係付けられる場合，能動知性は端的に形相であろうし，思弁形相は端的に形相なのではなく，道具として在るであろう。なぜならもし我々がそのように措定しなければ，アヴィセンナに反対して導入された反論を我々は免れないだろうからである。というのも，能動知性は純一な本質であるので，思弁知性における互いに区別された諸形象の十分な原因ではあり得ないからである。だから思弁知性は可能知性を区別するための能動知性の道具なのである。」ここで語られている思弁知性は，色にたとえられているので，物体との関係に即してでなければ可能知性を限定することはない思弁知性なはずである。だから，表象像から生じている，あるいは少なくとも一度は生じた表象像でなければならないであろう。本章二の議論および本書の補足参照。

第三章　知性論史解釈

1）　アルベルストゥスはすでに『霊魂論』よりも十年前に『人間論』で，知性の区分についての概念史という形で簡略な知性論史を描いている。Cf. *De homine*, pp.396-399. なお，本章に登場する様々な哲学者たち自身のテキストに即した，より平易な通史については拙書『アリストテレス知性論の系譜』を参照。

2）　ALEXANDER autem, qui inter discipulos Aristotelis aliquando summus habitus est, dicit intellectum possibilem formam corporis et virtutem causatam ex elementis, supra quam irradiat intelligentia agens, quae non est pars animae hominis, sed separata. *De anima,* lib.3, tract.2, c.4, p.182, ll.17-21.〈訳〉「時としてアリストテレスの弟子たちの中で最高と言われている〔アフロディシアスの〕アレクサンドロスは，可能知性は物体〔身体〕の形相であり，諸元素を原因とする力であり，その力の上に，人間の魂の部分ではなく〔そこから〕離れている能動知性体が〔光輝を〕照らすと語る。」[Alexander] Dixit enim

intellectum possibilem esse generabilem cum corpore hominis et corruptibilem, eo quod esset forma et virtus in corpore, sicut SUPERIUS diximus. Qui intellectus secundum eum non est aliud quam praeparatio ad intelligibilia suscipienda et aptitudo, sicut rasura tabulae et planatio est aptitudo ad recipiendum picturam, et non est substantia quaedam [quae] in se est, sicut est tabula, sed est tantum aptitudo ad intelligibilia, consequens complexionem elementorum inter omnes complexiones magis aequalem et ad aequalitatem caelestem magis per similitudinem vicinantem. *De anima,* lib.3, tract.3, c.6, p.215, ll.38-50.〈訳〉「アレクサンドロスが語ったところによれば，可能知性は身体における形相であり，力であるがゆえに，人間の身体とともに生成消滅し得るものであること，我々が上で述べた通りである。この知性は，知性であるのに従えば，諸々の知性認識対象を受容するための準備状態，適合性に他ならない。それは書板のよく削られている状態，平らである状態が図画を受容するための適合性であるのと同様であり，書板がそうであるのと同じように，それ自体で存在している何らかの実体ではなく，諸々の知性認識対象に対する適合性に過ぎない。可能知性は，〔諸元素の〕すべての混合の中で，より均等であり，天の均等性に対して類似性によってより接近している諸元素の混合を伴っている。」et ita per gradus maioris et minoris temperantiae et aequalitatis elementa venientia ad medium secundum mixturam tandem perficiunt formam, quae vocatur intellectus possibilis, qui potentia est omnia intelligibilia et actu nullum. *De anima,* lib.3, tract.2, c.4, p.182, ll.35-39.〈訳〉「そしてこのようにより大きな，あるいはより小さな中庸さ，均等性の諸段階によって諸元素は混合にしたがって中間に向かい，ついに，可能知性と呼ばれ，可能的にすべての知性認識対象であるが，現実的にはそのどれでもない形相を完成させる。」

3） οὐδὲ μεμεῖχθαι εὔλογον αὐτὸν (τόν νοῦν) τῷ σώματι˙ Aristoteles, *De anima,* III, c.4, 429a24-25.

4） ἐντελέχεια ἡ πρώτη σώματος φυσικοῦ ὀργανικοῦ. Aristoteles, *De anima,* II, c.1, 412b5-6.

5） [Alexander] Habet autem rationes adhuc duas, unam quidem, quam sumit ex Aristotelis verbis, ubi dicit animam secundum substantiam universaliter esse corporis organici endelechiam. Si enim hoc est verum, tunc univoce omnes animae partes sunt endelechiae corporis. Oportet igitur intellectum esse corporis endelechiam sicut formam corporalem, et sic erit causata forma ex elementorum mixtura. Amplius autem, potentia materiae corporalis et physicae non perficitur nisi per formam, quae est in ipsa potentialiter et educitur de ipsa per motum et mutationem; constat autem, quod anima rationalis, quae est intellectiva, est perfectio corporis hominis, quod est materia corporea; oportet igitur, quod potentialiter sit in ipso semine corporis et educatur de ipso per motum et mutationem. Nullum auetm separatum incorporeum est potentia in corpore, eductum de ipso per motum et mutationem; igitur intellecuts possibilis, qui est perfectio hominis, est forma corporis operans in corpore sicut aliae formae naturales. *De anima,* lib.3, tract.2, c.4, p.182, ll.53-73.〈訳〉「ところで〔アレクサンドロスは〕さらに二つの根拠を有している。一つはアリストテレスの言葉から

取っているものである。その言葉の中で〔アリストテレスは〕，一般的に言って魂は，実体に即して言えば，器官を有する物体〔身体〕の完成態であると語る。というのも，もしそのことが真であるならばその場合，魂の全ての部分は一義的に物体（身体）の完成態である。だから知性は物体形相として物体〔身体〕の完成態でなければならず，それゆえ諸元素の混合が原因である形相であるだろう。さてさらに，物体的自然的質料の可能態は，物体的質料のうちに可能的に在り，運動変化によって物体的質料から引き出される形相によるのでなければ完成されない。ところで，知性能力を持つ理性的魂は，物体的質料である人間の身体の完成態であるということが成り立つ。だから，人間の身体の種子の中に可能的に在り，運動変化によって身体の種子から引き出されるのでなければならない。しかし，非物体的で〔物体から〕離れているものはどれも，可能的に物体のうちに在り，運動変化によって物体から引き出されるものであるということはない。それゆえ人間の完成態である可能知性は他の諸々の自然形相と同様に，物体の中で働く物体の形相である。」Cf. Et induxit Alexandrum ad hanc expositionem remotam manifesti erroris fugere, scilicet a questionibus predictis. Et videmus etiam Alexandrum sustentari in hoc quod prima perfectio intellectus debet esse virtus generata super universales sermones dictos in diffinitione anime, scilicet quia est prima perfectio corporis naturalis organici. Et dicit quod ista diffinitio est vera de omnibus partibus anime eadem intentione. Et dat rationem super hoc: quoniam dicere quod omnes partes anime sunt forme est univocum, aut prope, et quia forma, in eo quod est finis habentis formam, impossibile est ut separetur, necesse est, cum prime perfectiones anime sint forme, quod non separentur. Et per hoc destruit ut in primis perfectionibus anime sit perfectio separata, sicut dicitur de nauta cum nave, aut universaliter erit in ea aliqua pars que dicitur perfectio intentione diversa ab intentione qua dicitur in aliis. *Averroes*, p.396, l.278- p.397, l.293.〈訳〉「そしてこのような〔アリストテレスの言葉から〕かけ離れた説明へとアレクサンデルを導いたのは，明らかな誤り，すなわち上で述べた諸問題を避けるということであった。そしてアレクサンデルは，知性の第一完成態は生じる力でなければならないということにおいて，魂の定義で語られた一般的な諸見解，すなわち，〔魂は〕器官を有する自然物の完成態であるということに依拠していると我々は見る。そしてアレクサンデルは，この定義は魂のすべての部分について同じ意味で真であると言う。そしてアレクサンデルはこのことに次のような根拠を与える。すなわち，魂の全ての部分は〔それぞれが〕形相であると語ることは一義的であるか，あるいは近い意味を有しており，形相は，形相を有しているもの〔質料〕の目的であるということにおいては，それが〔その質料から〕離れているということは不可能であるので，魂の諸々の第一完成態は〔それぞれが〕形相であるので，〔質料から〕離れていないのでなければならない。それゆえアレクサンデルは，魂の諸々の第一完成態に，船と共にいる船員について語られるようにして〔身体から〕離れた完成態が在るということを，あるいは総じて，他の部分において語られるのとは異なる意味で完成態であると語られる何らかの部分が魂のうちに在るということも破棄する。

6） 本書第二章引用一第五段落で見た通り，アリストテレスは彼の『霊魂論』第3巻第4章 429a26-27 で，可能知性の器官は今のところ見当たらないという趣旨のことを語っている。アレクサンドロスはガレノスの影響を受けて，ガレノスが解明した脳，あるいは脳の力こそ可能知性であると考えたのかもしれない。

7） ὅταν μὲν οὖν ἐκ τοῦ σώματος τοῦ κραθέντος πῦρ γένηται ἤ τι τοιοῦτον ἐκ τῆς μίξεως, ὡς και ὄργανον δύνασθαι τῷ νῷ τούτῳ παρασχεῖν, ὅς ἐστιν ἐν τῷ μίγματι τούτῳ (διότι ἐστὶν ἐν παντὶ σώματι, σῶμα δὲ καὶ τοῦτο), τοῦτο τὸ ὄργανον δυνάμει νοῦς λέγεται ἐπιτήδείος τις δύναμις ἐπὶ τῇ τοιᾳδε κράσει τῶν σωμάτων γιγομένη πρὸς τὸ δέξασθαι τὸν ἐνεργείᾳ νοῦν. *Alexandri Aphrodisiensis praeter commentaria scripta minora : de anima liber cum mantissa*, ed. Ivo Bruns, Berlin, Georg Reimer, 1887, p.112, ll.11-16.

8） Cf., Charles Burnett, “Arabic into Latin: the reception of Arabic philosophy into Western Europe” *The Cambridge Companion to Arabic Philosophy,* Cambridge, Cambridge University Press, 2005, p.392.

9） *Cum igitur ex hoc corpore, quando fuerit mixtum aliqua mixtione, generabitur aliquid ex universo mixti ita quod sit aptum ut sit instrumentum istius intellectus qui est in hoc mixto, cum existit in omni corpore, et istud instrumentum est etiam corpus, tunc dicetur esse intellectus in potentia; et est virtus facta a mixtione que cecidit in corporibus, preparata ad recipiendum intellectum qui est in actu. Averroes*, p.394, ll.220-227. 〈訳〉「だから，或る特定の物体から何らかの混合によって混合されたとき，物体すべてのうちに在るがゆえにこの混合されたもののうちに在る知性の道具〔器官〕であるということに適合するように混合されたものの全体から或るものが生じるであろう。そのときこの道具〔器官〕は，物体でもあるが，この場合は可能態に在る知性であると語られるであろう。そしてそれは，諸物体に相応しい混合から生じ，現実態に在る知性を受容するために準備された力である。」

10） Et dixit etiam in tractatu quem fecit de Intellectu secundum opinionem Aristotelis quod intellectus materialis est virtus facta a complexione. *Averroes*, p.394, ll.217-219.

11） Alexander autem sustentatur super hunc sermonem postremum, et dicit quod magis convenit Naturalibus, scilicet sermonem concludentem quod intellectus materialis est virtus generata, ita quod existimamus de eo quod opinatur et in aliis virtutibus anime, esse preparationes factas in corpore per se a mixtione et complexione. Et dicit hoc non esse inopinabile, scilicet ut ex mixtione elementorum fiat tale esse nobile mirabile, licet sit remotum a substantia elementorum propter maximam mixtionem. *Averroes*, p.393, l.196-p.394, l.205. 〈訳〉「これに対してアレクサンデルは最後の見解に基づいて，自然学者たちにより一致すること，すなわち，質料知性は生じる力であると結論する見解を語る。そのため，魂の他の諸力においても主張されていることから，〔アレクサンデルが語る質料知性は〕混合・複合から自体的に物体〔身体〕のうちに生じる準備状態であると我々は考える。そしてアレクサンデルは，次のことは主張できないことではないと語

る。すなわち，諸元素の混合からこのような高貴で驚くべきものが生じる。ただしそれは最大の混合のゆえに，諸元素の実体から離れているものである。」［下線は引用者］

12） Id autem quod demonstrative destruit dictum Alexandri, est, quod omne quod recipitur in eo quod est in corpore sicut forma corporis, est particulare et individuum, sicut probatur per omnia, quae sunt in virtutibus animae sensibilis. Si ergo intellectus possibilis esset huiusmodi forma, receptum in ipso esset particulare, et sic non esset intellectus receptivus universalis. *De anima*, lib.3, tract.2, c.4, p.182, l.92- p.183, l.5. Cf. si intellectus materialis est prima perfectio hominis, ut declaratur de diffinitione anime, et intellectus speculativus est postrema perfectio, homo autem est generabilis et corruptibilis et unus in numero per suam postremam perfectionem ab intellectu, necesse est ut ita sit per suam primam perfectionem, scilicet quod per primam perfectionem de intellectus sim alius a te, et tu alius a me (et si non, tu esses per esse mei, et ego per esse tui, et universaliter homo esset ens antequam esset, et sic homo non esset generabilis et corruptibilis in eo quod homo, sed si fuerit, erit in eo quod animal). Existimatur enim quod, quemadmodum necesse est quod, si prima perfectio fuerit aliquid hoc et numerabilis per numerationem individuorum, ut postrema perfectio sit huiusmodi, ita etiam necesse est econtrario, scilicet quod, si postrema perfectio est numerata per numerationem individuorum hominum, ut prima perfectio sit huiusmodi. *Averroes*, p.392, l.159- p.393, l.175.〈訳〉「もし魂の定義について明らかにされている通り質料知性が人間の第一完成態であり，思弁知性は後続する完成態あり，その一方で，人間は生成消滅し得るものであり，知性に係わる人間の後続する完成態によって数的に一つであるならば，自らの第一完成態によってそうでなければならない。すなわち，諸々の知性認識されているものに係わる第一完成態によって私はあなたと異なり，あなたは私と異ならなければならない（もしそうでなければ，あなたは私の存在によってあなたであり，私はあなたの存在によって私であり，総じて人間は存在する以前に存在し，それゆえ人間は人間であるということにおいては生成消滅し得ないことになってしまい，もし生成消滅し得るとしたら，動物であるということにおいて生成消滅するということになるだろう）。というのも，もし〔人間の〕第一完成態が或る特定のものであり，個々人の多数化によって数え得たならば，後続する完成態もそのようである〔或る特定のものであり，数え得る〕のでなければならない。同様に，逆にもし後続する完成態が個々人の多数化によって数えられるならば，第一完成態もそのよう〔数えられるの〕でなければければならないと思われるのである。」ただしこれをアヴェロエスは，この箇所では一応，テオフラストス，テミスティオスに対する批判の中で述べている。Abubacher autem videtur intendere istud fugiendo impossibilia contingentia Alexandro, scilicet quod subiectum recipiens formas intellectas est corpus factum ab elementis, aut virtus in corpore; quoniam, si ita fuerit, continget aut ut esse formarum in anima sit esse earum extra animam, et sic anima erit non comprehensiva, aut ut intellectus habeat instrumentum corporale, si subiectum ad intellecta sit virtus in corpore, sicut est de sensibus. *Averroes*, p.397, ll.303-311.〈訳〉「ところでアブバケルはこのことを，アレクサンデルに生じている諸々の不可能なことを避け

つつ言おうとしていると思われる。その不可能なこととはすなわち，知性認識される諸形相を受容する基体が，諸元素から生じた物体であるか，あるいは物体のうちに在る力であるということである。なぜこれが不可能なことなのかというと，もしそうであったら，魂のうちに在る諸形相の存在が魂の外にある諸形相の存在〔と同じ〕であるということになり，それゆえ魂は把握しないであろうからである。あるいはもし知性認識されるものの基体が，諸感覚についてそうであるのと同じように物体のうちにある力であるならば，知性は物体的器官を有しているということになるであろうからである。」

13） intellectus agens est aeternus hoc modo, quo dicimus aeternum esse intransmutabile, agente autem uno modo se habente erit id in quod agit, uno modo se habens, quia aliter agens esset otiosum; et sic id quod vocatur intellectus possibilis, erit aeternum et actum erit aeternum. *De anima*, lib.3, tract.2, c.5, p.183, ll.62-67.〈訳〉「能動知性は，永遠なものは変化し得ないものであると我々が語る仕方で永遠であるが，能動者・作用者が同一の在り方で在るならば，その能動者・作用者がそれへと作用するところのものも同一の在り方で存在しているものであろう。なぜなら，そうでなければ能動者・作用者は無為なものになってしまうからである。これと同じ仕方で，可能知性と呼ばれるものも永遠であり，作用・能動によって生み出されるものも永遠であろう。」cum tam agens quam possibilis sint intransmutabiles, factum per compositionem ex utroque erit intransmutabile et aeternum. Propter quod negant etiam intellectum esse possibilem ut possibilem ante actum, *De anima*, lib.3, tract.2, c.5, p.183, ll.81-85.〈訳〉「能動知性も可能知性も変化し得ないものであるので，両者の複合によって生じるものは変化し得ないものであり，永遠なものであるだろう。このため彼らは知性が，現実化されたもの以前の可能的なものとして可能的なものであるということを否定している。」

14） Movit autem Theophrastum praecipue hoc, quod si esset possibilis in anima intellectus separatus et non hoc aliquid distinctum, quod ille a materia prima non differret, quoniam utrumque potentia est omnia et nihil actu, et ideo materia prima deberet cognoscere similiter formas sibi advenientes, sicut intellectus possibilis; quod omnino est absurdum. Non igitur taliter possibilis vocatus intellectus est in anima. *De anima,* lib.3, tract.2, c.5, p.184, ll.53-61.〈訳〉「ところで，テオフラストスを動かしたのは特に次のことであった。もし魂のうちに，〔現実態から〕離れていて，特定の何かに区別されていない可能知性があるとしたら，それは第一質料と異ならない。なぜなら両方とも，可能的にすべてのものであるが，現実には何ものでもないからである。それゆえ第一質料も可能知性と同じように，自らにやってくる諸形相を認識しなければならないことになってしまう。これは全く不合理である。だからこのような仕方で可能と呼ばれる知性は魂のうちには存在しないのである。」Adhuc autem, taliter possibilis intellectus non fit intelligibilia sine transmutatione et tempore. Ergo iste intellectus est passibilis et transmutabilis et sic permixtus corpori; non autem est passibilis et transmutabilis et mixtus intellectus in anima, sicut ex supra dictis est manifestum; ergo in anima non est taliter possibilis vocatus intellectus. *De anima*, lib.3, tract.2, c.5, p.184, ll.62-68.〈訳〉「さてさらに，このような可能知性は変化や時間無しに

は諸々の知性認識対象にはならない。だからこのような知性は受動し得るものであり，変化し得るものであり，それゆえ物体と混ざっている。しかし可能知性は変化し得ず，魂のうちに在って〔物体と〕混ざっていない知性であること，上で述べた諸々のことから明らかな通りである。したがって魂のうちにはこのような仕方で可能と呼ばれる知性は存在しない。」Cf. *Averroes*, p.387, l.27- p.389, l.59.

15） Ἄμεινον δὲ καὶ τὰ Θεοφράστου παραθέσθαι περί τε τοῦ δυνάμει νοῦ καὶ τοῦ ἐνεργείᾳ. ［中略］ πῶς δέ ποτε γίνεται τὰ νοητὰ καὶ τί τὸ πάσχειν ‹ὑπ'› αὐτῶν; δεῖ γάρ, εἴπερ εἰς ἐνέργειαν ἥξει καθάπερ ἡ αἴσθησις. ἀσωμάτῳ δὲ ὑπὸ σώματος τί τὸ πάθος ἢ ποία μεταβολή; καὶ πότερον ἀπ᾽ ἐκείνου ἡ ἀρχὴ ἢ ἀπ' αὐτοῦ; τῷ μεν γὰρ πάσχειν ἀπ'ἐκείνου δόξειεν ἄν (οὐδὲν γὰρ ἀφ' ἑαυτοῦ τῶν ἐν πάθει)˙ τῷ δὲ ἀρχὴν πάντων εἶναι καὶ ἐπ' αὐτῷ τὸ νοεῖν καὶ μή, ὥσπερ ταῖς αἰσθήσεσιν, ἀπ' αὐτοῦ. τάχα δ' ἂν φανείη καὶ τοῦτο ἄτοπον, εἰ ὁ νοῦς ὕλης ἔχει φύσιν μηδέν ὢν ἅπαντα δὲ δυνατός˙ *Themistii in libros Aristotelis De anima paraphrasis*, ed. Ricard Heinze, Berlin, Georg Reimer, 1899, p.107, ll.30-3[illegible]; p.108, ll.1-7.

16） ἐξ ὧν ἁπάντων δῆλόν ἐστιν, ὅτι οὐ φαύλως ὑπονοοῦμεν ἄλλον μέν τινα παρ' αὐτοῖς εἶναι τὸν παθητικὸν νοῦν καὶ φθαρτόν, ὅν καὶ κοινὸν ὀνομάζουσι καὶ ἀχώριστον τοῦ σώματος, καὶ διὰ τὴν πρὸς τοῦτον μῖξιν τὴν λήθην καὶ τὴν ἀπάτην γίνεσθαί φησιν ὁ Θεόφραστος˙ ἄλλον δὲ τὸν ὥσπερ συγκείμενον ἐκ τοῦ δυνάμει καὶ ἐνεργείᾳ, ὅν καὶ χωριστὸν τοῦ σώματος εἶναι τιθέασι καὶ ἄφθαρτον καὶ ἀγένητον, καὶ πώς μὲν δύο φύσεις τούτους τοὺς νοῦς, πὼς δὲ μίαν˙ ἕν γὰρ τὸ ἐξ ὕλης καὶ εἴδους. *Themistii* ~, p.108, ll.28-34.

17） Jean-Pierre Torrel, o.p., *Saint Thomas Aquinas, volume.1, The Person and His Work,* translated by Robert Royal, Washington D.C., The Catholic University of America Press, 1996, p.175.

18） (Theofrastus et Themisius) opinati sunt quod iste tertius intellectus, quem ponit intellectus agens in intellectum recipientem materialem (et est intellectus speculativus), necesse est ut sit eternus; cum enim recipiens fuerit eternum et agens eternum, necesse est ut factum sit eternum necessario. Et quia opinati sunt hoc, contingit ut in rei veritate non sit intellectus agens, neque factum, cum agens et factum non intelligantur nisi cum generatione in tempore. *Averroes*, p.389, l.78- p.390, l.85. 〈訳〉「〔テオフラストスとテミスティオスは〕次のように主張した。能動知性が，受容する質料知性へともたらすところの第三の知性（これが思弁知性である）は永遠でなければならない。というのも，受容者は永遠であり，能動者も永遠であるので，生み出されるものは必然的に永遠でなければならないからである。そして，彼らはこのように主張したので，事柄の真理においては〔実際には〕，能動知性も，生み出されるもの〔思弁知性〕も存在しないということになる。なぜなら能動者と生み出されるものとは，時間における生成とともにでなければ理解されないからである。」

19） Cum autem dicitur, quod potentia est omnia intelligibilia et actu nullum, dicunt, quod

hoc sic est, quia lumen eius aliquando est super intelligibilia, et tunc ipsa denudatio est actu intelligere, quod vocatur speculativus intellectus, qui dicitur adeptus. *De anima*, lib.3, tract.2, c.5, p.184, ll.3-7.〈訳〉「ところで〔可能知性は〕可能的にすべての知性認識対象であるが，現実的にはどれでもないと言われるとき，彼らは次のように語る。このことがこのようであるのは，能動知性の光輝が或時には知性認識対象の上に在り，この場合，その取り出し〔抽象〕が現実に知性認識することであり，このような知性認識が思弁知性と呼ばれ，また獲得知性と言われるからである。」Haec autem opinio ponit animam rationalem secundum nullam sui partem esse subiectum intelligibilium et non esse species intelligibiles in anima nisi sicut in agente eas, *De anima*, lib.3, tract.2, c.5, p.184, ll.38-41.〈訳〉「さてこの見解は，理性的魂はそのどの部分に即しても諸々の知性認識対象の基体ではなく，魂のうちに知性認識可能な諸形象は，それを生み出す〔作用・能動する〕ものにおいて在るようにしてでなければ存在しないと措定する。」sic volunt dicere, quod lumen agentis in possibili intellectu intellectualitatis formam dans intelligibilibus sit intelligere, et hoc sit esse intelligibilia in anima. *De anima*, lib.3, tract.2, c.5, p.184, ll.44-47.〈訳〉「それゆえ彼らは，可能知性において諸々の知性認識対象に知性性の形相を与える能動者の光輝が知性認識であり，これが，魂において知性認識対象が存在するということであると言いたいのである。」THEMISTII autem et THEOPHRASTI dictum ad hoc redit, quod intellectus agens est forma intellectus possibilis, ut SUPRA diximus, et intelligere in nobis non est per receptionem intelligibilium, sed intelligere nihil aliud est quam denudare per intellectum intelligibilia, eo quod lux agentis est circa ipsa, et esse lucem agentis circa ea est intelligere ea. *De anima*, lib.3, tract.3, c.7, p.217, ll.4-10.〈訳〉「さてテミスティオスとテオフラストスが語ったことは次のことに帰着する。すなわち，我々が上で語った通り能動知性は可能知性の形相であり，我々において知性認識するということは，諸々の知性認識対象の受容によって在るのではなく，能動知性の光輝が諸々の知性認識対象の近くに在り，能動知性の光輝が諸々の知性認識対象の近くに在るということが，知性認識対象を知性認識するということであるので，知性認識とは知性による諸々の知性認識対象の取り出し〔抽象〕に他ならない。」

20） Et esset simile, quod si a visu procederet lumen dans esse formale coloribus et hoc esset videre; *De anima*, lib.3, tract.2, c.5, p.184, ll.42-44.

21） καὶ ὥσπερ τὸ φῶς τῇ δυνάμει ὄψει καὶ τοῖς δυνάμει χρώμασιν ἐπιγινόμενον τὴν μὲν ἐνεργείᾳ ὄψιν ἐποίησεν, τὰ δὲ ἐνεργείᾳ χρώματα, οὕτω καὶ ὁ νοῦς οὗτος ὁ ἐνεργείᾳ προαγαγὼν τὸν δυνάμει νοῦν οὐ μόνον αὐτὸν ἐνεργείᾳ νοῦν ἐποίησεν, ἀλλὰ καὶ τὰ δυνάμει νοητὰ ἐνεργείᾳ νοητὰ αὐτῷ κατεσκεύασεν, ταῦτα δὴ τὰ ἔνυλα εἴδη καὶ τὰ ἐκ τῶν καθ’ἕκαστον αἰσθητῶν συλλεγόμενα κοινὰ νοήματα, *Themistii*~ p.98, l.35- p.99, 4.

22） *Averroes*, p.390, l.91-p.391, l.116.

23） Nunc autem, quoniam expresse dicit Aristoteles, quod sicut sensitivum se habet ad sensibile, sic intellectivum se habet ad intelligibile, sicut diximus, non videtur haec opinio

cum verbis Aristotelis consonare. *De anima*, lib.3, tract.2, c.6, p.184, 49-53. Cf. hec positio contradicit huic quod Aristoteles posuit, scilicet quod proportio intellecti in actu ad intellectum materialem est sicut proportio sensati ad sentiens. *Averroes*, p.391, ll.118-120.〈訳〉「この立場は，アリストテレスが措定したこと，すなわち，現実態において知性認識されている内容の質料知性に対する関係は，感覚されている内容の感覚するものに対する関係と同様であるということと矛盾する。」

24） Cf. Dicamus igitur: quoniam autem formare per intellectum est aliquo modo de virtutibus receptivis, sicut est de virtute sensus, manifestum est ex hoc. Virtutes enim passive sunt mobiles ab eo cui attribuuntur; active autem movent illud cui attribuuntur. Et quia res non movet nisi secundum quod est in actu, et movetur secundum quod est in potentia, necesse est, inquantum forme rerum sunt in actu extra animam, ut moveant animam rationalem secundum quod comprehendit eas, quemadmodum sensibilia, inquantum sunt entia in actu, necesse est ut moveant sensus et ut sensus moveantur ab eis. Et ideo anima rationalis indiget considerare intentiones que sunt in virtute ymaginativa, sicut sensus indiget inspicere sensibilia. *Averroes*, p.384, ll.34-47.〈訳〉「だから我々は次のように言おう。一方で，知性によって形相付けるということは，感覚力についてそうであるのと同じように，或る仕方で諸々の受容力に係わるということは，次のことから明らかである。すなわち，諸々の受動力は，それらの力がそれへと割り当てられているところのものによって動かされ得るものである。それに対して諸々の能動力は，それらの力がそれへと割り当てられているところのものを動かす。そして，事物は現実態に在るのに即してでなければ動かさず，可能態に在るのに即してでなければ動かされないので，諸事物の形相は魂の外で現実態において在るかぎりで，それらを把握するのに即した〔かぎりでの〕理性的魂を動かすのは必然である。それは諸々の感覚対象が，現実態の存在者であるかぎりで諸感覚を動かし，諸感覚はそれらに動かされなければならないのと同様である。だから理性的魂も，想像力のうちに在る諸々の意味内容を考察することを必要とする。それは感覚が諸々の感覚対象を見ることを必要とするのと同様である。」

25） ABUBACHER autem magnus apud Arabes et AVEMPACE aliam viam elegerunt. Propter SUPERIUS enim inductas rationes et propter quasdem quae adhuc inducentur, consenserunt, quod in hominibus omnibus praesentibus, praeteritis et futuris unus et unicus numero et specie est intellectus. *De anima*, lib.3, tract.2, c.6, p.184, ll.76-81.〈訳〉「アラビア人たちの中で，大アブバケルとアヴェンパケは他の道を選択した。すなわち，上で導入された諸根拠と，さらに導入されるであろう或る諸根拠のために彼らは，現在過去未来のすべての人間において知性は数的にも種的にも一つであり，唯一であるということに同意した。」ここに登場する「大アブバケル」とは，『大註解』に登場する Abubacher のことを指していると思われる。そしてアルベルトゥスはこの人物とアヴェンパケとは別人物と考えているようである。しかし『大註解』の校訂者 F. S. Crawford は両者を同一人物と考えており，アルベルトゥス解釈においても，両者を同一人物と解して不都合はないので，本書も Crawford の考えに従うことにする。*Averroes*, p.577, “Avempace”

の項参照。

26） Et quaerentes, qualiter ille [intellectus] continuaretur homini cuilibet, non viderunt continuationem illam et unionem causari ex parte intellectus possibilis vel agentis, cum ambo sint separati et immixti et nulli habentes aliquid commune, sicut dixit verissime ANAXAGORAS. *De anima*, lib.3, tract.2, c.6, p.184, ll.81-86.〈訳〉「そして彼らは，このような知性〔知性単一説が考えるような知性〕が一体どのような仕方で誰とでも結び付くのかと問いながら，このような結び付き，一体化が可能知性や能動知性の側が原因で生じるとは見なかった。なぜなら両者とも〔物体から〕離れており，〔物体と〕混ざっておらず，どちらも何か共通するもの〔質料〕を有していないからである。それはアナクサゴラスが最も真実に語った通りである。」

27） Et ideo dixerunt in anima rationali non esse intellectum separatum nisi agentem, possibilem autem intellectum esse coniunctum corpori, eo quod hoc nihil aliud est quam phantasia; phantasmata enim sunt potentia intellectus et efficiuntur, ut dicunt, actu intellectus, quando separantur ab intellectu agente. Et quia phantasia non est una apud omnes, per phantasiam continuantur et uniuntur intellecta et intellectus cum particulari quolibet homine. *De anima*, lib.3, tract.2, c.6, p.184, l.92- p.185, l.4.〈訳〉「だから彼らは次のようにも述べた。理性的魂においては，能動知性でなければ〔物体から〕離れた知性は存在せず，一方可能知性は身体と結び付いているが，それは，この身体というのは表象力に他ならないということによる。なぜなら彼らが言う通り，諸々の表象像は可能的に知性であり，能動知性によって離される〔抽象される〕とき現実に知性になるからである。そして，表象力はすべての人間において一つではないので，知性認識される諸々のものと知性とは，表象力を通してどの人間とも結び付き，一体化するのである。」vocatur id possibilis sive potentia intelletus quod est potentia speculativus intellectus, et hoc est phantasma in phantasia. *De anima*, lib.3, tract.2, c.6, p.185, ll.15-18.〈訳〉「可能的に思弁知性であるものは，可能知性，可能的に知性と呼ばれ，表象力のうちに在る表象像がそれである。」AVEMPECHE autem, qui in tota vita sua sollicitus fuit solvere hanc quaestionem, posuit intellectum materialem esse corruptibilem et generabilem et non esse animae rationalis partem, quia dixit hunc esse phantasiam, secundum quod est in homine, quae coniuncta est cogitativae potentiae, secundum quod SUPERIUS exposuimus. *De anima*, lib.3, tract.3, c.8, p.217, ll.81-87.〈訳〉「さて，その生涯においてこの問題を解くことに強く動かされたアヴェンパケは，質料知性は生成消滅し得るものであり，理性的魂の部分ではないと措定した。なぜそう措定したと言えるかというと，質料知性とは，人間のうちに在るのに即して，我々が上で説明したことに従って思考能力と結び付いている表象力のことであるとアヴェンパケは語ったからである。」

28） deberet sequi, quod uno homine accipiente scientiam quilibet homo haberet scientiam eandem, *De anima*, lib.3, tract.2, c.6, p.184, ll.89-91.

29） non est aliquis possibilis intellectus in homine, qui sit subiectum intelligibilium, secundum quod intelligibilia sunt, quia dicunt, quod forma speculationis de se sine subiecto,

in quo sit, in luce agentis intellectus denudata est intellectus, et hoc non potest habere subiectum, in quo sit, quoniam universalis est, et ideo est ubique et semper; si autem haberet subiectum, individuaretur necessario, quoniam omnis forma per suum subiectum individuatur et determinatur. *De anima*, lib.3, tract.2, c.6, p.185, ll.6-15.〈訳〉「諸々の知性認識対象であるのに即しての知性認識対象の基体である何らかの可能知性は人間のうちには存在しない。なぜなら，彼らが言うところによれば，それがそれのうちに在るところの基体なしに，自らによって在る思索・思弁の形相は，能動知性の光輝において取り出されていて，知性であり，このようなものは普遍であり，それゆえいつでもどこにでも存在するので，それのうちに在るところの基体を有することはできないからである。しかしもし基体を有するとしたら必然的に個別化されてしまう。なぜなら形相はすべて自らの基体によって個別化され，限定されるからである。」Hoc autem quod dicunt intentionem Aristotelis esse, in tertio de anima, dicunt quniam, sicut nos INFERIUS ostendemus, dicit Aristoteles, quod si formae denudatae essent in rebus extra animam, res essent intelligentes. Dicunt igitur, quod ipsa forma denudata est intellectus in actu et permixta particulari est intellectus in potentia; et quia non subicitur formae intellectus agens, qui pars animae est, ideo est immixtus et intransmutabilis et immaterialis nec efficitur hoc aliquid per ipsam, quoniam non subicitur ei; *De anima*, lib.3, tract.2, c.6, p.185, ll.33-43.〈訳〉「ところで，彼らが『霊魂論』第三巻におけるアリストテレスの意図であると語っていることを彼らが語るのは，我々が以下で明らかにするであろう通り，もし魂の外の諸事物において諸形相が取り出されている〔抽象されている〕としたら，諸事物は知性認識するものであることになってしまうとアリストテレスが言っているからである。だから彼らは，取り出されている〔抽象されている〕形相自体は現実態において知性であり，個と混ざっている形相は可能態において知性であると言う。そして能動知性は，魂の部分である形相を基体とはしないので，〔物体とは〕混ざっておらず，変化し得ず，非質料的であり，魂の部分である形相を基体としないがゆえに，魂の部分である形相によって或る特定の何かにはならない。」

30) 表象像を可能知性と呼ぶことができる理由については引用八参照。表象像という可能知性を措定する必要性については Cf. Cum igitur posuerimus rem intelligibilem que est apud me et apud te multam in subiecto secundum quod est vera, scilicet formas ymaginationis, et unam in subiecto per quod est intellectus ens (et est materialis), dissolvuntur iste questiones perfecte. *Averroes*, p.412, ll.724-728.〈訳〉「だから，それに即せば真であるところの基体においては，私とあなたとの間で多である知性認識可能な事物，すなわち想像の諸形相と，それによって知性が存在者であるところの基体（そしてそれは質料知性である）においては一である知性認識可能な事物とを我々は措定したので，以上の諸問題は完全に解決される。」表象像を可能知性と考えなければならない理由については Cf. Abubacher autem videtur intendere istud fugiendo impossibilia contingentia Alexandro, scilicet quod subiectum recipiens formas intellectas est corpus factum ab elementis, aut virtus in corpore; quoniam, si ita fuerit, continget aut ut esse

formarum in anima sit esse earum extra animam, et sic anima erit non comprehensiva, aut ut intellectus habeat instrumentum corporale, si subiectum ad intellecta sit virtus in corpore, sicut est de sensibus. *Averroes*, p.397, ll.303-311.〈訳〉「ところでアブバケルはこのことを，アレクサンデルに生じている諸々の不可能なことを避けつつ言おうとしていると思われる。その不可能なこととはすなわち，知性認識される諸形相を受容する基体が，諸元素から生じた物体であるか，あるいは物体のうちに在る力であるということである。なぜこれが不可能なことなのかというと，もしそうであったら，魂のうちに在る諸形相の存在が魂の外にある諸形相の存在〔と同じ〕であるということになり，それゆえ魂は把握しないであろうからである。あるいはもし知性認識される諸々のものにとっての基体が，諸感覚についてそうであるのと同じように物体のうちにある力であるとしたら，知性は物体的器官を有しているということになるであろうからである。」

31） intellectus quem [Avempeche] demonstravit esse unum est intellectus agens inquantum est forma necessario intellectus speculativi; *Averroes*, p.412, ll.737-739.

32） Abubacher autem videtur intendere in manifesto sui sermonis quod intellectus materialis est virtus ymaginativa secundum quod est preparata ad hoc quod intentiones que sunt in ea sint intellecte in actu, et quod non est alia virtus subiecta intellectis preter istam virtutem. *Averroes*, p.397, ll.299-303.

33） Et hoc subiectum intellectus quod est motor illius [intellectus] quoquo modo [=forme que sunt ymagines vere] est illud quod reputavit Avempeche esse recipiens, quia invenit ipsum quandoque intellectum in potentia et quandoque intellectum in actu, et ista est dispositio sibiecti recipientis, et existimavit conversionem. *Averroes*, p.400, ll.395-399.

34） Sed omnino mirabile videtur de viris istis, qui multa subtiliter intellexerunt, quod non viderunt Aristotelis esse sententiam, quod phantasma movet intellectum. Movens autem non est motum; oportet igitur, quod motum a phantasmate non sit phantasia vel phantasma. *De anima*, lib.3, tract.2, c.6, p.185, ll.44-49. Cf. Intentiones enim ymaginate sunt moventes intellectum, non mote. Declaratur enim quod sunt illud cuius proportio ad virtutem distinctivam rationalem est sicut proportio sensati ad sentiens, non sicut sentientis ad habitum qui est sensus. Et si esset recipiens intellecta, tunc res reciperet se, et movens esset motum. *Averroes*, p.398, ll.334-340.〈訳〉「というのも，想像される諸々の意味内容は知性を動かすものであり，動かされるものではない。〔想像される諸々の意味内容は〕それと区別する理性力との関係が，感覚されるものと感覚するものとの関係と同様であり，感覚するものと，感覚という能力態との関係と同様ではないところのものであるということは明らかにされている。そしてもし〔想像されている意味内容が〕諸々の知性認識される内容を受容するものであるとしたらその場合，事物は自身を受容することになってしまい，動かすものが動かされるものになってしまう。」

35）「知性的魂に対して表象像は，〔感覚的魂に対する〕感覚内容と同様のものとして在る」（τῇ δὲ διανοητικῇ ψυχῇ τὰ φαντάσματα οἷον αἰσθήματα ὑπάρχει. Aristoteles, *De anima,* III, c.7, 431a14-15.）というアリストテレスの言葉もアルベルトゥスの頭に

在ったかもしれない。しかしこの箇所はあくまでも本書第二章引用一周辺の，つまり，アリストテレス『霊魂論』第三巻第四章冒頭周辺の註解部分に続く付論の一節であるので，とりあえずは，本書第二章引用一第二段落の「感覚能力が感覚対象と関係しているのとちょうど同じように知性能力は知性認識対象と関係している」という言葉の言い換えと取るべきであろう。

36） [Averroes] Concedit enim, quod sicut sensus se habet ad sensibilia, sic intellectus se habet ad intelligibilia recipiendo ea, *De anima*, lib.3, tract.2, c.7, p.186, ll.6-8.

37） Et sic satisfacit Theophrasto quaerenti, qualiter esse possit, quod intellectus possibilis sit separatus et intransmutabilis et similiter agens, et tamen speculativus sit transmutabilis et temporalis, sicut id quod exit de potentia ad actum. Et in veritate in ista solutione bene satisfacit et verum dicit Averroes. *De anima*, lib.3, tract.2, c.7, p.186, ll.53-58.

38） [Averroes] Dicit igitur, ［中略］[universale] Ex subiecto autem, quo efficitur ens in mundo, non habet transmutationem, sed recipitur in eo sine transmutatione aliqua sicut determinans et distinguens a determinato et distincto. Sicut enim SUPRA diximus, quod sensus non est materia sensibilium, sed species, quae, quia media est sensibilium, distinguitur et determinatur ab ipsa, sic etiam intellectus et multo amplius est species intelligibilium, quae est privatio ad ipsa sicut medium et non sicut materia, ex qua educantur de potentia ad actum, sicut INFERIUS ostendetur. Et ideo sic subicitur eis, sicut determinatum subicitur determinanti, et ideo non efficitur unum de intellectu possibili et intelligibili, sicut sunt unum materia et forma vel sicut subiectum et accidens, sed potius sicut perfectio determinans est in determinato et perfecto. *De anima*, lib.3, tract.2, c.7, p.186, l.29; ll.34-49.

39） Cf. Herbert A.Davidson, *Alfarabi, Avicenna, and Averroes, on Intellect: Their Cosmologies, Theories of the Active Intellect, and Theories of Human Intellect*, New York/Oxford, Oxford University Press, 1992, pp.220-356.

40） Et ex hoc modo [Sunt autem unum quia intellectus materialis perficitur per agentem et intelligit ipsum] dicimus quod intellectus continuatus nobiscum, apparent in eo due virtutes, quarum una est activa et alia de genere virtutum passivarum. Et quam bene assimilat illum Alexander igni! Ignis enim innatus est alterare omne corpus per virtutem existentem in eo, sed tamen cum hoc patitur quoquo modo ab eo quod alterat, et assimilatur cum eo aliquo modo similitudinis, idest acquirit ab eo formam igneam minorem forma ignea alteranti. *Averroes*, p.451, ll.219-227.

41） Iste [Averroes] autem propter SUPERIUS inductas rationes, sicut fere omnes alii concedunt unicum possibilem esse intellectum in omnibus hominibus et, quod ad hoc sequitur, universalia esse eadem apud omnes, ex quibus est scientia omnium eorum quae sciuntur. *De anima*, lib.3, tract.2, c.7, p.186, ll.59-63.〈訳〉「この人〔アヴェロエス〕は，他のほとんどすべての人々と同じように，上で導入された諸根拠のために，可能知性はすべての人々において唯一であるということ，そしてそれに従って，知られているすべてのことについての学知がそれに由来するところの諸々の普遍は，すべて

の人において同じであると帰結するということに同意する。」Iste [Averroes] autem concedit in omnibus hominibus esse unicum intellectum possibilem, sicut et alii, et hunc esse immortalem. *De anima*, lib.3, tract.2, c.7, p.186, ll.77-79.〈訳〉「しかし彼〔アルベルトゥス〕は他の人々と同じように，すべての人々において可能知性は唯一であり，不死なるものであるということに同意する。」

42） Possibilis autem intellectus sine materia est omnino, igitur unicus et indivisibilis in omnibus. *De anima*, lib.3, tract.2, c.7, p.187, ll.24-25.〈訳〉「ところで可能知性は全く質料なしに存在するので，すべての人において唯一であり，不可分である。」Non autem differentia materialis invenitur, qua numeretur intellectus, [intellectus possibilis] manet igitur unicus in omnibus hominibus. *De anima*, lib.3, tract.2, c.7, p.187, ll.35-37.〈訳〉「ところで，それによって知性が数えられる〔多数化される〕ところの質料的相違は見出されない。したがって〔可能知性は〕すべての人において唯一のままに留まるのである。」

43） Si enim posuerimus quod iste intellectus materialis est numeratus per numerationem individuorum hominum, continget ut sit aliquid hoc, aut corpus aut virtus in corpore. Et cum fuerit aliquid hoc, erit intentio intellecta in potentia. Intentio autem intellecta in potentia est subiectum movens intellectum recipientem, non subiectum motum. Si igitur subiectum recipiens fuerit positum esse aliquid hoc, continget ut res recipiat seipsam, ut diximus, quod est impossibile. *Averroes*, p.402, ll.432-440.

44） Inconveniens autem, quod illi conantur evadere, non evadunt, scilicet qualiter uno intellectu existente in omnibus, non omnes accipiunt scientiam, uno solo scientiam accipiente, *De anima*, lib.3, tract.2, c.7, p.187, ll.92-95.

45） unde necesse est, si aliquod istorum individuorum acquisierit rem aliquam intellectam, ut illa acquiratur ab omnibus illorum. *Averroes*, p.402, ll.452-454.

46） Dicamus igitur quod manifestum est quod homo non est intelligens in actu nisi propter continuationem intellecti cum eo in actu. Et est etiam manifestum quod materia et forma copulantur adinvicem ita quod congregatum ex eis sit unicum, et maxime intellectus materialis et intentio intellecta in actu; quod enim componitur ex eis non est aliquod tertium aliud ab eis sicut est de aliis compositis ex materia et forma. Continuatio igitur intellecti cum homine impossibile est ut sit nisi per continuationem alterius istarum duarum partium cum eo, scilicet partis que est de eo quasi materia, et partis que est de ipso (scilicet intellecto) quasi forma. Et cum declaratum est ex predictis dubitationibus quod impossibile est ut intellectum copuletur cum unoquoque hominum et numeretur per numerationem eorum per partem que est de eo quasi materia, scilicet intellectum materialem, remanet ut continuatio intellectorum cum nobis hominibus sit per continuationem intentionis intellecte cum nobis (et sunt intentiones ymaginate), scilicet partis que est in nobis de eis aliquo modo quasi forma. Et ideo dicere puerum esse intelligentem in potentia potest intelligi duobus modis, quorum unus est quia forme ymaginate que sunt in eo sunt intellecte in potentia, secundus autem est quia intellectus materialis, qui innatus est recipere intellectum illius forme ymaginate, est

recipiens in potentia et continuatus cum nobis in potentia. *Averroes*, p.404, l.501- p.405, l.527. 〈訳〉「だから次のように言おう。知性認識されるものが人間と現実態において結び付くことによってでなければ人間は知性認識する者ではないということは明らかである。そして，形相と質料は，それらが集まって一つになったものは唯一のものであるという仕方で互いに結び付いており，質料知性と，現実態において知性認識されている意味内容とは最大限に唯一のものであるという仕方で互いに結び付いているということも明らかである。というのも，質料知性と現実態において知性認識されている意味内容とから複合されているものは，それらとは別の第三の何かではないこと，質料と形相から複合されている他の諸々のものについてと同様である。だから，知性認識されるものが人間と結び付くということは，これら二つの部分，すなわち，知性認識されるものについて質料のように在る部分〔質料知性〕と，形相のように在る部分のいずれかが人間と結び付くことによるのでなければ不可能である。そして，前に述べられた諸疑問から，知性認識されるものが各々の人間と結び付き，各々の人間の多数化によって，知性認識されるものについて質料のように在る部分，すなわち質料知性を通して多数化されるということは不可能であるということは明らかにされたので，知性認識される意味内容，すなわち，我々において，知性認識されている諸々のものについて何らかの仕方で形相のように在る部分が我々と結び付くことによって，知性認識される諸々のもの（そしてそれは想像されている諸々の意味内容である）が我々人間と結び付くということが残る。そしてそれゆえ，少年が可能態において知性認識する者であると語ることは二通りに理解することができる。そのうちの一つは，少年のうちで想像されている諸々の形相が可能態において知性認識されているということである。一方二つ目は，想像されているこの形相に関して知性認識されているものを受容するのが生来的である質料知性が可能態において受容する者であり，我々と可能態において結び付いているということである。」この問題に対するアヴェロエスの解決は，最終的にはアヴェンパケの解決とあまり変わらないように思われる。

47） qui propter dictas dubitationes dixerunt nullam partem animae esse aliquem intellectum. Dixerunt autem, quod omnis natura intellectiva est separata et nulli habet aliquid commnune, et ideo non est intellectualis naturae homo, sed intelligentiae tantum; *De anima*, lib.3, tract.2, c.8, p.188, ll.13-18.〈訳〉「彼らは，述べられた諸疑問のために，魂のどの部分も何らかの知性ではないと語った。ところで彼らは，すべての知性的自然本性は〔物体から〕離れており，何らか共通するものをどんなものに対しても持たないので，人間は知性的自然本性を持たず，諸々の知性体だけが持つと語った。」Et hunc splendorem intellectum esse in nobis dicunt et quod intellectus in nobis sit idem quod splendor alicuius intelligentiae separatae in nobis. *De anima*, lib.3, tract.2, c.8, p.188, ll.29-32.〈訳〉「そして彼らは，この輝きが我々における知性であり，我々における知性は，我々における〔物体から〕離れている何らかの知性体の輝きと同じであると語る。」

48） secundum hoc homo diffiniri non potest intellectuali et rationali, cum nihil sit de essentia sua. Secundum hoc etiam vane et falso vocaret ARISTOTELES ‘partem animae,

quae cognoscit et sapit'. Secundum hoc etiam animatum ab inanimato non differret tribus, vegetativo scilicet, sensitivo et rationali; et secundum hoc in rationali non esset sensitivum sicut trigonum in tetragono; quae omnia sunt absurda. *De anima*, lib.3, tract.2, c.8, p.188, ll.48-56.〈訳〉「以上のことに従えば，人間を知性的，理性的〔能力〕で定義することはできない。なぜなら，人間の本質には〔知性的，理性的能力が〕何もないからである。以上のことに従えば，アリストテレスは無駄に，誤って「認識し，吟味する魂の部分」と呼んでいることにもなってしまう。以上のことに従えば，魂を持っているものが，魂を持っていないものから，三つのもの，つまり，栄養摂取的能力，感覚的能力，理性的能力によって異なるということがないということにもなってしまう。以上のことに従えば，ちょうど四角形の中に三角形が在るように，理性的〔能力〕の中に感覚的〔能力〕が在るということがないことにもなってしまう。これらのことはすべて不合理である。」

49） Ab omnibus superius inductis dissentit AVICEBRON in libro, quem FONTEM VITAE appellavit. Quaestionem enim Theophrasti non valens dissolvere, cum intellectus possibilis sit, quo est omnia fieri, et materia prima, qua similiter est omnia firei, consentit, quod materia prima et intellectus possibilis sint eiusdem naturae. *De anima*, lib.3, tract.2, c.9, p.189, ll.3-9.〈訳〉「アヴィケブロンは，彼が『生命の泉』と名付けた著作において，上で導入されたすべてのことと見解を異にする。すなわち彼は，テオフラストスの問題を解決することができず，可能知性は，すべてのものが生じるということがそこに在るところのものであり，第一質料も同様に，すべてのものが生じるということがそこに在るところのものであるので，第一質料と可能知性とは同じ自然本性を有するということに同意した。」et sic oportet, ut inquit Avicebron, quod per naturam materiae primae intellectus possibilis susceptibilis sit specierum intelligibilium per naturam et potentiam materiae primae ,quae est in ipso. *De anima*, lib.3, tract.2, c.9, p.189, ll.46-50.〈訳〉「そしてそれゆえアヴィケブロンが言うように可能知性は，可能知性のうちに在る第一質料の自然本性と可能態によって知性認識可能な諸形象を，第一質料の自然本性によって受け取ることができるのでなければならない。」Dicit enim, quod substare et in potentia susceptiva esse proprietates sunt materiae primae. *De anima*, lib.3, tract.2, c.9, p.189, ll.33-34.〈訳〉「すなわち，基体であるということと，受け取り得る可能態に在るということとは第一質料の固有性であると彼は語る。」

50） substare autem et esse in potentia ad formas, non univoce est in intellectu et in materia, sicut ARISTOTELES dicit, et nos in SEQUENTIBUS demonstrabimus. *De anima*, lib.3, tract.2, c.9, p.189, ll.85-88.〈訳〉「しかし，基体であるということと，諸形相へと向かう可能態において存在しているということは，知性においてと質料においてとでは一義的にはないこと，アリストテレスが述べ，我々が後で論証するであろう通りである。」

51） GREGORIUS autem NYSSENUS et plures GRAECORUM sapientium philosophia PLATONIS imbuti, videntes ex inductis rationibus necessario sequi animam rationalem esse separatam et non coniunctam corpori ut actum corporis, dixerunt huius esse causam

animae aeternitatem per substantiam, eo quod non incipit cum corpore, ut dicunt, sed potius in caelo existentes a comparibus sibi stellis descendunt et incorporantur et ideo corpori uniri non possunt, ita quod sint actus corporum. Et quia sic sunt separatae, cum tamen in se sint individuae, est etiam pars animae, quae est intellectus, sic separata; *De anima*, lib.3, tract.2, c.10, p.190, ll.30-41.〈訳〉「さて，ニュッサのグレゴリウスと多くのギリシアの賢人たちは，プラトンの哲学に汚染されて，導入された諸根拠から，理性的魂は〔物体から〕離れており，物体〔身体〕の現実態として物体〔身体〕と結び付いてはいないということが必然的に帰結すると見て，このことの原因は魂が実体によって永遠であるということだと述べた。それは，彼らが言うように，〔魂が〕物体〔身体〕とともに生ずるのではなく，むしろ天において存在し，自分に等しい星々から下ってきて物体〔身体〕を与えられるので，物体〔身体〕の現実態であるという仕方で物体〔身体〕と一つになることができないからである。〔魂は〕それ自体では個であるけれども，このように〔物体から〕離れているので，知性という魂の部分も〔物体から〕離れている。」

52） LATINORUM autem PHILOSOPHORUM plurimi cum opinione Platonis in multis consentire videntur. Dicunt enim animam rationalem esse individuam duplici individuante, quoniam dicunt eam in se esse hoc aliquid per materiam incorpoream et spiritualem, quae est subiectum formae eius, mox factam et habere etiam individuans extra naturam eius, quod est corpus, cuius ipsa est actus. *De anima*, lib.3, tract.2, c.11, p.191, ll.55-62.〈訳〉「さて，ラテン世界の哲学者たちの大部分は，多くの点でプラトンの見解に同意しているように思われる。すなわち〔ラテン世界の哲学者たちは〕，理性的魂は，二通りの個別化するものによって個別化しているものであると語る。というのも，彼らが語るところによれば，理性的魂の形相の基体であり，すぐに生成するものである非物体的，霊的質料によって，理性的魂はそれ自体において或る特定の何か〔個〕である。また，理性的魂がそれの現実態であるところの物体〔身体〕という，理性的魂の自然本性の外に在って個別化するものをも，理性的魂は有しているのである。」

53） Dictum autem Platonis non curat morbum illum quem induximus, quoniam ponitur esse intellectus quoddam in se individuum; et iam SUPERIUS conclusimus, quod quidquid est individuum, non recipit in se aliquid nisi secundum esse individuet illud, et sic illud quod est in intellectu, non est universale, sed intentio particularis, et hoc non est principium artis et scientiae secundum traditiones philosophorum et secundum ipsam veritatem. *De anima*, lib.3, tract.2, c.10, p.191, ll.10-18.〈訳〉「ところで，プラトンが語ったことは，私たちが導入した病を癒さない。なぜなら，知性はそれ自体で個である何かであると措定されているからである。私たちは上ですでに，個であるものは何でも，自らにおいて何かを受け取るのは，それを存在に即して個別化するのでなければ受け取らないとも結論した。そしてそれゆえ，哲学者たちの伝統に従っても，真理そのものに従っても，〔プラトンが考える〕知性において存在するものは普遍ではなく，個的意味内容であり，これは技術知の原理でもなければ学知の原理でもない。」per esse ergo, quod intelligibilia habent in intellectu, intelliguntur. Hoc autem est esse individuum, ut dicunt, ergo per intentionem

individuam res universaliter intelliguntur; et hoc intelligi non potest. Adhuc autem, obicit Averroes, quia si forma in intellectu possibili habet esse particulare et individuum, cum esse induviduum potentia in se claudat universale, erit illud potentia intelligibile et non actu; ［中略］ Amplius autem, ex SUPERIUS demonstratis constat per rationem Avicennae et Aristotelis et Averrois, quod nulla necessitas est, quod intellectus ponitur separatus et immixtus, nisi quia universale, cui subicitur, in tali est separatione; ergo omnino falsum est, quod per esse individuatum universale sit in ipso. Adhuc autem, secundum hoc non erit meum intellectum idem cum eo quod est in intellectu tuo, ［中略］ Adhuc autem, secundum hoc scientia, quae est in anima doctoris, non eadem efficitur in discipulo, sed generatur alia, ［中略］ Et istae duae ultimae obiectiones sunt AVERROES in COMMENTO LIBRI DE ANIMA. *De anima*, lib.3, tract.2, c.11, p.192, ll.41-49; 52-59; 67-69; 73-74. 〈訳〉「それゆえ，諸々の知性認識対象は，知性において有している存在によって知性認識される。しかしこれは，彼らが語るように，個別化された存在である。したがって，個別化された意味内容によって諸事物が普遍的に知性認識される。このことも理解することができない。さてさらに，アヴェロエスは次のように反論している。もし，可能知性のうちに在る形相が，個的・個別的存在を有しているならば，個別化された存在は自らにおいて普遍を可能的に閉じ込めているので，個別化された存在は可能的に知性認識対象であり，現実的に知性認識対象ではないであろう。［中略］さてさらに，上で論証された諸々のことから，アヴィセンナとアリストテレスとアヴェロエスの議論によって次のことが成り立つ。すなわち，知性は〔物体から〕離れていて〔物体と〕混ざっていないと措定されるのは，〔知性を〕基体とするものである普遍がこのような離存において存在するからというのでなければ必然性はない。だから普遍が個別的存在によって知性において在るというのは全くの誤りである。さてさらに，これ〔ラテン世界の人々の見解〕に従えば，私が知性認識したことは，あなたの知性において在るものと同じではないだろう。［中略］さてさらに，これ〔ラテン世界の人々の見解〕に従えば，教師の魂のうちに在る学知は，生徒のうちでは同じものにならず，違う学知が生じる。［中略］この最後の二つの反論は『アリストテレス「霊魂論」註解』におけるアヴェロエスのものである。」

54） ἆρα δ' ἐνδέχεται τῶν κεχωρισμένων τι νοεῖν ὄντα αὐτὸν μὴ κεχωρισμένον μεγέθους, ἢ οὔ, σκεπτέον ὕστερον. Aristoteles, *De anima*, III, c.7, 431b17-19.

55） et Aristoteles promittit se de ista quaestione *consideraturum posterius,* et nos non invenimus eum considerasse de his in aliqua parte libri sui de anima, nisi forte hoc exciderit a libris suis, qui ad nos pervenerunt. Si autem vel obscure potest haberi de libris suis, tunc, sicut tradit Alfarabius, in decimo ETHICORUM AD NICHOMACHUM habetur ab eo solutum, ubi, ut videtur hoc esse quod dicit de felicitate contemplativa. *De anima*, lib.3, tract.3, c.6, p.215, ll.20-28. 〈訳〉「そしてアリストテレスはこの問題について〈後で考察する〉と約束した。しかしアリストテレスがこれらの問題について，魂に関する彼の著作の或る箇所で考察したということは，我々に到達した，魂に関する彼の著作からこの考察が図らずも抜け落ちたというのでなければ，見出されない。だがもし彼の著作につ

いて，漠然とでも語ることが可能ならば，アルファラビウスが伝えている通り，『ニコマコス倫理学』第十巻で解決がアリストテレスによって語られている。この箇所でアリストテレスが思索的幸福について語っていることがその解決であるように思われる。」

56） His *autem* habitis sciendum, quod illud est *res intelligens* per suam essentiam solum quod est intellectus, qui *omnino* et *universaliter est intellectus in actu* semper *existens*; et hic est intellectus et intelligentia omnino *separata*, et ideo nequaquam in potentia existens, sed semper in actu, non tantum habens, sed etiam de se faciens omnia intelligibilia, et nihil eorum quaerit extra seipsum, secundum quod intellectus est. *De anima*, lib.3, tract.3, c.6, p.214, l.87-p.215, l.3.〈訳〉「「さて」以上述べられた諸々のことから次のことを知らなければならない。その本質によって「知性認識する事物は，全く普遍的に」常に「現実に存在している知性」であるような知性だけである。これは，全く「離存的な」知性・知性体である。だから決して可能態にはなく，常に現実態に在り，すべての知性認識対象を，ただ単に有しているだけでなく，自ら作り出し，知性であるということに従えば自分自身の外にどんな知性認識対象も探し求めることがない。」

57） Si enim contingit ipsum [intellectum nostrum] intelligere separata, tunc non semper accipit a phantasmatibus et a magnitudine, sed coniungitur intelligentiae separatae danti formas intelligibiles. Quod duobus modis esse potest, quod scilicet coniungatur ei sicut efficienti tantum formas intelligibiles in nobis aut quod coniungatur ei sicut efficienti et formae. Et si isto secundo modo esset coniunctus noster meterialis intellectus agenti intelligentias separato, tunc hoc esset maior felicitas et divinitas quaedam quam intellectus humanus consequi posset. *De anima*, lib.3, tract.3, c.6, p.215, ll.8-18.〈訳〉「つまり，諸々の離存的なものを〔我々の知性が〕知性認識するということがもし起こるならばその場合，〔我々の知性は〕常に諸々の表象像・大きさから〔形相を〕受容するのではなく，知性認識可能な諸形相を与える離存知性と結び付く。このことは二つの仕方であり得る。すなわち，離存知性が，我々のうちに知性認識可能な諸形相を生み出す〔作用する・能動する〕だけのものとして〔我々の知性が〕それと結び付く場合か，生み出すものとして，かつ形相として結び付く場合かである。そしてもしこの二つ目の仕方で我々の質料知性〔可能知性〕が，諸々の知性体を生み出す離存的能動者と結び付くとしたらその場合，それは，人間知性が獲得できるよりも大きな幸福であり，何らかの神性であることだろう。」Id autem quod [Alfarabius] dicit in X ETHICAE, est, quod［中略］et si fiducia felicis philosophantis est coniungi intellectui sicut formae, tunc coniungetur ei ita, quod ipso intelligat homo felix in optimo statu suae felicitatis; *De anima*, lib.3, tract.3, c.11, p.221, l.47; ll.56-59.〈訳〉「一方，〔アルファラビウスが〕『アリストテレス「ニコマコス倫理学」註解』第十巻で語っていることは次の通りである。［中略］もし哲学する幸福者が確信している状態が，形相としての〔能動〕知性と結び付いている状態であるならばその場合〔哲学する幸福者は〕，幸いなる人間が〔能動〕知性によって人間の幸福の最善状態で知性認識するような仕方で〔能動〕知性と結び付いているであろう。」このファーラービについての情報はアルベルトゥスがアヴェロエスから学んだものであろ

う。Cf. *Averroes*, p.502, pp.655-664.

58） Sed est quaestio de nostro intellectu, qui coniunctus est magnitudini sensibilium, sicut dictum est, eo quod non accipit nisi formas abstractas a magnitudine, *utrum* umquam *contingat ipsum intelligere aliquod* sic *separatorum a magnitudie vel non*. *De anima*, lib.3, tract.3, c.6, p.215, ll.4-8.〈訳〉「しかし，述べた通り，諸々の感覚対象の大きさと結びついているものである我々の知性について，大きさから抽象された諸形相でなければ我々の知性は受容しないということによって，次のような問題がある。すなわち，上記のような〈諸々の離存的なもののうちのどれかを，我々の知性が大きさから知性認識するということが〉いつか〈起こるか否か〉という問題である。」

59）「Haec quaestio gravissima est inter omnes quaestiones quae sunt de anima, et Aristoteles promittit se de ista quaestione *consideraturum posterius*, *De anima*, lib.3, tract.3, c.6, p.215, ll.19-21.〈訳〉「この問題は魂に関するすべての問題の中で最も重大な問題であり，アリストテレスはこの問題について〈後で考察する〉と約束した。」

60） Redit ergo dictum istius hominis [Alexandri] ad hoc quod ex phantasmatibus acceptus continuatur et unitur nobis intellectus speculativus, et multo lumine speculatorum, quod lumen largitur eis intellectus agens ut agens, disponitur continue melius et melius intellectus possibilis; et sic continue per speculata ascendendo tandem unitur ei ut forma intellectus agens, qui est substantia separata dicto modo nobis unita. Et quia substantia separata intelligit alia separata, ideo tunc per agentem unitum nobis intelligimus alia separata. *De anima*, lib.3, tract.3, c.6, p.215, ll.65-75.〈訳〉「だから，この人〔アレクサンドロス〕が語ったことは結局次のことである。すなわち，諸々の表象像から受け取られた思弁知性〔思索・思弁される形相〕は我々と結び付いて一つになり，能動知性が能動者〔作用者〕として諸表象像に与えるものであるところの，思索・思弁された諸々の事柄の大いなる光輝によって可能知性は連続的にますます善く態勢付けられる。そしてこのようにして〔可能知性は〕思索・思弁された諸々の事柄を通して段々と上昇してゆき，遂に，語られた仕方で我々と一つになった離存実体である能動知性は，形相として可能知性と一つになる。離存実体は他の諸々の離存的なものをも知性認識しているので，このとき我々は，我々と一つになった能動者〔作用者〕を通して他の諸々の離存しているものを知性認識する。」Similiter autem [Alexander] dixit esse, quod intellectus continue confortatur et disponitur ad maius lumen recipiendum per intelligibilia et sic confortatus percipit separatum agentem ut formam. Et hunc modum vocavit intellectum adeptum, qui est ultimus gradus intellectivae potentiae; per adeptum autem intelligit separata. *De anima*, lib.3, tract.3, c.6, p.216, ll.6-12.〈訳〉「ところで同様に，〔アレクサンドロスが〕語ったところによれば，知性は諸々の知性認識対象を通して光輝をより多く受容するために段々と強化され，態勢付けられる。そしてそのように強化された者は，離存的能動者を形相として知覚する。〔アレクサンドロスは〕この在り方を獲得知性と呼んだ。獲得知性は知性能力の最高段階であり，知性能力は獲得知性によって，諸々の離存的なものを知性認識する。」

61） τοῦτο δὴ καὶ αὐτὸ (τις ποιητικός νοῦς) ὁ δυνάμει νοῦς τελειούμενος καὶ

αὐξόμενος νοεῖ. ὥσπερ γὰρ ἡ περιπατητικὴ δύναμις, ἥν ἔχει ὁ ἄνθρωπος εὐθὺς τῷ γενέσθαι, εἰς ἐνέργειαν ἄγεται προϊόντος τοῦ χρόνου τελειουμένου αὐτοῦ οὐ κατὰ πάθος τι, τὸν αὐτὸν τρόπον καὶ ὁ νοῦς τελειωθεὶς τά τε φύσει νοητὰ νοεῖ καὶ τὰ αἰσθητὰ δὲ νοητὰ αὐτῷ ποιεῖ, ἅτε ὢν ποιητικός. *Alexandri~*, p.110, l.30-p.111, 2. アルベルトゥスのテキストにも歩行の例が登場する。Et [Alexander] huius dedit exemplum in potentia ambulandi, quoniam dicitur tunc perfecta in ambulantibus, quando fuerit confortata ad quamlibet ambulationem perficiendam secundum actum; et hoc fit successive per organorum confortationem et ambulationis usum. *De anima*, lib.3, tract.3, c.6, p.216, ll.1-6. 〈訳〉「そして〔アレクサンドロスは〕このことの例を歩行能力で提出した。すなわち，歩くものたちにおいて能力が完成されていると語られるのは，どんな歩行でも実際にできるように強化された場合である。このことは諸器官の強化と歩行の習慣によって段々と生じる。」

62) *Et intellectus qui est in potentia, cum fuerit completus et augmentatus, tunc intelliget agentem; quoniam, quemadmodum potentia ambulandi quam homo habet in nativitate venit ad actum post tempus quando perficitur illud per quod fit ambulatio, ita intellectus, cum fuerit perfectus, intelliget ea que sunt per suam naturam intellecta, et faciet sensata esse intellecta, quia est agens. Averroes*, p.483, ll.117-124. 〈訳〉「可能態に在る知性も，完成され，高められると，人間が生まれたときに有している歩行能力が，それによって歩行が生じるところのもの〔足〕が完成されると，その後現実活動に到るのと同じように，知性も完成されると，その自然本性によって知性認識される諸々のものを知性認識し，感覚される諸々のものを知性認識されるものにするだろう。なぜなら〔知性は〕能動・作用者だからである。」

63) *Averroes*, p.484, ll.133-134; 136-137.

64) *Averroes*, p.484, l.147;154.

65) Hac autem habita propositione [Averroes] obicit contra istum [Alexandrum] dicens, quod intellectus agens ponatur esse non pars animae, sed substantia separata et incorruptibilis, et speculata ponantur generabilia et corruptibilia, quae intelliguntur a nobis per agentem intellectum, quando fuerit nobis ut forma. Tunc oportebit, quod cum intellectu agente fiant unum, et sic incorruptibile fiat corruptibile, quod est absurdum et non intelligibile. Est autem inconveniens omnino dicere etiam incorruptibile et separatum fieri formam corruptibilis et corporei. Ponit enim iste intellectum possibilem esse corporeum et coniunctum et corruptibilem, et agentem esse incorruptibilem et separatum et incorpoream substantiam, et mono praedicto ingredi eum in nos,et hoc esse id quod dicit ARISTOTELES, quod ingreditur ad extrinseco. *De anima*, lib.3, tract.3, c.6, p.216, ll.42-57. Cf. quia nullo modo videtur uniri posse incorruptibile et incorporeum et separatum cum corporeo, corruptibili et coniuncto, *De anima*, lib.3, tract.3, c.6, p.216, ll.62-65. 〈訳〉「なぜなら，不可滅で非物体的で離存的なものが，物体的で可滅的で［物体と］結びついているものと一つになることは，いかなる仕方ででも不可能であるように思われるからである。」Sic enim esset corruptibile

materia incorruptibilis, quod est inconveniens. Et si hoc modo intellectus agens uniretur nobis, indigeret intellectus agens re corruptibili ad suam actionem perficiendam, quae est intelligere; quae omnia stare non possunt, ［中略］Cum igitur Alexander dicat intellectum possibilem esse generatum, et intellectum, qui est in habitu, similiter dicit esse generatum, et finis et complementum generati est generatum: tunc per haec duo non venitur ad continuationem et unionem intellectus agentis, qui non est generatus. *De anima*, lib.3, tract.3, c.7, p.217, ll.20-25; 33-39.〈訳〉「すなわちこの場合，可滅的なものが不可滅なものの質料であるということになってしまうが，これは不都合である。そしてもしこの仕方で能動知性が我々と一つになるとしたら，能動知性は，知性認識という自らの働きを完成するために，可滅的事物を必要とすることになってしまうだろう。これらはすべて不可能である。［中略］だから，アレクサンドロスは，可能知性は生成したものであると言い，同様に，能力態に在る知性も生じたものであると言うので，生じたものの目的・完成も生じたものである。その場合，この二つのことによって，生じたものではない能動知性とのつながり・一致には到達しない。」

66） Quoniam, si fuerit receptio, continget ut generatum recipiat eternum et assimiletur ei, et sic generatum fiet eternum; quod est impossibile. *Averroes*, p.485, ll.177-179.

67）〔Themistius et Theophrastus〕Dicunt autem intellectum nostrum compositum ex possibili et agente esse coniunctum nobis, per intelligibilia ad phantasiam moventem relata, et sic compositum intellectum nobis coniunctum per se esse sufficientem ad intelligenda separata. *De anima*, lib.3, tract.3, c.7, p.217, ll.43-47.〈訳〉「ところで，可能知性と能動知性から複合されている我々の知性は，〔我々を〕動かす表象力と関係している諸々の知性認識対象を通して我々と結び付いていて，かつ，そのように我々と結び付いている複合知性は，諸々の離存的なものを知性認識するのにそれ自体で十分であると彼ら〔テミスティオスとテオフラストス〕は語っている。」

68） minus videtur, quod intellectus compositus ex duobus separatis sit de intelligibili concipiente materiam quam intelligibili separato, quod est simile sibi; et est tamen de intelligibili coniuncto cum magnitudine, ergo multo magis est de intelligibili separato. *De anima*, lib.3, tract.3, c.7, p.217, ll.50-55.〈訳〉「二つの離存的なもの〔能動知性と可能知性〕から複合されている知性は，自らに似ているところの離存的知性認識対象に係わるほど，質料を含んでいる知性認識対象に係わってはいないように思われる。しかしこの知性は，大きさと結び付いている知性認識対象にも係わっている。だから，ましてやいわんや離存的知性認識対象と係わっている。」

69） ὃς γὰρ καὶ τὰ ἔνυλα εἴδη χωρίζων τῆς ὕλης νοεῖ, δηλονότι πέφυκε μᾶλλον τὰ κεχωρισμένα νοεῖν· *Themistii~*, p.115, ll.6-7.

70） (Themistius) Dicit enim quod, cum intellectus materialis habet potentiam ad abstrahendum formas a materiis et intelligendi eas, quanto magis habet innatum intelligendi ea que sunt primo denudata a materia. *Averroes*, p.487, ll.336-339.

71） Cum autem ponunt intellectum esse virtutem separatam, tunc ratio eorum est probabilis,

sed ipsi causam assignare non possunt, quare intellectus agens quandoque agit in nobis et quandoque non agit, cum secundum eos semper continuetur nobis. *De anima*, lib.3, tract.3, c.7, p.217, ll.67-72.〈訳〉「しかし彼らは，知性は離存的力であると措定し，その場合彼らの論拠はもっともらしいけれども，彼らは，どうして能動知性が，或る時は我々において働き，或る時は働かないのか，その原因を指定することができない。なぜなら彼らによれば能動知性は常に我々と結び付いているからである。」

72） quomodo〔intellectus〕non continuatur nobiscum in principio, scilicet statim quando intellectus materialis continuatur nobiscum? Si igitur posuerimus quod in postremo continuatur nobiscum, non in primo, debemus reddere causam. *Averroes*, p.488, ll.258-262.

73） quia dixerat ante omnes Arabes Alfarabius et post eum Abubacher, quod intellectus agens est natura hominis et est separatus, et ideo, quando per intelligibilia perfecerit operationem suam, quae est creare et facere intellectus speculativos, tunc quasi liberatus intelligit per seipsum ea quae sunt separata. *De anima*, lib.3, tract.3, c.8, p.218, ll.1-7.〈訳〉「というのも，すべてのアラビア人に先だってアルファラビウスは，そしてその後にはアブバケルが次のように語ったからである。すなわち，能動知性は人間の自然本性であり，離存的なものであるから，諸々の思弁知性を創造し作り出すという自らの働きを諸々の知性認識対象を通して完成するとき，能動知性は自由なものとして，諸々の離存的なものを自分自身によって知性認識する。」

74） 一つの可能性は，アヴェロエスは『大註解』の中で「能動知性は「私たち」だけを生み出す原因でしかないとアレクサンドロスに従って考えることは彼〔ファーラービー〕においては必然であった。このことを〔ファーラービーは〕『アリストテレス「ニコマコス倫理学」註解』ではっきりと語った」(p.485, ll.182-184) と語っているが，アルベルトゥスがこれを参考にしたということである。つまりアルベルトゥスはこの「私たち」を人間の自然本性と読み，さらに，それを生み出す能動知性自体を人間の自然本性と理解したのかもしれない。もう一つの可能性は，同じくアヴェロエスが『大註解』の中で「そしてそれゆえテミスティオスは，私たちは能動知性であると考えた」(p.406, ll.566-567) と語っているが，この「テミスティオス」をアルベルトゥスが「ファーラービー」と勘違いしたということである。しかしいずれの可能性も推測の域を出ない。

75） Avempeche autem post hos veniens addidit, quod homo secundum intellectum habet duas vires: unam humanam, quam habet, inquantum colligatur phantasmatibus, alteram autem divinam, quam habet, secundum quod est vestigium intelligentiae separatae. Per humanam intelligit concepta cum materia, per divinam autem separata. *De anima*, lib.3, tract.3, c.8, p.218, ll.8-14.〈訳〉「ところでアヴェンパケは彼らの後から来て次のように付け加えた。人間は知性に即して二つの力を有している。一つは人間的力である。これを人間が有しているのは，この力が諸々の表象像によって集められる限りでである。もう一つの力は神的力である。これを人間が有しているのは，この力が諸々の離存知性体の痕跡であるのに即してである。人間はこの人間的力によって，質料とともに懐念される諸々のものを知性認識し，神的力によって諸々の離存的なものを知性認識する。」

76） intellectus est innatus extrahere formas intellectorum et quiditates eorum, et oportet, quod virtutem illam habeat per naturam separatam. *De anima*, lib.3, tract.3, c.8, p.218, ll.25-27.〈訳〉「知性は，諸々の知性認識されるものの形相，それらの何性を抜き出すのが自然本性であり，この力を，離存的自然本性によって有していなければならない。」idem est intelligens quiditates, quas a materia separat, et quiditates separatorum. *De anima*, lib.3, tract.3, c.8, p.218, ll.74-75.〈訳〉「〔能動知性の光輝が〕質料から離す何性を知性認識するものと，諸々の離存的なものの何性を知性認識するものとは同じものである。」

77） [Ex quo [Avempeche] consequitur ut] intellectus sit innatus intelligere quiditatem intellecti cuius intellectus est unus omnibus hominibus; et quod est tale est substantia abstracta. *Averroes*, p.491, ll.350-353.

78） Sed unicuique potest de facili patere, quod haec ratio non valet, nisi nos concedamus, quod univoce sunt quiditates separatorum per se et quiditates eorum quae separantur ab intellectu a materia, in qua sunt. *De anima*, lib.3, tract.3, c.8, p.218, ll.76-80.「しかし以上の論拠は，諸々の自体的に離存的なものの何性と，それらがそのうちに在るところの質料から知性によって離されるところの諸々のものの何性とは同名同義的に在るということを我々が認めるのでなければ妥当しないということは，各々の人に容易に明らかであり得る。」Si autem daretur quiditates utrorumque esse univocas, tunc multae adhuc remanerent dubitationes. *De anima*, lib.3, tract.3, c.8, p.218, ll.92-94.〈訳〉「一方もし両者〔自体的に離存的なものと，質料から知性によって離されるもの〕の何性が同名同義的であるとしたらその場合，多くの疑問がさらに残ることだろう。」Adhuc autem relinquitur quaestio secundum istos, quare de separatis secundum se non sunt scientiae speculativae, sicut sunt de coniunctis. *De anima*, lib.3, tract.3, c.8, p.219, ll.10-12.〈訳〉「さてさらに，彼らに従えば，諸々の〔物体と〕結び付いているものについてそうであるように，諸々の離存的なものについて，それら自体に即した思弁的学知がどうして存在しないのかという問いが残る。」

79） Nos autem dicamus: si autem hoc nomen *quiditas* dicatur de quiditatibus rerum materialium et de quiditatibus intellectuum abstractorum modo univoco, tunc propositio dicens quod intellectus innatus est abstrahere quiditates in eo quod sunt quiditates erit vera; et similiter si dicere intellecta esse composita et individua composita fuerit univocum; si autem equivocum, tunc demonstratio non erit vera. Quomodo autem est valde difficile; manifestum est enim per se quod hoc nomen *quiditas* non dicitur de eis pura univocatione neque pura equivocatione. *Averroes*, p.493, ll.400-410.

80） アルベルトゥスはアヴィセンナとアル・ガザーリー（中世では「アルガゼル」と呼ばれる）を同じ考えの持ち主として取り上げているが，西洋中世では，ガザーリーが様々な哲学者たちの見解，特にアヴィセンナの見解をまとめた彼の『哲学者の意図』しか翻訳されておらず，その後に書かれたアヴィセンナ始め哲学者たちに対する批判の書は翻訳されていなかったので，誤ってガザーリーはアヴィセンナと同意見の哲学者と理解された。

81） et cum quaelibet illarum [formarum intellectarum] formam intellectualitatis accipiat ab agente, oportet, quod possibilis in qualibet illarum convertatur ad agentem; et cum perfecta fuerit conversio eius ad agentem, tunc coniungitur intellectui agenti ut formae, et tunc per ipsum intelligit separata. Et ideo addiscere nihil aliud est nisi acquirere perfectam habitudinem, qua materialis ad agentem convertatur; quam cum acquirit, tunc omnia scit actu ex hoc quod convertitur ad agentem largientem ei formas intellectas, *De anima*, lib.3, tract.3, c.9, p.219, ll.45-55.〈訳〉「そしてそれらの形相〔知性認識されている形相〕の各々は知性性の形相を能動知性から受容するので，可能知性はそれらの形相の各々において能動知性へと振り向かなければならない。そして可能知性の能動知性に対する振り向きが完成したとき，その場合，可能知性は形相としての能動知性と結び付き，その場合能動知性を通して諸々の離存的なものをも知性認識する。そしてそれゆえ学習するとは，それによって質料知性〔可能知性〕が能動知性へと振り向くところの完全な関係を獲得することに他ならない。可能知性がこの関係を獲得するとその場合，可能知性は，知性認識されている諸形相を自身に与える能動知性へと振り向くということによってすべてのことを現実に知る。」Relinquitur igitur, quod formae intellectae sunt in intellectu agente et quod per addiscere acquirit anima aptitudinem convertendi ad intelligentiam, quae larga est in dandis speciebus intelligibilibus, et quotiescumque convertitur ad eam, emanant ex ea in animam intellectus multi; et haec est coniunctio nostra ad intelligentiam separatam et per illam ad omnes alias intelligentias separatas. *De anima*, lib.3, tract.3, c.9, p.219, ll.85-93.〈訳〉「それゆえ，知性認識されている諸形相は能動知性のうちに在り，魂は学習することによって，知性認識可能な諸形象を惜しみなく与える知性体へと振り向く適合性を獲得し，この知性体へと振り向くたびごとに，多くの〔思弁〕知性がこの知性体から魂へと流出するということが残る。そしてこれが私たちの離存知性体との結び付きであり，この結び付きによって魂は他の全ての離存知性体とも結び付く。」Adhuc autem, si per addiscere dicitur acquirere anima facilem aptitudinem convertendi se ad intellectum agentem, quam aptitudinem non habuit ante addiscere: tunc scientia in habitu erit scire, cum homo voluerit, ex aptitudine talis conversionis per studium acquisita: et hoc quidem dicit AVICENNA. Sunt tamen et universalia, ex quibus est scientia in anima, sed haec emanant ab intelligentia agente in intellectum possibilem, quotiescumque voluerit ille qui habet habitum sciendi; *De anima*, lib.3, tract.3, c.10, p.220, ll.68-77.〈訳〉「さてさらに，もし学習するということによって，能動知性に容易に振り向く適合性という，学習する前には有していなかった適合性を獲得するということが語られているならばその場合，能力態における学知とは，勉強によって獲得した，上記のような振り向きへの適合性から，人が意志したら知ることであろう。アヴィセンナが語っているのはこのことである。ただし，学知がそこから魂のうちに在るところのものである諸々の普遍もある。しかしこのようなものである普遍は，知る能力態を有している者が意志するたびごとに能動知性から可能知性のうちに流出する。」

82） wa-yakūna at-taʿallum^{u} ṭalaba al-istiʿdād^{a} at-tāmm^{a} li-l-ittiṣāl^{i} bi-hu [al-mabdaʾ^{i} al-faʿʿāl^{i}]

hattā yakūnu min-hu al-ʿaql^{u} allaḏī huwa al-basīṭ^{u}, fa-tafīḍa min-hu al-ṣuwwar^{u} mufassalat^{u} fi an-nafs^{i} bi-tawassut^{i} al-fikrat^{i}, fa-yakūna al-istiʿdād^{u} qabla at-taʿallum^{i} nāqiṣ^{an} wa-l-istiʿdād^{u} baʿda-t-taʿllum^{i} tāmm^{an}, fa-iḏā taʿllum^{un} yakūnu min šaʾni-hu anna-hu iḏā ḫatara bi-bāli-hi mā yattaṣilu bi-l-māʿqūl^{i} al-maṭlūb^{i} wa-aqbalat an-nafs^{u} ʿalā jihat^{i} an-naẓar^{i} —wijhat^{u} an-naẓar^{i} huwa al-rujūʿ^{u} ilā al-mabdaʾ^{i} al-wāhib^{i} li-l-ʿaql^{i} —ittiṣala bi-hu, fa-fāḏat min hu quwwat^{u} al-ʿaql^{i} al-mujarrad^{i} allaḏī yatbaʿu-hu fayadān^{u} at-tafṣīl^{i}, wa-iḏā aʿraḍa ʿan-hu ʿādat fa-ṣārat tilka al-ṣūrat^{u} bi-l-quwwat^{i} wa-lākin kuwwat^{un} qarībat^{un} jiddan min al-fiʿl^{i}. *Avicenna's De anima*, ed. F. Rahman, London, Oxford University Press, 1959, p.247, ll.3-10.

83） Cf. formae intellectae sunt in intellectu agente et quod per addiscere acquirit anima aptitudinem convertendi ad intelligentiam, quae larga est in dandis speciebus intelligibilibus, et quotiescumque convertitur ad eam, emanant ex ea in animam intellectus multi; et haec est coniunctio nostra ad intelligentiam separatam et per illam ad omnes alias intelligentias separatas. *De anima*, lib.3, tract.3, c.9, p.219, ll.86-93.〈訳〉「それゆえ，知性認識される形相は能動知性のうちに在り，魂は学習することによって，知性認識可能な諸形象を惜しみなく与える知性体へと振り向く適合性を獲得し，この知性体へと振り向くたびごとに，多くの〔思弁〕知性がこの知性体から魂へと流出するということが残る。これが私たちの離存知性体との結び付きである。この結び付きによって魂は他のすべての離存知性体とも結び付く。」（下線は引用者）

84） adhuc quaestio est ut prius, qualiter possibilis per intellecta non remanentia in ipso acquirat aptitudinem coniungendi se agenti; de hoc autem nullam assignant causam. *De anima*, lib.3, tract.3, c.9, p.220, ll.6-9.〈訳〉「どのようにして可能知性は，自らのうちに残っていない諸々の知性認識されるものによって，能動知性と結び付く適合性を獲得するのかという問いがまだ以前と同様に在る。このことについて彼らは何の原因も指定していない。」もちろん能動知性の側には，可能知性との関係を変化させる要因はない。Cf. secundum hoc immediate agens continuatur possibili post scientiam, et cum sit incorporeus et separatus, videtur, quod eadem ratione continuetur ei etiam ante scientiam, et sic semper continuatur ei , ut videtur. *De anima*, lib.3, tract.3, c.9, p.220, ll.10-14.〈訳〉「以上のことに従えば，能動知性は可能知性と学知〔獲得〕後直ぐにつながるが，能動知性は非物体的で離存的なので，同じ理由から，学知〔獲得〕前も可能知性とつながっているであろうと思われるし，それゆえ可能知性と常につながっているとも思われる。」

85） si solum agens largitur formas intellectas, cum ipsae differant genere et specie, deberet assignare Avicenna, quae esset causa differentiae. *De anima*, lib.3, tract.3, c.9, p.220, ll.15-18.〈訳〉「もし能動知性だけが知性認識される諸形相を与えるのであれば，それら諸形相は類的にも種的にも異なっているので，何が相異の原因なのか，アヴィセンナは指定しなければならないことだろう。」cum ergo agens se habet uno modo, formae fluentes ab ipso receptae in materiali erunt uno modo. *De anima*, lib.3, tract.3, c.9, p.220, ll.21-23.〈訳〉「だから，能動知性は一つの在り方で在るので，能動知性から流出し，質料知性〔可能知性〕に受容される諸形相は一つの在り方で在るだろう。」

86） intellecta speculata dupliciter fiunt in nobis; quaedam enim fiunt in nobis per naturam, ita quod non accipimus ea per aliquid vel ab aliquo doctore nec per inquisitionem invenimus ea, sicut sunt 'dignitates demonstrationum primae', quae sunt prima et vera, ante quae omnino nulla sunt, quae non scimus ex sensu, nisi inquantum terminos cognoscimus, notitia autem terminorum non facit notitiam principiorum nisi per accidens. Quaedam autem speculata fiunt in nobis per voluntatem, quia scilicet studemus inveniendo et audiendo a doctore, et haec omnia fiunt intellectu agente influente eis intelligibilitatem, et faciendo haec intellecta secundum actum esse intellecta intellectus agens coniungitur nobis ut efficiens. Et quia omnibus his influit intellectualitatem et denudationem, sunt omnia sibi similia in hoc quod separata sunt et nuda; et ideo in omnibus his [intellectis speculativis] accipit continue intellectus possibilis lumen agentis et efficitur sibi similior et similior de die in diem. Et hoc vocatur a PHILOSOPHIS moveri ad continuitatem et coniunctionem cum agente intellectu; et cum [intellectus possibilis] sic acceperit omnia intelligibilia, habet lumen agentis ut formam sibi adhaerentem, et cum ipse sit lumen suum, eo quod lumen suum est essentia sua et non est extra ipsum, tunc adhaeret intellectus agens possibili sicut forma materiae. Et hoc sic compositum vocatur a Peripateticis intellectus adeptus et divinus; *De anima*, lib.3, tract. 3, c.11, p.221, l.73-p.222, l.5.〈訳〉「思索・思弁される諸々の知性〔思弁知性〕は我々のうちに二通りの仕方で生じる。すなわち，或るものは，それらを何かを通して受容するのではなく，誰か或る教師から受容するのでもなく，探究によって発見するのでもないような仕方で，我々のうちに自然本性によって生じる。そのようなものとは例えば，第一にして真であり，その前には全く何もなく，我々が諸概念を認識する限りででなければ，感覚から我々が知ることはない，諸々の論証の第一公理である。一方諸概念の知は，付帯的にでなければ諸原理〔諸々の論証の第一公理〕の知を生み出さない。ところで或る諸々の思索・思弁される知性〔思弁知性〕は，我々のうちに意志によって生じる。すなわち，我々は発見したり，教師から聴いたりすることによって学ぶであろうし，これらはすべて能動知性が，これらに知性認識可能性を流入させることによって生じるので，能動知性は，知性認識されるこれらのものを現実態に即して知性認識されているものにしていることによって，能動・作用者として我々と結び付く。そして〔能動知性は〕これらすべてに知性性と抽象性を流入させるので，これらはすべて離存的であり，取り出されている〔抽象的な〕ものである点で能動知性に似ている。だから可能知性もこれらすべてにおいて，能動知性の光輝を連続的に受容し，日に日に能動知性により似たものになる。このことは哲学者たちによって，能動知性とのつながり・結び付きへの動きとも呼ばれている。そして〔可能知性は〕このようにしてすべての知性認識対象を受容すると，能動知性の光輝を，自分とつながっている形相として有し，能動知性は自らの光輝が自らの本質であり，光輝以外のものではないがゆえに，自らの光輝であるので，この場合能動知性は可能知性に，形相が質料につながるようにしてつながる。そしてこのようにして複合したものは，ペリパトス派の人々によって，獲得知性・神的知性と呼ばれる。」

87） intellecta autem duobus modis fiunt in nobis: aut naturaliter (et sunt prime propositiones, quas nescimus quando extiterunt et unde et quomodo) aut voluntarie(et sunt intellecta acquisita ex primis propositionibus); *Averroes*, p.496, ll.490- 493.

88） Et cum omnia intellecta speculativa fuerint existentia in nobis in actu, erit ipse (intellectus agens) tunc copulatus nobis in actu. *Averroes*, p.500, ll.601-603.

89） anima rationalis indiget considerare intentiones que sunt in virtute ymaiginativa, *Averroes*, p.384, ll.45-47.

90） アルベルトゥスは「現代の或る人々」の至福論について非常に否定的に扱っている。しかし非常に短いのでここでは省略する。

91） ただし，この問題に関する議論におけるアルベルトゥスの表現は，アヴェロエスのものとあまり一致しない。内容的にも，大筋としては一致するが，細かいところで異なるところがある。アルベルトゥスは彼の『霊魂論』を書く際，アヴェロエスの『大註解』を手元に置かず，記憶に頼って書いたのかもしれない。あるいは，アヴェロエスの思想の何らかの要約があって，それに頼って執筆したのかもしれない。今のところはっきりとしたことは分からない。

第四章　人間の魂と天の魂の類似性

1） [lumen intelligentiae] quamvis minus proprie, anima caeli vocatur. *De causis*, lib.1, tract.4, c.7, p.54, ll.65-66.〈訳〉「〔知性体の光輝は〕あまり固有な意味でではないが，天の魂と呼ばれる。」引用四で説明される通り，知性体の光輝とは知性体そのもののことである。「あまり固有ではない仕方で」というのは，「魂」という言葉のアリストテレス的意味からすると，知性体をこの名で呼ぶのはあまりふさわしくないということであろう（Aristoteles, *De anima*, II, c.1-3 参照）。しかし本章では議論の便宜上，知性体のことを天の魂と呼ぶことにする。Sic ergo habemus constitutionem primae intelligentiae, quae vocatur intelligentia primi ordinis, habemus etiam constitutionem proximi motoris primi orbis, quem QUIDAM vocant animam caeli primi. Et secundum quod intelligit se in potentia esse, habemus constitutionem primi orbis sive primi caeli. *De causis*, lib.1, tract.4, cap.8, p.56, ll.38-43.〈訳〉「だから私たちは，第一位の知性体と呼ばれる第一知性体の確立を以上のように考える。或る人々が第一天の魂と呼んでいる，第一天球の近接動者の確立も以上のように考える。そして私たちは，第一天球の確立あるいは第一天の確立を，自身が可能態において存在していると〔第一知性体が〕知性認識するということに即して考える。」引用三の直後で説明される通り，第一知性体と第一天の魂とは，基本的に同じものである。

2） Et hoc modo non est difficile determinare intelligentias et motores et caelos usque ad caelum lunae ita quod prima intelligentia et primus motor et primum caelum determinantur ad mobile primum, quod est caelum primum, quod movetur super circulos aequidistantes ad circulum, qui vocatur aequinoctialis, super polos aequinoctialis, qui vocantur poli mundi. Sucundum autem mobile sic: circulus signorum, quod movetur super polos orbis signorum.

Tertium vero mobile sic: stellarum sphaera fixarum. Quartum vero sphaera Saturni. Quintum sphaera Iovis, et sextum sphaera Martis. Septimum sphaera solis. Octavum sphaera Veneris. Nonum sphaera Mercurii, et decimum sphaera Lunae. *De causis*, lib.1, tract.4, cap.8, p.56, ll.63-76.〈訳〉「そして以上の仕方で，諸知性体と諸動者と諸天を月天まで規定することは困難ではない。すなわち，第一知性体と第一動者と第一天は，宇宙の極と呼ばれる春分秋分点上を通る春分秋分点円〔天の赤道〕と呼ばれる円に沿って等距離（同心）円上を動く，第一天という第一作動対象に限定される。第二作動対象は，黄道十二宮の天球の極〔夏至点，冬至点〕上を動く，黄道十二宮の円〔球〕である。第三作動対象は諸々の恒星の天球である。第四作動対象は土星天球である。第五作動対象は木星天球である。第六作動対象は火星天球である。第七作動対象は太陽天球である。第八作動対象は金星天球である。第九作動対象は水星天球である。第十作動対象は月天球である。」ここで語られている「限定される」という言葉が，本章，特に二で重要なポイントとなる。

3） Sed est intellectualis natura vicinior causae primae, et est intellectualis natura vicinior naturae. Et illa quidem quae vicinior est causae primae, secundum suos ordines movet orbes, et est in quolibet orbe intelligentia ordinis alterius et alterius secundum naturam, quia si in orbe uno essent intelligentiae duae, hoc esset, sicut quod unum mobile haberet duos motores separatos, sicut si una navis haberet duos gubernatores, quorum uterque eodem modo simul totam navim gubernaret; et hoc esse non potest. Si autem plures haberent unam, hoc esset impossibilius; hoc enim esset, sicut si duae naves omnino dissimiles gubernarentur ab uno gubernatore, quod est impossibile, quia oportet, quod cuilibet mobili secundum naturam suus proportionetur gubernator. Illa autem natura intellectualis quae vicinior est naturae, illa proportionatur naturae sicut motor ipsius et illa est natura corporis nobilissimi in genere naturalium corporum. Naturam autem voco, prout est 'principium motus et status per se et non secundum accidens'; sic enim corpora superiora potius sunt loca et principia naturae quam naturalia. *De unitate intellectus*, 3 pars, 1, p.22, ll.31-52.

4） *De unitate intellectus*, ob.26, p.11, l.66- p.12, l.3.

5） tamen proportio eius [anima] ad id quod movet, signum est, quod est unum in esse determinato, quia non est unus motor diversorum mobilium ad se invicem in virtute movendi non ordinatorum. Et ideo quando sunt plura mobilia, quorum unum non movetur per alterum nec quorum unum non movetur a motore ipso et alterum per vicarium, oportet esse tot motores quot sunt mota, et sic est in corporibus humanis, et ideo oportet esse tot animas quot sunt corpora. *De unitate intellectus*, ad 26, p.29, ll.71-80.

6） 『諸原因と第一原因からの宇宙の発出とについて』は 1264 から 1268 年の間に書かれた。Cf. *De causis*, Prolegomena, V.

7） *Metaphysica*, lib.11, tract.2, c.20, p.507, l.77 の註参照。

8） ipsa [prima causa] est lux immensa in se existens et luces emittens *Metaphysica*, lib.11, tract.2, c.20, p.508, ll.28-29.〈訳〉「第一原因は，それ自体で存在し，諸々の光を放射す

る無限の光である。」ここでは単に「光」となっているが，もちろん物体的光ではなく，知性的光のことであろう。

9） Supponimus etiam, quod intellectus universaliter agens non agit et constituit res nisi active intelligendo et intelligentias emittendo. Et dum hoc modo intelligit, seipso rem constituit, ad quam lumen sui intellectus terminatur. Dum ergo primus intellectus universaliter agens hoc modo intelligit se, lumen intellectus, quod est ab ipso, prima forma est et prima substantia habens formam intelligentis in omnibus praeter hoc quod ab alio est. *De causis*, lib.1, tract.4, cap.8, p.55, ll.80-88.〈訳〉「私たちも，普遍的能動知性が諸事物に能動・作用し，諸事物を確立するのはただ，能動的に知性認識し，諸知性体を流出させることによってだけであるとする。〔普遍的能動知性は〕この仕方で知性認識するかぎりで，自分自身によって事物を確立し，その事物に自身の知性の光輝が向けられる。だから，第一の普遍的能動知性がこの仕方で自己を知性認識するかぎりで，第一の普遍的能動知性に由来する知性の光輝は第一形相であり，他のものに由来するということに加えて，すべてのものにおいて知性認識するものの形相を有する第一実体である。」普遍的能動知性とは，第一原因や諸知性体のことであろう。第一の普遍的能動知性とは第一原因のことであろう。

10） Et in hoc quod ab alio est, triplicem habet comparationem, scilicet ad primum intellectum, a quo est et quo sibi est esse; et ad seipsum secundum ‘id quod est’; et ad hoc quod in potentia est secundum hoc quod ex nihilo est. Antequam enim esset, in potentia erat, quia omne quod ab alio est, factum est et in potentia erat, antequam fieret. Intelligentia ergo prima non habet necesse esse nisi secundum quod intelligit se a primo intellectu esse. Secundum autem quod intelligit seipsam secundum ‘id quod est’, occumbit in ea lumen intellectus primi, quo intelligit se a primo intellectu esse. Et sic necesse est, quod inferior constituatur sub ipsa. Et haec est secunda substantia, quae vel anima dicitur vel id quod in caelis est loco animae. Secundum autem quod intelligit se ex nihilo esse et in potentia fuisse, necesse est, quod incipiat gradus substantiae, quae in potentia est. Et hoc est materia sub prima forma, quae est materia corporis caelestis, quae vocatur mobile primum. Materia enim illa potentia divisibilis est. Et dum illustratur forma illa quae loco animae est, statim extenditur per motum, qui quodammodo ubique est, et ad apprehendendum lumen intelligentiae figuram et motum accipit circuli sive corporis sphaerici. *De causis*, lib.1, tract.4, cap.8, p.55, l.89- p.56, l.18.

11） intelligentia quidem unum est secundum substantiam et esse, sed ad hoc quod facta est, tria habet consequentia et concomitantia; scilicet intelliger[e] se, secundum quod a primo est; et intelligere se secundum ‘id quod est’; et intelligere se, secundum quod in potentia est. Et haec non variant substantiam, sed virtutes eius, et concomitantur ipsam, in quantum ipsa secundum est. Propter quod haec tria inveniuntur in omni ea comparatione qua secundum comparatur ad prius. *De causis*, lib.1, tract.4, cap.8, p.58, ll.10-18.〈訳〉「知性体は，実体と存在に即せば一つであるが，生み出されたということに従って，三つの帰結するも

の，付随するものを有する。すなわち①第一のものに由来するということに即して自身を知性認識するということ，②〔自身が〕「それであるところのもの」に即して自身を知性認識するということ③可能態に在るということに即して自身を知性認識するということである。これらは実体を多様化することなく，実体が第二のものであるかぎりでその力を多様化し，実体に付随する。このためこれら三つのものが，それによって〔知性体が〕以前のものと関係するところの関係すべてのうちに見出されるのである［アラビア数字は引用者］。」

12） Intelligentia ergo, quae inter factas substantias prima est, secundum quod intelligit se a primo intellectu esse, in lumine primi intellectus est et ipsum lumen et sic intelligentia est. Secundum autem quod intelligit se secundum ‘id quod est’, lumen suum extendit ad aliud quoddam esse et sic extenditur in animam vel id quod loco animae est. Secundum autem quod intelligit se ex nihilo esse et in potentia, ad esse materiale descendit, et sic fit id quod primum mobile est sub forma corporeitatis. *De causis*, lib.1, tract.4, cap.8, p.56, ll.18-27.

13） Cum autem irradiat ad constitutionem intelligentiae primi ordinis, hoc fit per actum, qui est compositi, et est actus primae causae in orbe primo. *Metaphysica*, lib.11, tract.2, c.20, p.508, ll.89-91.〈訳〉「ところで，〔第一原因が〕第一位の知性体〔第一知性体〕を確立するために照射する場合，このことが生じるのは，〔質料との〕複合体のものである現実態によってであり，この現実態は，第一天球における第一原因の現実態である。」

14） Cum autem lumen intellectus primi principii fluat in primam intelligentiam et exuberet, constat, quod exuberatio luminis iterum refertur ad primum. Et dum sic intelligit se, per eandem rationem constituit intelligentiam secundi ordinis. Haec etiam intelligit se secundum ‘id quod est’ et sic constituit motorem proximum. Intelligit etiam se, secundum quod in potentia est, et sic constituit mobile secundum, quod est secundum caelum. Intelligere enim se in activo intellectu est lumen intellectuale emittere ad rei constitutionem. Et sic habetur secunda intelligentia et secundus motor et secundum mobile. Et dum illa intelligentia iterum intelligit se esse a primo intellectu, necesse est, quod intelligat se in lumine exuberante. Et hoc modo constituetur intelligentia tertii ordinis. Intelligit etiam se secundum ‘id quod est’ et sic constituetur motor tertii mobilis. Intelligit etiam se, secundum quod in potentia est, et sic constituetur tertium mobile sive tertium caelum. *De causis*, lib.1, tract.4, cap.8, p.56, ll.44-62.〈訳〉「さて，第一原理の知性の光輝は第一知性体へと流出し，かつ満ち溢れるので，光輝の満ち溢れが第一のものと再び関係するということが成り立つ。そしてこのように〔第一原理の知性の光輝が〕自身を知性認識するかぎりで，〔第一知性体の場合と〕同じ理由で，第二位の知性体〔第二知性体〕を確立する。この知性体も自身を「〔自身が〕それであるところのもの」に即して知性認識する。そしてその場合，〔第二天球の〕近接動者を確立する。〔この知性体は〕可能態において在るということに即しても自身を知性認識する。そしてその場合，第二天である第二作動対象を確立する。なぜなら，〔知性体が〕能動知性において自身を知性認識するということは，事物を確立するために知性的光輝を流出させるということだからである。第二知性体，第二動者，第二作動

対象は以上のように考えられる。そしてこの知性体が再び，自身が第一知性に由来するということを知性認識するかぎりで，満ち溢れる光輝において自身を知性認識しなければならない。そしてこの仕方で第三位の知性体〔第三知性体〕が確立されるであろう。「〔自身が〕それであるところのもの」に即して自身を知性認識するとその場合，第三作動対象の動者が確立されるだろう。可能態に在るということに即して自身を知性認識するとその場合，第三作動対象，すなわち第三天が確立されるであろう。」

15） Et similiter intelligentia primi ordinis sub causa prima habet hanc duplicem considerationem, et in se quidem, prout est lumen causatum a causa prima, irradiat ab ea lumen intelligentiae, cui iungitur irradiatio causae primae, et quod sic fit duplici irradiatione, magis est determinatum et contractum, quam quod fit ab uno lumine simplici. Unde quod sic fit a duplici lumine, est intelligentia secondi ordinis, quae secunda est sub prima. *Metaphysica*, lib.11, tract.2, c.20, p.508, ll. 35-43.〈訳〉「そして同様に，第一原因の下に在る第一位の知性体〔第一知性体〕も以上のような二通りの考察を有する。〔すなわち〕自体的には，第一原因を原因とする光輝であるのに応じて，第一原因の照射がそれと結び付いているところの知性体〔第一知性体〕の光輝を，第一原因から照射する。そしてこのように二重の照射によって生じるものは，一つの純一な光輝によって生じるものよりも，より限定され，制限されている。だから，二重の光輝によって生じるものは，第二位の知性体である。それは，第一知性体の下に在る第二知性体である。」

16） Ita quod semper inferior per exuberantiam determinatur superioris per triplicem intellectum, quo intelligit se, secundum quod a superiori est et a primo; et quo intelligit se secundum ‘id quod est’; et quo intelligit se, secundum quod in potentia est. Intelligere enim se activo intellectu semper constituere est alicuius quod est sub ipso, cuius intellectus per lumen suum constitutivus est. *De causis*, lib.1, tract.4, cap.8, p.56, ll.76-83.〈訳〉「だから，下位のものは上位のものの満ち溢れによって，常に三通りの知性によって限定される。すなわち，①〔自身が〕上位のものと第一のものとに由来するということに即して自身を，それによって知性認識するところの知性，②「〔自身が〕それであるところのもの」に即して自身を，それによって知性認識するところの知性，③〔自身が〕可能態に在るということに即して自身を，それによって知性認識するところの知性である。なぜなら，能動知性によって自身を知性認識するということは常に，知性が自身の光輝によってそれを確立することができるところの，自身の下に在る何かを確立するということだからである。」Iste igitur est modus quo et intelligentiae et orbes causantur a causa prima, et ex isto ordine patet, qualiter prima causa irradiat super omne quod est, quia universitatem materiae continet suus orbis, et tamen lumen eius est id cui coniungitur radius intelligentiae secundi orbis, et cum ille inferior sit, iungitur sibi et determinat ipsum. Et iste sic duplicatus radius iungitur inferiori et iterum magis determinatur, et sic fit processus descendendo usque ad materiam generabilium, in qua per qualitates et formas materiales maximam recipit determinationem. Talis igitur secundum Peripateticos est exitus in esse intelligentiarum et orbium, et per hoc patet, qualiter quaelibet intelligentia individuatur per suum orbem et non

per aliud. *Metaphysica*, lib.11, tract.2, c.20, p.509, ll.6-19.〈訳〉「さて以上が，諸知性体と諸天球の原因が第一原因である仕方である。そしてこの秩序から，第一原因がどのようにして，存在するものすべての上に照射をするかということは明らかである。なぜなら，第一原因の天球〔第一天球〕は質料の普遍性を包含しているからである。しかし第一原因の光は，第二天球の知性体〔第二知性体〕の光線がそれと結び付くところのものでもあり，なおかつこの光線は下位のものであるから，〔この光線は〕第一原因の光と結び付き，それを限定する。このようにして二重化されたこの光線は〔さらに〕下位のものと結び付き，再度さらに限定される。そしてこのように，諸々の生成し得るものの質料まで下りながら展開が生じる。〔第一原因の光は〕この質料において，諸々の質料的質，質料的形相によって限定を最大限に受け取る。だから，ペリパトス派の人々に従えば，諸知性体と諸天球が存在へと出ていくのは以上のようにしてである。そして以上によって，どのようにして，どの知性体も，他の天球によってではなく自らの天球によって個別化されているかということが明らかである。」

17）Vigesimum quintum solvitur per hoc quod IAM in parte habitum est, quia numerus substantiarum intellectualium causatur a numero eius quo contrahitur et determinatur natura intellectualis, secundum quam quaelibet earum dependet ad causam primam; hoc enim quo una substantia intellectualis possibilis est in se, non est illud idem quo alia possibilis est in seipsa. Et ideo quamvis ex parte lucis causae primae non causetur numerus, tamen ex parte eius quod quaelibet est in seipsa, causatur numerus, quia hoc non est idem. Causa autem multitudinis in illo est ordo ad primum secundum propinque se habere vel remote; sicut enim in caelis et elementis diversitatis potentiae in materia est causa propinque vel remote distare a nobilitate primi, ita etiam in potentia illa qua omne quod est possibile in seipso, causa diversitatis potentiae est longe vel prope distare a totius esse principio, et nisi ita dicatur, nulla invenitur in rebus diversitas. *De unitate intellectus*, ad 25, p.28, ll.30-48.

18）知性的自然本性 natura intellectualis と知性実体 substantia intellectualis はほぼ同じ意味であると理解して良いと思われる。ただしこの両者は，現実態の観点で語るか，可能態の観点で語るか，複合体の観点で語るかによって意味が異なる。ここでは，前者は現実態の観点で，後者は複合体の観点で語られていると思われる。

19）Si quis autem obiciat, quod res numerantur per suas formas et non per hoc quod sunt in potentia, dicendum, quod unitas rei, quae dicit indivisionem in se et divisionem ab aliis, est a forma, sed causa divisionis formae secundum esse est potentia, et id quod est res ipsa, est secundum subiectum, et hoc modo loquimur nos hic. *De unitate intellectus*, ad 25, p.28, ll.55-61.〈訳〉「しかしもし誰かが，諸事物はその形相によって数えられるのであって，可能態に在るということによって数えられるのではないと反論するならば，次のように言わなければならない。それ自体においては分けられないが，他の諸々のものからは分けられるということを示すものである事物の一性は形相に由来するが，存在に即した形相の分割の原因は可能態であり，事物そのものであるものは基体に即して在り，私たちがここで話しているのは，この在り方によってである。」Sed cum unaquaeque res sit aliquid

possibile in seipsa, tunc particulatur hoc esse quod est a causa prima, et fit diversitas. Unde licet hoc quod est a causa prima, de se separatum sit ab omni eo quod est hoc aliquid, tamen secundum esse non est separatum, sed determinatum aliquid in natura, et hoc modo primum, quod est necesse esse, expandit se in omne quod est possibile, et format et facit ipsum, et haec est bonitas ipsius, et ista possibilia habent ordinem, quem SUPERIUS induximus. *De unitate intellectus*, ad 30, p.30, ll.57-66.〈訳〉「しかし，各々の事物はそれ自身では可能的な何かであるので，その場合，第一原因に由来する存在は個別化され，相異性が生じる。だから，第一原因に由来するものは，それ自体では，或る特定の何かであるものすべてから離れているが，存在に即せば離れていないけれども，しかし自然本性においては限定されている何かである。必然的存在である第一のものはこの仕方で，可能的であるものすべてにおいて広がり，それを形相付け，生み出す。これがその〔必然的存在〕の善性であり，これら可能的なものは，上で私たちが導入した順位を有する。」Intellectualis autem natura data est ab opifice, irradiata lumine intelligentiae causae primae. Tamen duo habet in se, esse scilicet: et secundum hoc dependet ad causam primam, quae facit debere esse in omni eo quod est. Habet etiam in se secundum id quod est potentiam ad esse illud, secundum quam dependet ad ens necesse, a quo accipit esse, et in quo radicatur esse sicut in supposito: et illud non est unum in multis. Et ideo etiam esse efficitur multiplex et numeratum in his quae sunt: et ideo etiam intellectus secundum esse et quod est, in numerum ponitur. *Summa theologiae*, lib.2, tract.13, q.77, m.3, ad 10, p.96.〈訳〉「ところで，知性的自然本性は，製作者によって与えられており，第一原因の知性認識の光輝によって照らされている。それでもやはり〔知性的自然本性は〕自らのうちに二つのものを有している。すなわち〔まず〕存在である。存在に即して〔知性的自然本性は〕，存在するものすべてにおいて，存在しなければならないということを生み出す第一原因に依存する。〔また，知性的自然本性は〕それであるところのものに即して，自らのうちに，この存在へと向かう可能態を有している。〔知性的自然本性は〕この可能態に即して，そこから存在を受け取り，基体としてのそこに存在が根付いているところの必然的存在者に依存する。そしてこれ〔必然的存在者〕は，多くのものにおいて一つではない。だから存在も多になり，存在する諸々のものにおいて数えられるものになる。だから知性も，存在とそれであるところのものとに即して数へと措定される。」ここで intelligentia は，文脈から，「知性体」ではなく「知性認識」と訳した。AD VIGESIMAM QUINTAM viam dicendum, quod divisio esse causa est numeri intellectus: causa autem divisionis esse est hoc, quod in potentia habet se ad ens necesse in accipiendo ipsum esse, et hoc quod est divisum, est in diversis: propter quod de necessitate esse efficitur diversum in diversis, et ponitur in discretionem et numerum. *Summa theologiae*, lib.2, tract.13, q.77, m.3, ad 25, p.99.〈訳〉「二十五番目の方法に対しては以下のように言わなければならない。すなわち，存在の分割が知性の数の原因である。ところで，存在の分割の原因は，存在そのものを受け取りつつ，必然的存在に対して可能態に在るということであり，諸々の異なるものにおいて分かれているということである。このことのために〔知性は〕必然的に，諸々の異な

るものにおいて分かれているものとなり，区別と数へと措定されるのである。」

20）Hoc autem necessarium est apud omnem hominem bene intelligentem, quia impossibile est, quod idem sit principium actus et potentiae secundum essentiam unam simplicem. Cum igitur in natura intellectuali sicut et in omni alia perfecta substantia inveniamus actum et potentiam, oportet, quod haec ad diversa principia reducantur, et hoc etiam movet ARISTOTELEM, quod haec principia in animae natura posuit. Sic ergo, ut dictum est, tenendum est absque dubio. *De unitate intellectus*, ad 25, p.28, l.82- p.29, l.3.

21）ἐπεὶ (ὁ νοῦς) πάντα νοεῖ, Aristoteles, *De anima*, III, c.4, 429a18. 第二章引用一第三段落参照。

22）Ad id quod decimo obicitur, dicendum, quod revera intellectus non est forma, quae multiplicetur per materiam, quia omnino est immaterialis. Sed tamen substantia intellectualis habet duo, sicut DIXIMUS, quorum unum est, quia necessitatem sui esse habet, secundum quod est ex causa prima, aliud autem est, quia potentiam habet ad esse, secundum quod est in seipsa, et haec potentia est fundamentum fundans et recipiens esse, quod est a causa prima, quia quod omnino nihil est, non habet potentiam ad aliquid, et hoc modo intellectualis natura est ex hoc et hoc et est ens determinatum in genere substantiae, *De unitate intellectus*, ad 10, p.26, ll.4-15.〈訳〉「十番目に反論されていることに対しては以下のように言わなければならない。実際，知性は，質料によって多数化される形相ではない。なぜなら，まったく非質料的だからである。しかしそれでもやはり知性実体は二つのものを有していること，私たちが述べた通りである。そのうちの一つは，〔知性実体が〕第一原因に由来するということに即して，自身の存在の必然性を有しているということである。もう一つは，それ自体において在るということに即して，存在へと向かう可能態を有しているということである。そしてこの可能態は第一原因に由来する存在を基礎付ける基礎であり，この存在を受容するものである。なぜなら，まったく無であるものは，何かへの可能態は有してはいないからである。そしてこの仕方で知性的自然本性は「これ〔必然性・現実態〕」と「これ〔可能態〕」からなり，実体の類において限定されている存在者である。

23）アルベルトゥスの『神学大全』第二部は，1274年以降に書かれたようである。Cf. *Alberti Magni Summa Theologiae*, ed. Dionysius Siedler, P.A. et. Alii, *Alberti Magni opera omnia*, tomus34, pars1, Monasterii Westfalorum, Aschendorff, 1978, Prolegomena, XVII.

24）AD VIGESIMAM OCTAVAM viam leve est solvere, praenotatis his quae dicta sunt. Licet enim intellectus secundum potentiam acceptivam et agentem potentia sit omnia intelligibilia, tamen per principia essentiae quibus definitur ut per terminum, distinguitur ab omni eo quod est, *Summa theologiae*, lib.2, tract.13, q.77, m.3, ad 28, p.100.

25）Et si quaeratur, quae sit causa ordinis in possibilibus huiusmodi, non potest assignari causa nisi intellectus primae causae distinctivus et ordinativus omnium in universo, et causat complementum et ordinem, quia ‘sapientis est ordinare’, et hoc quidem iam etiam alii philosophi ante me tradiderunt. *De unitate intellectus*, ad 25, p.28, ll.49-54.〈訳〉「そして

もし，以上のような諸々の可能者における秩序の原因は何であるかと問われるならば，原因は，宇宙のうちに在るすべてのものを区別し秩序付けることができる第一原因の知性であるとしか言えない。そしてこれが完成と秩序の原因である。なぜなら，「秩序付けることは智者に属」し，このことは他の哲学者たちも，私の前にすでに教えたからである。」Cf.οὐ γὰϱ δεῖν ἐπιτάττεσθαι τὸν σοφὸν ἀλλ' ἐπιτάττειν, Aristoteles, *Metaphysica*, l.1, c.2,982a17-18.〈訳〉「なぜなら智者は秩序付けられるのではなく，秩序付けるのでなければならないからである。」

26） *Alberti Magni Super dionysium de divinis nominibus*, ed. Paulus Simon, *Alberti Magni Opera Omnia,* tomus 37, pars 1, Monasterii Westfalorum, Aschendorff, 1972, c.7, 3, p.339, ll.1-51; 20, p.352, ll.25-47.

27） anima rationalis sive intellectualis substantia est, quae stat in esse et substantialitate per causam primam cujus est imago: et ideo elevata est supra materiam, et non immersa sub ipsa sicut forma naturalis. Nec agitur a natura sicut anima vegetabilis et sensibilis, sed potius agit in ipsam naturam sicut substantia elevata super eam, et ordinans et regens et movens eam. Et in quantum sic dupliciter considerata est, fluunt ab ea potentiae duplices. Secundum enim quod stat sub luce intelligentiae causae primae, sic fluit ab ea intellectus agens, qui, sicut dicit Aristoteles in III de *Anima*, est ut lux. Secundum autem quod se habet ut perfectio corporis, ut dicit Avicenna in VI de *Naturalibus*, talis dico corporis quod inter omnia commixta et complexionata magis recedit ab excellentia contrariorum et accedit plus ad aequalitatem coeli, sic fluit ab ea intellectus possibilis et ratio inquisitiva. *Summa theologiae*, lib.2, tract.13, q.77, m.3, solutio, p.94.

28） このような意味での intelligentia の用法は『原因論』第五章第六十一，六十二命題にも見られる。

29） quoniam id quod fluit ab ea [anima rationali], secundum quod ipsa est resultatio naturae intellectualis primae conversa ad primam causam per lucis suae participationem, est in ea sicut lux et est intellectus agens; quod autem fluit ab ea, secundum quod ipsa substantia, per quam est natura corporis stans et fixa et contenta, est intellectus possibilis.*De unitate intellectus*, 3 pars, 1, p.22, ll.14-20.

30） Cum autem per hoc quod pendet ad causam primam, nullo modo sit in potentia, sed actus purus, secundum hoc est in ea [anima rationali] intellectus agens universaliter. Et cum ipsa sit in potentia secundum seipsam sicut et aliae substantiae intellectuales, secundum hoc est in ea intellectus possibilis; omnis enim intellectualis natura in seipsa considerata non est nisi in potentia, et similiter omne causatum in se non est nisi in potentia; sed secundum quod est a causa prima, est in actu et accipit sui esse necessitatem. *De unitate intellectus*, 3 pars, 1, p.22, ll.60-69.

31） Et bene concedendum est, quod ab ipsa substantia animae fluit potentia illa quae vocatur intellectus possibilis, et sicut genus est designatio materiae cum potentia ad esse, ita possibilis intellestus est designatio talis substantiae in anima, et intellectus agens designatio est illius

naturae sive substantiae, secundum quam ut ens necesse dependet ad primam causam, per quam tenetur in esse necessario. *De unitate intellectus,* ad 25, p.28, ll.61-68.

32）Et ideo sicut est in potentia in seipsa res quaelibet et est in actu per hoc quod habet a causa prima, ita etiam in potentia ad ea quae movent sub actu eius quod est a causa prima. Et sic intellectus possibilis designans substantiam animae in seipsa est in duplici potentia, quarum una est ad intellectum agentem, secundum quem dependet ad causam primam, et secunda est ad intelligibile, quod movet sub actu intellectus agentis; et tunc quamvis numeretur intellectus possibilis sic acceptus, tamen est separatus et materiae non 'immixtus' et 'nulli nihil habet commune, ut ANXAGORAS'. Sed haec separatio, sicut DIXIMUS, non tolit ab eo, quin sit aliquid designatum in genere substantiae. *De unitate intellectus*, ad 25, p.28, ll.69-82.

33）Vigesimum octavum solvitur per hoc quod iam SAEPIUS dictum est, quia licet intellectus possibilis, secundum quod est potentia, sit omnia et non distinctum ab aliquo actu in esse aliquod, tamen secundum quod determinatur ad ens in genere substantiae, est ens determinatum. Et nisi ita dicatur, oporteret concedere, quod intellectus possibilis esset idem quod materia prima, et hoc iam dixerunt QUIDAM quorum viam secutus ALEXANDER, non quidem in commento super librum de anima, sed in quodam speciali libello, quem de hoc composuit, et est antiquus error. Et cum hoc modo quo dictum est, intellectus potentia et actu determinetur ad ens in genere substantiae, quod patet, quod est ens distinctum a quolibet alio ente et numeratum, *De unitate intellectus*, ad 28, p.29, l.83- p.30, l.9.

34）Secundum autem quod anima substantia est quae perfectio corporis talis est, ut dictum est, quod scilicet ad aequalitatem coeli accedit, sic emanant ab ea vires sensibiles et sensuum exteriorum et sensuum interiorum. Secundum autem quod comparatur simpliciter ad corpus naturale ut actus ejus, sic emanant ab ea virtutes naturales, quae omnes sunt vegetabilis animae, scilicet nutritiva, augmentativa, et generativa. Et propter hoc illae necessitati subsunt, et aguntur potius quam agant. Et omnes hujusmodi vires secundum diversum respectum manant ab una substantia, quae dicitur anima rationalis. *Summa theologiae*, lib.2, tract.13, q.77, m.3, solutio, p.94.〈訳〉「ところで，〔理性的・知性的〕魂が，述べたような物体，すなわち，天の均等性へと近付いている物体の完成態である実体であるということに即しては，諸々の外部感覚，内部感覚といった感覚的諸力が〔理性的・知性的〕魂から流出する。一方，自然物に対してその現実態として端的に関係付けられるのに即しては，すべてが栄養摂取的魂に属しているところの自然的諸力，すなわち，栄養摂取力，成長力，生殖力が〔理性的・知性的〕魂から流出する。このためこれらの能力は必然性の下に在り，作用するというよりもむしろ作用を受ける。そしてこのような諸力はすべて，理性的魂と言われる一つの実体から，異なる観点に即して流出する。」Et quia haec natura intellectualis est motor naturalis corporis et cum hoc est stans per causam primam, oportet, quod, secundum quod est motor, fluant ab ipsa potentiae vitae, quibus secundum vitae opera movet naturam corporis; et secundum quod stat per causam primam, fluant ab

ipsa potentiae, quibus pendet ad causam primam, et ideo ipsa una existens in substantia sic habet duplex esse, sicut patet per antedicta. *De unitate intellectus,* 3 pars, 1, p.22, 52-60.〈訳〉「そして，この知性的自然本性〔理性的魂〕は，自然物の動者であり，かつ，第一原因によって存立しているものであるので，動者であるのに即して，この知性的自然本性〔理性的魂〕から生の諸能力が流出しなければならない。〔理性的魂は〕この諸能力によって，生の諸活動に即して物体の自然本性を動かすのである。そして〔理性的魂が〕第一原因によって存立しているということに即して，ここ〔理性的魂〕から，〔理性的魂が〕それによって第一原因に依拠しているところの諸能力が流出する。そしてそれゆえそれ〔理性的魂〕は，実体において一つのものとして存在しながら，二通りの存在を有していること，以前述べたことによって明らかな通りである。」

35） 人間の身体の質料が感覚能力や栄養摂取能力の現実態を受け取るのは，可能知性が知性能力の現実態を受け取るのと同じく第一原因の知性的光輝からであって，諸天球の働きからではない。というのも，もし諸天球の働きが人間の感覚能力や栄養摂取能力そのものまで完成させてしまうとなると，人間は知性能力を受け取らずとも，人間以外の動物としてすでに完成しているということになってしまう。もしそうだとすると，感覚能力，栄養摂取能力，知性能力が同じ一人の人間の魂の異なる部分であるということにはそもそもならないことになってしまうからであろう。拙書『アルベルトゥス・マグヌスの感覚論』付論「生命論」五「理性的魂の創造」参照。

36） Cum tamen comparatus fuerit intellectus agens luce sua ad possibilem, in quem luce sua penetrat, tunc efficitur intellectus formalis et adeptus. Et quia omne possibile perfectum, specie agentis agit actionem propriam, propter hoc intellectus possibilis perfectus per lumen agentis efficitur speculativus. Et ex illa parte est, quod intellectus humanus conjungitur continuo et tempori per inclinationem ad sensum. *Summa theologiae*, lib.2, tract.13, q.77, m.3, solutio, p.94.〈訳〉「しかし能動知性が，自らの光によってそこへと浸透しているところの可能知性と，自らの光によって関係付けられた場合，形相知性，獲得知性が生じる。そして，完成された可能者はすべて，能動者の形象によって固有な働きをするので，このため，完成された可能知性は，能動知性の光輝によって思弁知性になる。そしてこの側面から，人間知性は，感覚へと傾くことによって，連続体や時間と結び付くということがある。」

37） Et ideo etiam habet tres theorias, quoniam theoria sua secundum lucem agentis est philosophia prima, secundum autem conversionem ad imaginationem habet theoriam mathematicam et secundum conversionem ad sensum communem habet theoriam physicam. *De unitate intellectus*, 3 pars, 1, p.22, ll.21-26.〈訳〉「だから，〔理性的魂は〕三つも思索・思弁を有している。すなわち，能動者〔能動知性〕の光に即したその思索・思弁は第一哲学〔形而上学〕であり，想像へと振り向くことに即して〔理性的魂は〕数学的思索・思弁を有しており，共通感覚へと振り向くことに即して自然学的思索・思弁を有している。」

38） Post intelligentiam autem orbis lunae et ipsum lunae orbem, qui, sicut dicit

ARISTOTELES, in aliquo terrestris est, est intelligentia, quae illustrat super sphaeram activorum et passivorum, cuius lumen diffunditur in activis et passivis, quae super animas hominum illustrat, et cuius virtus concipitur in seminibus generatorum et corruptorum. Si vero lumen, quod a principio primo est, non sit in ratione intellectus, sed in ratione constituentis tantum et formae, tunc patet, quod primum inter substantias corpus sphaericum est, quod solum in se habet omnes situs et differentias et oppositiones et distantias. *De causis*, lib.1, tract.4, cap.8, p.57, ll.3-14.〈訳〉「ところで，アリストテレスが言う通り，或る意味で地上的なものである月天球の知性体と月天球そのものの後に，知性体が存在する。その知性体は，能動，受動する諸々のものの球域の上を照らし，その光輝は，能動，受動する諸々のものの中に拡散し，人々の魂上を照らし，その力は，生成消滅する諸々のものの種子のうちに取り込まれる。しかし，第一原理に由来する光輝が，知性という特質においてではなく，確立するもの，形相という特質においてのみ〔考察される〕ならばその場合，諸実体の中で第一のものは，自身のうちにのみすべての場所，相異，対立，距離を有している天球体だということは明らかである。」

39） アルベルトゥスは月下界にも一つの知性体が存在すると考えているようである。前註参照。

40） Est autem alia QUORUNDAM ARABUM positio, quod videlicet praeter intellectus, qui movent orbes, sit intelligentia agens inferioris ordinis quam caelestis, et haec sit quae agit in activis et passivis et largitur formas in eis. Dicunt enim isti, quod omne quod largitur formas, est intellectus agens, quia agere formas proprius et substantialis actus est intellectus agentis.［中略］lux istius intellectus ingressa in hominem facit intellectum hominis et hunc adipiscitur in formis intellectis, quia formae intellectae sunt in luce eius. Et quia idem est quod adipiscitur unus homo, cum eo quod adipiscitur alius, ideo sublato eo quod est unius divisum ab alio, idem est quod remanet ex omnibus.［中略］Hac igitur de causa dicunt, quod largitur huius inferioris ordinis intelligentia omnes formas generabilium, per se autem irradiat in animas hominum.［中略］ideo cessante eo quod lucem eius determinat, non est nisi unum, quod remanet ex omnibus illis. Haec igitur est positio ad quam est disputandum; *De unitate intellectus,* praelibatio, p.2, ll.43-49, 56-62, p.3, ll.8-10, ll.45-48.〈訳〉「さて，或るアラビア人たちのもう一つの立場は以下の通りである。すなわち，諸天球を動かす諸知性とは別に，諸天のよりも下位の能動知性体が存在し，この能動知性体は，能動・受動する諸々のものにおいて能動・作用し，それらのうちに諸形相を与える知性体である。というのも，彼らが語るところによれば，諸形相を与えるものはすべて能動知性である。なぜなら，形相を生み出すということは能動知性に固有で実体的な働きだからである。［中略］人間のうちに入ったこの知性の光が人間知性を生み出し，知性認識される諸形相において人間知性を獲得する。なぜなら知性認識される諸形相はこの光のうちに在るからである。そして，或る人間が獲得するものと，他の人間が獲得するものとは同じなので，或る人の他の人から分けられているもの〔身体〕が取り除かれれば，すべての人から〔身体死滅後〕残るものは同じである。［中略］それゆえ彼らは次のように語る。

この下位の知性体は諸々の生成し得るもののすべての形相を与える一方，人々の魂のうちに自身によって光り輝く。［中略］だから，この光を限定するものがなくなれば，これらすべてのものから残るのは一つしかない。したがってこの立場が，これに対して討論すべき立場である。」

補　足

1） Ad hoc quod quaeritur, utrum [intllectus agens] semper intelligat se, dicimus quod sic, eo modo quo improprie dicimus intellectum agentem intelligere se; hoc enim est intelligere ut actum possibilis; suum enim intelligere est suum esse, cum semper sit in actu. *De homine*, p.421, ll.51-55.〈訳〉「常に自己を知性認識するかと問われていることに対しては，能動知性は固有ではない仕方で自己を知性認識する〔＝自己の知性認識を起こす〕と我々が言うその仕方でなら，能動知性は〔常に〕自己を知性認識すると我々は言う。なぜならこれは，可能知性の現実態としての自己を〔能動的に〕知性認識する〔＝自己の知性認識を起こす〕ということだからである。というのも，能動知性は常に現実態において存在しているので，自己の知性認識活動が自己の存在だからである。」（第一章二引用九の一部）

2） diversitas actionis intellectus agentis non est ex intellectu agente, sed ex phantasmate.（中略）Actio enim intellectus agentis determinatur ad phantasma, et sic determinata movet intellectum possibilem et educit eum in actum, *De homine*, p.414, ll.25-27; 33-35.〈訳〉「能動知性の働きの相異性は，能動知性から来るものではなく，表象像から来るものである。（中略）というのも，能動知性の働きは表象像に従って限定され，そして，そのようにして限定された働き〔思弁知性〕が可能知性を動かし，可能知性を現実態へと引き出す。」（第一章一引用六の一部）

3） Actio enim intellectus agentis determinatur ad phantasma, et sic determinata movet intellectum possibilem et educit eum in actum, sicut actio luminis determinatur ad colores, et sic determinata visum educit in actum. *De homine*, p.414, ll.33-37.〈訳〉「というのも，能動知性の働きは表象像に従って限定され，そして，そのようにして限定された働き〔思弁知性〕が可能知性を動かし，可能知性を現実態へと引き出す。それはちょうど，光輝の働きが〔物に付着している〕色に従って限定され，そのようにして限定された働き〔様々な場所で実際に目に見える色〕が視覚を現実態へと引き出すのと同様である。」（第一章一引用六の一部）

4） cum dicitur quod color est visibilis propter lucem sive propter actum lucidi, quod non sequitur quod actus lucidi sit magis visibilis sive lumen, quia non eodem modo se habent ad visum lumen et color, sed unum ut obiectum terminans visum, alterum autem ut quo color movet visum, sive ut cuius actus terminatur ad obiectum visus, quod est color. *De homine*, q.21, a.1, ad11, p.162, ll.4- 11.〈訳〉「色は光輝，すなわち，明るいものの現実態のために視覚対象であると言われるとき，そのことによって，明るいものの現実態，すなわち光輝はより視覚対象であるということは帰結しない。なぜなら，光輝と色の視覚との関

係は同じではなく，むしろ，一方〔色〕は視覚を限定する対象として在り，もう一方〔光輝〕はそれによって色が視覚を動かすところのもの，すなわち，その現実態が色という視覚対象に従って限定されるところのものとして在るからである。」

5） quoddam autem est perspicuum terminatum, et hoc non in toto, sed in sua superficie est perspicuum, et ideo terminat et non transducit visum. *De anima*, lib.2, tract.3, c.7, p.109, ll.67-70.

6） et sic est comparatio intellectualitatis possibilis ad universalia sicut ad quae determinatur eius formalis intellectualitas. *De anima*, lib.3, tract. 2, c.12, p.195, ll.4-6.〈訳〉「これと同じように可能知性の知性性も，可能知性の形相的知性性がそれらに従って限定されるところのものとしての諸々の普遍と関係している。」（第二章二引用十のテキストの一部）

7） intellectualitas animae determinatur et distinguitur intellectualitate rei intellectae. *De anima*, lib.3, tract. 3, c.6, p.216, ll.33-34.

8） quae(universalia) fiunt ex multis memoriis et experimentis, *De anima*, lib.3, tract. 2, c.13, p.196, ll.2-3.

9） (intellectus possibilis) ex sensu accipit experientiam et ex experientiis memoriam et ex memoriis universale. *De anima*, lib.3, tract. 2 c.19, p.206, ll.47-49.

10） universale non determinat nisi secundum comparationem ad id cuius est universale et a quo abstrahitur per intellectum; *De anima*, lib.3, tract. 2, c.12, p.195, ll.29-31.

略 号 表

Averroes: Averroes, *Grand Commentaire sur le Traité de l'Ame d'Aristote*, Carthage, Académie Tunisienne des Sciences des Lettres et des Arts "Beït Al-Hikma", 1997（これは次の文献の再録である：*Averrois Cordubensis Commentarium Magnum in Aristotelis De anima Libros*, recensvit F. Stuart Crawford, Cambridge, MA, Mediaeval Academy of America, 1953）.

De anima: *Alberti Magni De anima*, ed. Clemens Stroick, O. M. I. *Alberti Magni opera omnia,* tomus 7, pars 1, Monasterii Westfalorum, Aschendorff, 1968.

De causis: *Alberti Magni De causis et processu universitatis a prima causa*, ed. Winfridus Fauser S. J., *Alberti Magni opera omnia,* tomus 17, pars 2, Monasterii Westfalorum, Aschendorff, 1993.

De homine: *Alberti Magni De homine*, ed. Henryk Anzulewicz et Joachim R. Söder, *Alberti Magni opera omnia,* tomus 27, pars 2, Monasterii Westfalorum, Aschendorff, 2008.

De unitate intellectus: *Alberti Magni De unitate intellectus*, ed. Alfonsus Hufnagel, *Alberti Magni opera omnia,* tomus 17, pars 1, Monasterii Westfalorum, Aschendorff, 1975.

Metaphysica: *Alberti Magni Metaphysica*, ed. Bernhardus Geyer, *Alberti Magni opera omnia,* tomus 16, pars 1 et pars 2, Monasterii Westfalorum, Aschendorff, 1960-1964.

Physica: Alberti Magni Physica, ed. Paulus Hossfeld *Alberti Magni opera omunia*, tomus4, pars1, Monasterii Westfaloruum, Aschendorff, 1987.

Summa theologiae: *Alberti Magni Summa theologiae, pars secunda,* ed. S. C. A. Borgnet, *Alberti Magni opera omnia,* vol.33, Paris, Vivès, 1895.

文献一覧

Adamson, Peter and Taylor, Richard C. ed., *The Cambridge Companion to Arabic Philosophy*, Cambridge, Cambridge University Press, 2005.

Aertsen, Jan A., "Albert's Doctrine on the Transcendentals", *A Companion to Albert the Great: Theology, Philosophy, and the Sciences,* ed. Irven M. Resnick, Leiden/Boston, Brill, 2013, pp.611-618.

Albertus Magnus, *Alberti Magni Summa theologiae, pars secundae,* ed. Borgne, *Alberti Magni opera omnia,* vol.33, Paris, Vivès, 1895.

———, *Alberti Magni Metaphysica*, ed. Bernhardus Geyer, *Alberti Magni opera omnia,* tomus 16, pars 1 et pars 2, Monasterii Westfalorum, Aschendorff, 1960-1964.

———, *Alberti Magni De anima*, ed. Clemens Stroick, *Alberti Magni opera omnia,* tomus 7, pars 1, Monasterii Westfalorum, Aschendorff, 1968.

———, *Alberti Magni Super dionisium de divinis nominibus*, ed. Paulus Simon, *Alberti Magni opera omnia,* tomus 37, pars 1, Monasterii Westfalorum, Aschendorff, 1972.

———, *Alberti Magni De unitate intellectus*, ed. Alfonsus Hufnagel, *Alberti Magni opera omnia,* tomus 17 ; pars 1, Monasterii Westfalorum, Aschendorff, 1975.

———, *Alberti Magni De causis et processu universitatis a prima causa*, ed. Winfridus Fauser, *Alberti Magni opera omnia,* tomus 17, pars 2, Monasterii Westfalorum, Aschendorff, 1993.

———, *Über den Menschen : De homine*, übersetzt und herausgegeben von Henryk Anzulewicz und Joachim R. Söder, Hamburg, Felix Meiner, 2004.

———, *L'unità dell'intelletto*, tradutione di Anna Rodolfi, Milano, R.C.S.Libri S.p.A, 2007.

———, *Alberti Magni De homine*, ed. Henryk Anzulewicz et Joachim R. Söder, *Alberti Magni opera omnia,* tomus 27, pars 2, Monasterii Westfalorum, Aschendorff, 2008.

Alexander Aphrodisiensis, *Alexandri Aphrodisiensis praeter commentaria scripta minora : de anima liber cum mantissa*, ed. Ivo Bruns, Berlin, Georg Reimer, 1887.

Anzulewicz, Henryk, "Die platonische Tradition bei Albertus Magnus. Eine Hinführung", *The Platonic Tradition in the Middle Ages: A Doxographic Aproach*, Berlin/New York, Walter de Gruyter, 2002, pp.207-277.

———, "Plato and Platonic/Neoplatonic Sources in Albert", *A Companion to Albert the Great: Theology, Philosophy, and the Sciences,* ed. Irven M. Resnick, Leiden/Boston, Brill, 2013, pp.595-600.

———, "Metaphysics and Its Relation to Theology in Albert's Thought", *A Companion to Albert the Great: Theology, Philosophy, and the Sciences,* ed. Irven M. Resnick, Leiden/

Boston, Brill, 2013, pp.553-560.

Aristoteles, *De anima*, ed. David Ross, Oxford, Oxford University Press, 1956.

Athanasios P. Fotinis, *The "De anima" of Alexander of Aphrodisias: A Translation and Commentary*, dissertation, Milwaukee, Marquette University, 1978.

Averroes, *Averrois Cordubensis Commentarium Magnum in Aristotelis De anima Libros*, recensvit F. Stuart Crawford, Cambridge, MA, Mediaeval Academy of America, 1953.

———, *Grand Commentaire sur le Traité de l'Ame d'Aristote*, Tunis, Académie Tunisienne des Sciences des Lettres et des Arts "Beït Al-Hikma", 1997.

———, *Long Commentary on the* De Anima *of Aristotle* trans. by Richard C. Taylor with Thérèse-Anne Druart, New Haven/London, Yale University Press, 2009.

Avicenna, *Avicenna's De anima*, ed. F. Rahman, London, Oxford University Press, 1959.

———, *Liber de anima, seu, Sextus de naturalibus*, ed. S. van Riet, Belgium/Leiden, Peeters/Brill, 1968-1972.

Barry, M. I. and Deferrari, R. J., *A Lexicon of St. Thomas Aquinas*, Kyoto, Rinsendo Book CO, 1985.

Bertolacci, Amos, "Albert's Use of Avicenna and Islamic Philosophy", *A Companion to Albert the Great: Theology, Philosophy, and the Sciences,* ed. Irven M. Resnick, Leiden/Boston, Brill, 2013, pp.601-610.

Black, Deborah L., "Psychology: soul and intellect", *The Cambridge Companion to Arabic Philosophy*, Cambridge, Cambridge University Press, 2005, pp.308-326.

Boetius, M.S., *Liber de persona et duabus naturis, contra Eutychen et Nestorium*, *Patrologiae cursus completus,* acurante J.-P. Migne, Series latina, tomus LXIV, Belgium, Brepols, 1891, c.3, p.1343.

Bonin, Térèse, "The Emanative Psychology of Albertus Magnus", *Topoi*, vol.19, 2000, pp.45-57.

———, *Creation as Emanation. The Origin of Diversity in Albert the Great's On the Causes and the Procession of the Universe,* Notre Dame, Indiana, University of Notre Dame Press, 2001.

———, "Albert's *De causis* and the Creation of Being", *A Companion to Albert the Great: Theology, Philosophy, and the Sciences,* ed. Irven M. Resnick, Leiden/Boston, Brill, 2013, pp.688-693.

Browne, M., O. P., "Circa intellectum et ejus illuminationem apud Sanctum Albertum Magnum", *Angelicum*, 9, 1932, pp.187-202.

Burnett, Charles, "Arabic into Latin: the reception of Arabic philosophy into Western Europe" *The Cambridge Companion to Arabic Philosophy,* Cambridge, Cambridge University Press, 2005, pp.370-404.

Craemer-Ruegenberg, Ingrid, "Alberts Seelen- und Intellektlehre", *Albert der Grosse: seine Zeit, sein Werk, seine Wirkung*, Berlin/New York, Walter de Gruyter, 1981, pp.104-115.

Davidson, Herbert A., *Alfarabi, Avicenna, and Averroes, on Intellect: Their Cosmologies, Theories of the Active Intellect, and Theories of Human Intellect*, New York/Oxford, Oxford University Press, 1992.

Deferrari, R. J. and Barry, M. I., *A Lexicon of St. Thomas Aquinas*, Kyoto, Rinsendo Book CO, 1985.

Dewan, Lawrence, "St. Albert, St. Thomas, and Knowledge", *American Catholic Philosophical Quarterly*, vol. 70, 1996, pp.121-135.

Dähnert, Ulrich, *Die Erkenntnislehre des Albertus Magnus,* Leipzig, S. Hirzel, 1934.

Führer, Markus L., "The Contemplative Function of the Agent Intellect in the Psychology of Albert the Great ", *Historia philosophiae medii aevi: Studien zur Geschichte der Philosophie des Mittelalters*, Band I, Amsterdam/Philadelphia, B.R.Grüner, 1991, pp. 305-319.

————, "Albertus Magnus Theory of Divine Illumination", *Albertus Magnus: Zum Gedenken nach 800 Jahren: Neue Zugänge, Aspekte und Perspektiven,* Berlin, Akademie Verlag, 2001, pp.141-155.

Gilson, Etienne, "L' âme raisonnable chez Albert le Grand", *Archives d'histoire doctrinale et littéraire du moyen age*, Paris, J.Vrin, 1943, pp.5-72.

Hamlyn, D. W., *Aristotle De anima*, Oxford University Press, 1993.

Hasse, Dag Nikolaus, "Das Lehrstück von den vier Intellekten in der Scholastik: von den arabischen Quellen bis zu Albertus Magnus", *Recherches de Théologie et Philosophie médiévales*, 66, 1999, pp.21-77.

————, *Avicenna's De anima in the Latin West*, London/Turin, The Warburg Institute/Nino Aragno Editore, 2000.

Hicks, R. D., *Aristotle De anima*, Amsterdam, Adolf M. Hakkert Publisher, 1965.

Hufnagel, Alfons, "Das Person-Problem bei Albertus Magnus", *Studia Albertina*: *Featschrift für Bernhard Geyer zum 70. Geburstage*, Münster, Achendorff, 1952, pp.202-233.

Kennedy, Leonard A, C.S.B., "The Nature of the Human Intellect According to St. Albert the Great", *The Modern Schoolman*, vol. XXXVII, Number 2, Saint Louis, Saint Louis University, 1960, pp.121-137.

————,"St. Albert the Great's Doctrine of Divine Illumination", *The Modern Schoolman*, vol. XL, Number 1, Saint Louis, Saint Louis University, 1962, pp.23-37.

Kitchell, Jr., Kenneth F. and Resnick, Irven M., *Albert the Great: A Selectively Annotated Bibliography (1900-2000)* , Tempe, Arizona, Center for Medieval and Renaissance Studies, 2004.

Lauer, Rosemary Zita, "St.Albert and the Theory of Abstraction", *The Thomist*, vol. XVII, Washington D.C., The Thomist Press, 1954, pp.69-83.

Libera, Alain de, *Albert le Grand et la Philosophie*, Paris, J. Vrin, 1990.

————, *Métaphysique et Noétique: Albert le Grand*, Paris, J. Vrin, 2005.

Themistius, *Themistii in libros Aristotelis De anima paraphrasis*, ed. Ricard Heinze, Berlin, Georg Reimer, 1899.

Tkacz, Michael W., "Albert the Great and the Aristotelian Reform of the Platonic Method of Division", *The Thomist*, 73, Washington D.C., The Thomist Press, 2009, pp.399-435.

———, "Albert the Great on Logic, Knowledge, and Science", *A Companion to Albert the Great: Theology, Philosophy, and the Sciences,* ed. Irven M. Resnick, Leiden/Boston, Brill, 2013, pp.507-540.

Todd, Robert B. and Schroeder, Frederic M., *Two Greek Aristotelian Commentators on the Intellect: The* De Intellectu *Attributed to Alexander of Aphrodisias and Themistius' Paraphrase of Aristotle* De Anima *3. 4-8*, Toronto, Pontifical Institute of Mediaeval Studies, 1990.

Torrel, Jean-Pierre, o.p., *Saint Thomas Aquinas, volume.1, The Person and His Work,* translated by Robert Royal, Washington D.C., The Catholic University of America Press, 1996.

Tracy, Martin J., "Albert the Great on Possible Intellect as *locus intelligibilium*", *Raum und Raumvorstellungen im Mittelalter*, Berlin/New York, Walter de Gruyter, 1998, pp.287-303.

———, "Revisiting Albert the Great's Abhorrence for Latin doctrine on Intellect", *Intellect et imagination das la Philosophie Médievale*, vol.III, Belgium, Brepols, 2006, pp.1293-1302.

Tremblay, Bruno, "Albert on Metaphysics as First and Most Certain Philosophy", *A Companion to Albert the Great: Theology, Philosophy, and the Sciences,* ed. Irven M. Resnick, Leiden/Boston, Brill, 2013, pp.561-594.

Twetten, David, "Albert's Argument for the Existence of God and the Primary Causes", *A Companion to Albert the Great: Theology, Philosophy, and the Sciences,* ed. Irven M. Resnick, Leiden/Boston, Brill, 2013, pp.658-687.

——— and Moulin, Isabelle, "Causality and Emanation in Albert", *A Companion to Albert the Great: Theology, Philosophy, and the Sciences,* ed. Irven M. Resnick, Leiden/Boston, Brill, 2013, pp.694-721.

Vargas, Rosa E., "Albert on Being and Beings: The Doctrine of *Esse*", *A Companion to Albert the Great: Theology, Philosophy, and the Sciences,* ed. Irven M. Resnick, Leiden/Boston, Brill, 2013, pp.627-647.

Weisheipl, James A., "The axiom>Opus naturae est opus intelligentiae<and Its Origin", *Albertus Magnus Doctor universalis: 1280/1980*, ed. Gerbert Meyer and Albert Zimmerman, Mainz, Matthias-Grunewalt, 1980, pp.441-463.

———, "The life and Works of St. Albert the Great", *Albertus Magnus and the Sciences: Commemorative Essays 1980*, ed. James A.Weisheipl, Toronto, Pontifical Institute of Mediaeval Studies, 1980, p.13-51.

Winkler, Norbert, "Albert der Große − De intellectu et intelligibili: eine Intellektheoretische Wiederentdeckung aus dem 13. Jarhrhundert", *Bochumer Philosophisches Jahrbuch Für Antike Und Mittelalter*, 15, 1, Amsterdam, John Benjamins, 2012, pp.71-130.

アラン・ド・リベラ『理性と信仰――法王庁のもうひとつの抜け穴』阿部一智訳，新評論，2013 年。

アリストテレス『魂について』中畑正志訳，京都大学学術出版会，2001 年。

イブン・シーナー『魂について』木下雄介訳，知泉書館，2012 年。

小林剛『アルベルトゥス・マグヌスの感覚論――自然学の基礎づけとしての』知泉書館，2010 年。

――――「『治癒の書』からアルベルトゥス・マグヌスへ――触覚をめぐって」『イスラームにおける知の構造と変容――思想史・科学史・社会史の視点から』（早稲田大学イスラーム地域研究機構），2011 年，135 － 144 頁。

――――『アリストテレス知性論の系譜――ギリシア・ローマ、イスラーム世界から西欧へ』梓出版社，2014 年。

――――「イスラーム哲学における「個人」の問題」『東洋学術研究』（東洋哲学研究所）第 53 巻第 2 号，2014 年，75 － 104 頁。

川添信介「トマスはシゲルスを論破したか――知性単一説と人間の魂の communicare esse」『中世思想研究』（中世哲学会）第 37 号，1995 年，1 － 16 頁。

田中千里『イスラム文化と西欧』講談社，1991 年。